会社のなかの宗教

経営人類学の視点

中牧弘允
日置弘一郎［編］

東方出版

はしがき

二〇〇八年の金融危機はサブプライムローン問題やリーマン・ブラザーズの破綻に端を発したが、グローバルな景気の後退を将来した。特にものづくり産業は生産調整、雇用調整、資金調達などに苦労し「百年に一度」と形容されるほどの狼狽ぶりである。資本主義に倒産や不況はつきものとはいえ、非正規雇用や外国人の労働者をそう簡単に解雇して良いものか、「派遣切り」に走る経営倫理が問われている。会社は派遣会社との雇用契約にもとづき解雇を実施しているのだろうが、労働者の人権保護の未整備がはからずも露呈されることになった。

会社と宗教の問題をかんがえるとき、浮上するのは意味の世界である。あるいは価値観や世界観と言い換えても良い。会社とは何のためにあり、倫理や宗教は会社にとってどういう意味をもっているのか、という根本的な問いである。労働者にとって会社にはどういう値打ちがあり、逆に、会社にとって労働者はどのように位置づけられるか、という問題でもある。そこにカミやホトケ、儒教倫理や仏教思想、あるいは「和」の精神やスピリチュアリティがでてくれば、それは本書の射程に入ってくる。

経済学が資本や労働力といった科学的といわれる概念や数値によって裏打ちされているとすれば、人類学は職場や労働者といった空間や人間の具体性に寄り添おうとする。したがって経営人類学は社員食堂に関心をもち、経営者がそれを提供することで何をめざし、毎日そこで昼食をとる労働者がそこにいかなる意味を見出しているのかを解明しようとする（第5章参照）。あるいは天理教教祖の「高く買って、安く売る」というおしえを愚直に実践した経営者の例など、ふつうの経済学や経営学の常識からはズレているかもしれないが、経済行動に深い意味を与えていた経営理念を無視するわけにはいかない（第1章参照）。

「会社のなかの宗教――経営人類学の視点」と銘打った本書は「会社文化と宗教文化の経営人類学的研究」という国立民族学博物館（通称「民博」、大阪府吹田市）の共同研究の成果である。この共同研究は二〇〇三―二〇〇四年度にかけておこなわれたが、文化人類学の中牧弘允と経営学の日置弘一郎が中心となって一九九三年度から継続している会社文化の経営人類学的研究の一環である。企画書のなかでは「方法論としては経営＝システム運営の文化的研究をめざす経営人類学的視点の発展をはかる。とりわけ創業者（教祖）、企業倫理（宗教倫理、霊性）、市場開拓（布教）、会社宗教、宗教経営をめぐる比較研究が課題となる」と研究の目的が記されている。研究会は一〇回開催され、本書には九篇の論文をおさめることができた。

「会社と宗教」のテーマはこれまでの共同研究のなかでも頻繁に取り上げられてきた。とくに会社儀礼については社葬を中心に共同調査も試みた。くわしくは序論を参照していただきたいが、それとくらべて本書のきわだった特徴は研究目的にもあるように「経営＝システム運営の文化的研究」にある。

また、本書では経営人類学のはるけきルーツを探る試みにも着手した。直接の先達ではなく、世紀をこえてさかのぼった源流である。経営人類学の「遠祖」とでも言うべき人物は二人いて、ひとりは経営学のF・W・テイラーであり、もうひとりは人類学のE・B・タイラーであることを「発見」したのである。くわしくは序論にゆずりたい。

中牧弘允
日置弘一郎

●目次

序論——会社文化と宗教文化をめぐって

中牧弘允・日置弘一郎

一　会社と宗教

会社と宗教とはいかにも異質なものの取り合わせで、意味がないようにおもわれるかもしれない。会社は近代が生み出した労働の組織であるのに対し、宗教は古代に発生した精神の共同体である。また、会社が利潤を追求するのに対し、宗教は精神の安定をもとめる。両者は別個の領域に属し、目的も組織も異なる。そうかんがえるのが普通であろう。しかし、それは表面的な見方にすぎない。

会社と宗教はさまざまな関係でつながっている。銀座でも新宿でも都会ならどこでも、会社やデパートのビルの屋上には稲荷や龍神の小祠があちこちにまつられている。商売繁盛を祈願してのことであり、あわせて社業の安全や社員の健康をいのっている。地域に根ざした会社なら、氏神の祭礼ともなれば相応の寄付はするし、人材を提供することもある。また、神社とは直接かかわらないお祭りでは、青森の企業ねぶたや阿波踊りの会社連のように、会社ぐるみで参加する形態も全国そこかしこにみられる。会社は宗教的行事に意外なほど貢献をしているのである。

そればかりか会社自体が宗教性をおびてたちあらわれることがある。たとえば社葬とよばれる会社がおこなう葬儀では、会社の経費で亡くなった会長や社長のために、密葬とは別に、日にちをおいて、本葬にあたる告別の機会をもっている。そこでは葬儀委員長と称する会社や業界のＶＩＰをたて、遺族から一時的に拝借した遺骨を祭壇に安置し、会社の取引先関係者など、会社縁という意味での社縁の人びとが参列して告別の儀式がおこなわれる。最近は「お別れの会」という無宗教的な告別式がホテルなどを会場に開催される傾向にあるが、以前は有名寺院や葬儀所で僧侶などの聖職者が葬儀を執行するのが常だった。社葬は高度成長期に盛んとなり、戦後に創始された会社の物故したトップ経営者が主な対象だった。

さらに、高野山や比叡山には会社墓とか企業墓とよばれるモニュメントが立ち並んでいる。創業者や創業家と一緒に物故従業員の供養塔も建てられている。墓には遺骨の代わりに物故者の名前を刻んだ銘板などがおさめられ、とりわけ在職中に物故した従業員に対しては、ねんごろな祭祀が僧侶によっていとなまれている。これはいわゆる終身雇用制と密接な関連をもち、家父長的ないしは家族主義的な経営とむすびついていた。

社葬や会社墓のように、今なおつづいている社縁の慣習を簡単にスケッチするだけでも、会社と宗教が無縁ではないことが容易に了解されよう。このような会社の宗教施設や宗教儀礼については、国立民族学博物館の一連の共同研究会の成果として［中牧編 一九九九］、共同研究メンバーの共著として［中牧他 二〇〇一、二〇〇三］、また中牧の著作として［中牧 一九九二、二〇〇七］、すでにいくつかの出版物を世に問うている。本書ではむしろ、日本はもとより、ひろく世界の会社や各種の宗教をとりあげ、会社と宗教、あるいは会社文化と宗教文化の浅からぬ関係について明らかにしたいとかんがえる。

二　会社文化と宗教文化

会社と宗教を会社文化と宗教文化と言い換えるだけで、文化における共通性やその差異に注目していることがニュアンスとしてつたわる。会社そのものの業務内容や、宗教自体の救済手段とはちがって、会社経営の理念や倫理とか、宗教実践の地域的相違とか、精神的・文化的・思想的な性格に焦点を当てることで、会社と宗教の垣根はより低くなるにちがいない。

マルクスは宗教を阿片とみなし、ブルジョアジーとプロレタリアートとの関係を搾取＝被搾取の構造でとらえようとした。ウェーバーはプロテスタンティズムの倫理に資本主義の精神をみようとした。いずれもよく知られた議論であるが、会社と宗教の関係に着目した先行研究として位置づけることは可能である。とりわけウェーバーの系譜をひく研究では、経済活動に宗教倫理を重ね合わせることで、数々の業績が生み出されてきた。

しかし、本書の立場と出自はいささか異なっている。国立民族学博物館の共同研究で経営人類学を構想したとき、基本的には経営学と人類学（文化人類学）の融合をめざしていた。一方では、経営学が主たる研究対象としてきた会社経営に人類学的知見やフィールドワークという手法をもちこもうとした。会社儀礼の研究はそのひとつであり、社史ならぬ「社誌」の記述もその範疇に入るだろう。他方では、人類学が得意としてきた分野に経営学者が参入してきた。たとえば祭礼の研究である。そこでは祭りの経済効果や都市経営における祭りの意味が問われている。しかし、もっと肝心なことは、企業博物館の研究や経営理念の研究に結晶化された、どちらともつかない立場からの融合的な成果が生まれてきたことである［中牧・日置編 一九九七、二〇〇三、住原・三井・渡邊編 二〇〇八］。そこでは会社文化も宗教文化も融合し、企業博物館を会社の神殿に見立てる研究とか、経営者の理念に宗教的な影響をみる研究などが盛んにおこなわれた。会社文化のグローバル化に関する研究もその傾向がつよかった［中牧・日置編 二〇〇七］。回転寿司や醤油のグローバル化は会社経営と食文化がともに噛み合って実現したものだからである。

三　テイラーとタイラー

経営人類学の融合的性格を強調しても、所詮、出自は争えないものである。経営学の主要なルーツはアメリカにあり、

F・W・テイラーの科学的管理法にはじまったとされる。かたや人類学の揺籃の地はイギリスであり、E・B・タイラーがその創立者と目されている。テイラーとタイラー、いささか紛らわしい名前だが、時代も地域もちがい、もちろん直接の交流はなかった。しかし、経営人類学にとっては二人の「先祖」とも言える。しかも、以下に述べるように共通点もある。

テイラーとタイラーはともにクウェーカーであった。この符合は経営人類学にとって無関心ではいられない。とくに会社文化と宗教文化の相関関係を問う本書では、避けて通ることは許されない。

クウェーカーは通称で、正式にはフレンズ（友会徒）ないしキリスト友会（Society of Friends）とよばれるプロテスタントの少数派である。一七世紀中葉にイギリスの中部ではじまり、ジョージ・フォックスが創立者である。神（God）とよびかけるよりも内なる光（inner light）にみちびかれ、集会（meeting）では個々人の自由な言説を尊重し、ふつう聖職者もいなければ賛美歌も説教もない（ただし、礼拝式をもつ会派もある）。信徒間の平等を重んじ、握手による挨拶を普及させ、奴隷制廃止運動や良心的兵役拒否でも知られる教団である。本稿にとって特に重要な点は、クウェーカーが製造業や金融業、あるいは科学技術の発展に貢献した人物を多数輩出していることである。三井論文（第7章）がクウェーカーコードを丹念に追っているように、クウェーカーはビジネスにおいても重要な倫理規範のモデルを提供してきた。そのひとつがテイラーの科学的管理法である。

かれは許嫁の父親が経営する工場に労働者として入社するのだが、かれが工場のなかで見たものは、組織的怠業と呼ばれる労働者の振る舞いであった。これは、アメリカの雇用制度が間接雇用から直接雇用に切り替わる際に、出来高給の単価が次第に切り下げられてきたことに対する反応であった。つまり、間接雇用で親方が工場と契約して配下の労働者を送り込んでいた状態から、工場が直接に従業員を雇用するように変わったときに、工場主は適切な作業単価を設定することができなかった。このために、当初設定された単価は高い目になり、それが徐々に切り下げられる傾向にあった。労働者の側はそれに対抗するために、一定量以上には生産しないという協定を結び、それ以上の切り下げを防ごうとした。敬虔なクウェーカーであるテイラーは、勤労をさせない状況を改善することに必死になるのだが、実はテイラーがこの問題に取り組むまでにはかなりの期間がある。

その間にテイラーがおこなっていた研究は、旋盤の刃先の形状であった。旋盤は高速で回転する金属の材を削る最も早く開発された工作機械である。それを削っていくための刃先がどのような形状であると効率的であるのかを探索して、何トンもの鋼を削り続けた。この時にかれがとった方法は、加工対象の材質、加工物の回転速度、刃先の形状、刃を押しつける力の強さなどを変化させて、最適を見いだそうとするというものであった。その結果として、テイラーが発見したのは、刃先の形状がとがっているよりも丸い方がよく削れること、切削している加工物と刃先の間に石けん水をかけると効率的であることなどが見いだされた。

このような発見の方法は、現在では工学の世界では当たり前であるといえるが、工学が学問として未発達であった時代での成果をもたらす方法としては非常に有効であった。条件を少しずつ変化させ、しらみつぶしに調べるという方法は合理主義的なもので、職人の勘や経験の世界から学問としての工学へつながる方法であった。これが科学的管理法についても適用されたといってよいだろう。テイラーの科学的管理法の背景に、労働を神聖なものとして、それの障害となる条件を排除しようとする強烈な意思がある一方で、合理的思考が共存している。経営人類学は、効率や合理性を求める企業経営のあり方と、文化に拘束された合理性では解決できない要素をつなぎ合わせることが求められており、その意味ではテイラーの態度と共通する。

他方、タイラーの人類学もクウェーカーの思想におおきな影響を受けている。かれはチャールズ・ダーウィンの妻方の親族であり、非国教徒のクウェーカーでありながらオックスフォードの教授職にむかえられ、民族学コレクションで知られるピットリバーズ博物館にもその収集品を残している。ダーウィンの影響からか、進化にもかかわらず残存し続けるものに関心をもち、あらゆる段階の文化（民族、社会、宗教）に共通する観念としてアニミズム論をとなえた。アニミズムは「霊的存在への信念」と定義づけられ、「神」という言葉はつかわれていない。また、文化の定義においても知識、信仰、芸術、道徳、法律、慣習等々をならべたて、それが今日でも文化人類学の有力な見解のひとつとなっている。主著の『原始文化』における文化は単数形のカルチャーであり、アニミズムも同様である。つまり、現象としてあらわれる多様な文化の形態は知識、芸術、信仰以下さまざまであっても、その本質は原始以来、進化にもかかわらず残存しつづける、という信念にほかならない。アニミズムがその典型であり、人種も言語も同様だとかんがえていた[Stocking 1995 : 8]。タイラー以後の人類学の歴史を論じたストッキングは、タイラーの「理性」は多様な文明の伝播を認めたが、クウェーカーとしての育ちに由来する「情緒的な直感」は「死後の霊魂の永続」に対する普遍的でアニミスティックな信仰を想定するにいたったと述べている[Stocking 1995 : 220]。

理性と情緒の関係は合理と非合理のそれに類似している。一方で科学的な説明が要求され、他方で文化的な理解が追究されるとすれば、われわれの立場とそれほど隔たっているわけではない。たしかに個々の民族文化やそれぞれの会社には固有の文化ないし価値体系が存在することを前提としてきた相対主義の立場とタイラーの進化主義はあきらかに異なるが、会社文化を狭く定義せず、知識、芸術、信仰云々という具合に広くみる場合には共通点も見出せる。

われわれにとってはむしろ、タイラーの存在そのものが興味深い。つまり、イギリスの非国教徒である少数派のクウェーカーがさまざまな差別や迫害にもかかわらずその信念と生活様式をつらぬいたように、タイラーもまた残存するマイナーな異文化に関心を寄せ、その普遍的価値を信じてやまなかったからである。人種、性別、社会階層を越えた兄弟愛というクウェーカーコードはタイラーにも堅持されていたにちがいない。経営人類学はその信念やコードを引き継ぐものではないが、異文化としての会社文化や宗教文化を広義に定義して記述しようとする点では、タイラーはまさしくわれわれの「遠祖」とみなしてもかまわないだろう。

四　本書の構成

タイラーやテイラーの時代とは世紀を隔てる今日ではあるが、会社と宗教の関係にもさまざまな変遷があり、複雑怪奇な因縁で結ばれている。会社と宗教の分離を原則とする会社がある一方で、その一致を標榜するところもある。意図的に宗教ないしスピリチュアリティを導入する会社もあれば、無意識的に神棚を設置し慣習的に祭祀を維持しているところもある。宗教を神聖なる価値や表象として広くとらえれば、会社と宗教は浅からぬ関係にあるといってよい。その実態の解明にわれわれは果敢にせまろうとしている。

本書は三部構成をとり、それぞれ三つの論文が配されている。第一部は日本の会社と宗教の関係を論じ、第二部では欧米の会社と宗教の問題がとりあげられる。そして第三部では会社と宗教の経営的側面が比較研究を通して明らかにされる。

第一部は日本がフィールドである。日本の企業家はさまざまな宗教家や宗教思想に感化されてきた。渋沢栄一が『論語』に依拠して資本主義の経営思想を説いたことはつとに知られているが、安岡正篤の陽明学を中核とする思想に多大な影響をうけた経営者も枚挙に暇がない。安岡の著作は今でも刊行が途絶えることはなく、関連の書籍がブックフェアの対象となることもめずらしくない。安岡が組織した師友会は企業家や政治家に胆識《たんしき》（卓越した腹がまえ）を磨く場を提供し、かれの没後も関西師友協会が活発な活動を維持している。クウェーカーがフレンズ（友）としての絆をかためたように、師友会は安岡とその弟子たちの緊密な師弟関係を構築する一方、弟子たちのあいだでは同志的友情が涵養されてきた。企業家と宗教思想のつながりは儒学にとどまらず、仏教や神道などの伝統宗教からも多くを継承している。本書では住原論文（第1章）は新宗教も企業経営者の精神的支柱となっていることを天理教の事例から論証している。また第2章の金子論文はアメリカの経営思想を日本の企業風土に定着させようとした例を八幡製鉄所に見いだしている。そこではテイラー・システムに代わる労務管理として脚光を浴びたホーソン実験の成果が日本企業にいかに移植され、どのような効果をあげた（あげえなかった）かが吟味されている。神崎論文（第3章）は聖徳太子をとりあげ、十七条憲法の「和」の精神がいかに企業活動に浸透しているかを論じている。

第二部はイギリス、フランス、アメリカ、カナダが主要な舞台である。欧米における会社と宗教の関係はクウェーカーに代表されるプロテスタンティズムの倫理にすべて収斂するものではない。むしろ、企業活動における多様な宗教伝統の掘り起しが今後の課題としては重要である。その意味で、イギリス国教会の教会建築がスーパーの空間配置のモデルとなっていることを論じた松永ルエラ論文（第4章）は傑出している。他方、社員食堂、つまり「社食」に注目した市川論文（第5章）は、百貨店経営者のキリスト教的博愛主義にもとづく「経営家族主義」の精神を指摘している。それは個人的禁欲とは異質の職場文化と社会的同志愛の創出に寄与すると同時に、企業イメージの向上にもつながっていた。第6章の村山論文は近年その影響力を増しているスピリチュアリティを企業経営に取り込もうとするアメリカやカナダの会社を組上に載せている。アメリカ経営学会で「宗教」ではなくあえて「スピリチュアリティ」と称して研究グループを組織していることは注目に値するし、「職場のスピリチュアリティ」運動がしずかに展開されること自体、会社に宗教を持ち込まないことを原則としていた時代とは隔世の感がある。

第三部では会社と宗教にみられる経営上の類比と、両者の相互浸透が課題となる。類比は構造的な相似の抽出をめざし、相互浸透は融合的な関係の析出にかかわる。チョコレート生産のクウェーカー企業を追った三井論文（第7章）はクウェーカーコードに忠実な会社経営のなかからコーポレート・ガバナンスの概念が誕生し、それが一般の企業倫理にまで波及していることを論じている。そこでは宗教コードと企業コードの比較と、宗教倫理と企業倫理の融合が議論され、テイラーの二〇世紀からキャドバリーの二一世紀へというパラダイム・シフトが提示されている。日本の絵馬とカトリック社会の奉納画（エクス・ヴォート）の比較をおこなった岩井論文（第8章）は奉納習俗と宗教システムの経営的特質を浮き彫りにする。そこには奉納、展示、出版、聖地などにかかわる経営上の共通性が見いだされ、宗教経営学と著者がよぶ分野が開拓される。会社という近代の組織体を直接あつかっているわけではないが、社会システムのひとつとして宗教システムの運営が経営学との類比で明らかにされる。最後の岩田奇志論文（第9章）はマレーシアにおける三つの主要なエスニック集団――マレー人、中国人移民、インド人移民――にみられる企業経営行動の比較である。エスニック集団をとりあげ文化や民族の差異を論じた点では文字通り民族学的な論考であるが、「環境圧力」と「理念圧力」のダイナミズムとして企業経営行動を分析した点ではきわめて経営学的である。しかも、そこに宗教が深くかかわるから宗教学的でもある。本書の掉尾を飾るのはもっとも学際的・融合的な論文である。

参考文献

中牧弘允『むかし大名、いま会社――企業と宗教』淡交社、一九九二年。

中牧弘允『会社のカミ・ホトケ――経営と宗教の人類学』講談社、二〇〇七年。

中牧弘允編『社葬の経営人類学』東方出版、一九九九年。

中牧弘允・日置弘一郎編『経営人類学ことはじめ――会社とサラリーマン』東方出版、一九九七年。

中牧弘允・日置弘一郎編『企業博物館の経営人類学』　東方出版、二〇〇三年。

中牧弘允・日置弘一郎編『会社文化のグローバル化――経営人類学的考察』東方出版、二〇〇七年。

中牧弘允・日置弘一郎・廣山謙介・住原則也・三井泉他著『会社じんるい学』東方出版、二〇〇一年。

中牧弘允・日置弘一郎・廣山謙介・住原則也・三井泉他著『会社じんるい学ＰａｒｔⅡ』東方出版、二〇〇三年。

Stocking, Jr. George W. *After Tylor : British Social Anthropology, 1888-1951*. University of Wisconsin Press, 1995
住原則也・三井泉・渡邊祐介編『経営理念――継承と伝播の経営人類学』ＰＨＰ研究所、二〇〇八年。

第一部　日本の会社と宗教

第1章　「お道」と企業経営

――天理教信仰と事業が融合する論理のありかと実例

住原則也

はじめに

事業主が特定の宗教信仰に基づき経営行為を行なっている事例は、世界に数限りなくあることは指摘するまでもない。そして、信仰信念が経営行為にどのように関わるのかについては千差万別であり、一様に語ることなどできない。宗教は基本的にいわば閉じられた価値体系であって、科学のように新事実の発見を通じて理論の修正、見直しが検討されるわけではない。したがって宗教教義のように変わらぬものという特性が、刻々変化するビジネス環境に対応する企業経営とどのように結びつくのか、一様のパターンがあるとは思われない。むしろ、変わらぬ価値体系を、個人がどのように解釈・再解釈することで、目の前の現実に適応させてゆくのか、あるいは、宗教信念上の価値観が、企業活動というコンテクストの中で、どのようなアクションを呼びおこす起点となるのか、といったところに問題関心が向けられることになる。

本章では特に天理教（立教一八三八年、教祖中山みき）の信仰に基づいて経営判断を行なう事業者を扱いたい。無論、そのような事業者の数も多数でありながら、これまでそのような事業者の全貌について扱われた研究はほとんど見かけられないので、本章で扱う事例が、どれほど典型的であるかは不明である。しかしながら本論で示すように、とりあげた二人の実業家が、天理教の教理に公私にわたり忠実であろうとした、という点において一種の理念型を提示しているものと考えることができる。同時に、二つの事例とも、いわば事業として成功してきた例であるが、それは結果であって、教理に忠実であろうすることが、即、事業の成功を保証する論拠であることを示すことが本章の目的でもない。成功・不成功の現象面を超えて、信仰信念がどのように経営行為・判断と結びついているのかの具体例を示すところに目的意識がある。

さらに、特定の宗教的価値意識と経営や組織運営の関連が扱われるとき、しばしば採用される解釈は、宗教を企業の営利目的のために「手段として利用している」という見方である。組織構成員の意識統合のためであったり、労働強化を正当付けるためである、といった分析は、先例を見なくても、常識的な思考からでも浮かび上がる見方である。そのような解釈が当を得ていることもおおいにあるだろう。しかしながら、宗教的価値意識と営利目的の諸行為は、そのような一面的なつながりだけで結論を出せるものではないことは、すでによく知られたマックス・ウェーバーの古典『プロテスタンティズムの倫理と資本主義の精神』を見るだけでも明らかである。行為者の営利活動における深層の意識は、決して、プロテスタント的価値意識を、実業のために利用した、とは言えないほど信念に満ちたものであることをウェーバーは示して見せた。このような先行研究は、経済的行為は非経済的行為との連続性として総合的（holistic）に分析すべきものであることを示唆している。とりわけ経営者自身が、私生活も含めて宗教教理に忠実であろうとしている場合、宗教が経営のための「方便」「道具」とみなすことは、本人の主観からは遠く離れてしまうと思われる。人類学的な視点、あるいは民族誌とは、簡単にいえば「内部者の主観にせまること」[Spradley　1979] であるとすれば、当事者の主観を無視・軽視した、外からの目だけで断じることはできない。

このような行為主体の内部深くに精査の眼を侵入させ、行為者の「主観」に迫るとともに、その主観がどのような結果をもたらすのかを「客観的」に描く、ということは決して容易な作業ではない。また先行研究に当たるものも寡聞にして少ないように思われる。数少ない事例のひとつとして、グンゼの創業者波多野鶴吉の経営理念の研究を行なった井森らの成果［一九七六］が注目される。井森らの視点も、経営上の成功が「目的」であり、その「方便・手段」として創業者が帰依していたキリスト教に基づく経営理念がある、といった二項対立的な単純な視点ではなく、どちらも目的であり手段であったとする双方融合的な視点に立つことが、創業者本人の主観にもまた、現象としての経営の実態という客観性に対しても忠実な視点であると見て取れる［住原　二〇〇八］。

本章もそのような見地から、以下、事例として取り上げる二人の経営者と経営行為について紹介したい。ただし、紙面の都合と調査資料が十分でないことから、本章では井森ら［一九七六］が示したような創業者の理念形成の重層性までは扱かってはいない。つまり、井森らは、波多野鶴吉が極めて敬虔なキリスト教信者であり、その理念には公私にわたりキリスト教的信念が浸透していたとしても、それだけではなく、近代的合理主義、明治期日本の国家神道や伝統知、家族主義など、複数の価値意識が重層的に経営理念形成に影響を及ぼしていたことを示している。本章では、紹介される企業経営者の、そのような重層性を扱うのではなく、あくまで、天理教というひとつの価値体系と経営行為・判断の諸関係に絞っている。本章の目的が、経営者の哲学や理念の全体像をあぶりだすことではないからである。

またどのような経営者も、経営上の判断を下すとき、それまでの経験や自己内部の知識・価値観ばかりでなく、外界の広い社会からも依拠しうる知識・価値観を参考にして導入する場合がある。それが企業内部の一つの理念として導入されるとき、広い外界を起源とするその知識・価値体系を、かりに「メタ理念」と呼んでおくこととしたい［住原・三井・渡邊　二〇〇八：二七］。本章で紹介する実業家は、特に天理教教理という知識・価値観の貯蔵庫をメタ理念として依拠してきたといえる。ただし、彼らが、天理教教理だけをメタ理念としたわけではない。おそらく既述の井森らが描いたグンゼ創業者波多野鶴吉のように、キリスト教以外の複数の価値体系を重層的に備えているはずである。しかし本章では、天理教教理というメタ理念のみに絞って記述している。

事例に入る前に、まず、どのように天理教の教理が企業経営上の判断と論理的な整合性を持っているのかを大づかみに整理しておく必要がある。というのも、天理教は天保九年（一八三八）一〇月二六日に、一農家の主婦中山みきによって始められた啓示宗教としての性格を持っているが、教祖は教えを広めるにあたり、「谷底せり上げ（貧者の救済）」「村方（非権力者、貧者など）早くにたすけたい」「学者・金持ち後回し（知恵や財力に頼り生きる者の救済は後回し）」といったことばに見られるように、商業活動が特に意識されていた痕跡はない。いやむしろ、教祖亡き後今日まで、教えの流布に従事する者が、一般の職業に就いたり、まして、自ら営利目的の事業を始めることは、「世間ばたらき」（教祖のことばではない）という名称で、布教者の間で一種の恥ずべき行為として牽制されてきたいきさつさえある（『事業と信仰――陽気ぐらしの経営』二〇〇一年を参照）。本論で紹介する二人の実業家もまた、教会や布教所といった、仏教教団で言えば寺院格の責任者でもある立場であった。このような背景がありながら、どのように教理と商業活動上の論理が整合性を持つのかについて、まず確認しておく必要があると思われる。

一　天理教の教えと企業経営の論理的整合性

短い紙面で天理教の教えの全貌を描くことなどできないばかりか、筆者にはその力量はない。以下の概略はあくまで本章のテーマとの関連に絞って筆者が概略してまとめたものである。

そもそも天理教の教えによれば、「この世は神の体」「人間は神の懐《ふところ》住まい」と言われるように、この世／あの世、人間の住む世界／神の住む世界、のような二項対立的な関係は否定され、自然界を含め人間の体もすべての物質が「神の体」を構成するものであり、すべて神の摂理（天の理）によって成り立っているものであるという。したがって、人間の物質的存在を含むあらゆるモノは「神の貸しもの、借りもの」「心一つが我がの理」（モノのすべては神が人間に貸し与えているもの、人間にとれば借りているもの、唯一、心（思考、感情）だけが人間に所属し自由がきくものといわれ、まず「これが分からねば何も分からん」）とされている。

神（親神あるいは天理王命《てんりおうのみこと》と呼ばれる）は苦心を重ねて、形の無い「どろ海」のような環境から人間と人間の住める環境世界を造り上げたのだという。その創造の意図とは、「陽気遊山が見たい故から」といわれるように、人間が助け合って楽しく生きる様子を見て神が共に楽しみたい、とするものであるという。それを「陽気ぐらし」と呼んでいるが、陽気ぐらし世界を神自身が指導・支配して実現するのではなく、人間が自由な心で、自発的な判断と行動で造り上げてゆくことが期待されているというのである。

しかし人間が許された自由な心で自分の暮らしや社会を形成するにしても、その営為は神が本来、人間創造において意図したとされる方向性であるかどうかを基準にして、神の「ご守護」の中身も変わることになる。神とは、天の理そのものでありそれを司る存在として位置づけられるからである。神は一人ひとりの人間の心の動きと行動を「見抜き見通し」ており、神の判断に「千に一つの間違いはない」「余れば返す、足らねばもらう、差引勘定は神がする」とされている。したがって、天理教ではいわば神のご加護のことを、「心通りの守護」として知られている。「願うこと」がかなうのではなく、日々の心のありかた、実践の積み重ねが成果として現されるのであり、偶然というものはないとされるものである。

したがって、天理教では教祖の「なんでも信心《しんじん》せにゃならん」ということばがあるように、信心＝心を信じる、つまり、現在の自分も未来の自分も、自己の長い（今生、前世からの）心の歴史の積み重ねによるものであることを信じた上で、神の目から見た「心得違い」があれば、心を立て直すことで今後の自己の運命を、天の理を形に表した教祖の考え方・生き方を手本としつつ、築き上げてゆくことが促される。

そのような人間の百様の心の持ち方の中でも、最高位に位置する心がけとして、「人たすけたら我が身たすかる」というものがあり、天理教の救済観を示している。手助けを要する他者に対して奉仕した見返りとして自分が助けられる、のではなく、他者に身も心もたすかってもらいたいと思い願う自己の心の状態・あり方そのものが、神の目から見た理想の心のあり方であり、そのような心の状態を、人間として「たすかっている」、というほどの意味である。言い換えれば、他者のことを自らのこととして考えられるという、人間ならではの能力を保有している証拠であるとされる。

既述のように、神が人間と人間の住める世界を創造した目的は、「陽気ぐらし」にあるが、「人たすけたら我が身たすかる」という教えにより、人間社会全体の理想像（陽気ぐらし）と、個人レベルの救済（理想の心の持ち方）という二つの次元が、融合するところとなる。

したがって、どのような者でも、「真実にたすけ一条の心なら、なにゆわいでもしかと受け取る」（純粋に人にたすかってもらいたい一心の心と行動は、ことばで表現していなくても、神がしっかりと受け止めている）として神が守護する意図を示しているものとされている。

さらに、本章のテーマとしても重要と思われる点は、天理教の教えに沿う生き方を行なう者として「里の仙人」という用語が使われている。山中など人里離れた場所で、隠遁して修行・苦行を行ない特別な力あるいは精神力を持つ聖人ではなく、ごく当たり前の日常（里）に生きる中で神の望むような思い方や行動・実践を目指す人物が「里の仙人」とされる。人間社会は常に人間の自由な心に基づくがゆえに、場合によれば欲望渦巻く混沌とした「どろ海」のようなものであり、清水で満たされた世界とは限らない。であるからこそ親神は、人間を造るとき、その魂に魚類の「どじょう」を使ったということが、教祖の語った人類の創世記に相当する「元の理」の話の中に書かれている。どじょうとは、泥水の中に棲みながら、その泥から養分をえり分け吸収し、しかも「まっすぐ」に泳いでゆく特性を持つからであるという。したがって、人間の魂は本来の特性は、「どろ海の中」にあっても正しくまっすぐであろうとするものであるというのである。欲がうずまく汚れた人間関係の中にあっても、神が意図してつくった人間の魂の本質、本来の特性を思い起こすことで、ややもすれば自らも泥にまみれやすい人間に自省を促すのである。「里の仙人」とは、人間社会の只中に棲み、そこから逃げるのでも染まるのでもない、日々の生活を通じて他者を感化し、「陽気ぐらし」社会の実現に寄与しようとする人物であるという。

本章のタイトルに、「お道」と書いたのは、天理教では信者であることは、そのような陽気ぐらし社会の実現に向けて日々「道」を歩む人間であることであり、人生は「里の仙人」として歩む道にたとえられ、「お道」と呼んでいるのである。

二　職業・家業が日常における「陽気ぐらし」実践の重要な場であること

教祖は、信者に対して、望ましい日常生活上のありかたとして、「朝おき、正直、はたらき」の三つの項目を挙げている。朝早く起きて、日々正直を旨とした人間関係を築き、はたらくとは「傍々《はたはた》の者（そばにいる人々）を楽《らく》させる」ようお互いよく動くから「はたらく」というのだ、という教祖のことばが残されている。このように、日常生活において、単なる勤勉ではなく、他者を意識した勤勉さに重点が置かれている。ここからさらに「家業第一」という言葉があり、生業・職業上の遂行を通じた、陽気ぐらしの実践が促される。したがって、世俗的な日々の仕事であっても、教理に基づく心がけを持って従事することで、日々の仕事は俗な行為ではなく、聖なる行為として位置づけられ自己解釈されることになる。そのような意味あいの象徴的な姿として、教祖の長男であった中山秀次は、生活を支えるために田畑で働くときも、また農作物を天秤棒でかついで行商するときも、常に紋付袴姿（正装）であったという。近隣の村人も「紋付さん」と呼んでいたという。聖と俗の区別は、活動の中身ではなく、取り組む心がけ次第で、聖にも俗にもなりうるという含意が見られる。

商売人の信者に向けた、教祖のことばとして残されているものは、「商売人は、高う買うて、安う売るのやで」というものであったという。その意味を教祖自身は細かく説明してはおらず、聞かされた商人は、禅問答のように理解に戸惑ったようであるが、教祖の身近な者が、（現在のことばで表現すれば）「生産者や問屋を喜ばすよう高い値で買ってやり、客にはできるだけ安く売ってやって、自らは薄利でも喜んではたらきなさい」と解説して納得させたという。商業活動を通じた「陽気ぐらし」実践の心がけとして知られるエピソードである。以下に実例として紹介する実業家も、このような教えを周到にして愚直に実行していたと思われる。

以上のように概観してみると、広い意味で生業・職業としての商行為も、教えに基づく心がけ次第では、世俗的な行為ではなく、むしろ積極的な聖なる行為の領域に属するものであるといえる。とりわけ、日常生活における「里の仙人」となることが「はたらき」を媒介として促されているとすれば、商行為が教理と論理的に矛盾するものではない。さらに、「はたはたを楽させる」ためにはたらく行為とは、既述のような、個人の救済と神の望む人間社会の創造の二元性をひとつに結びつける接点であるとも解釈しうるものである。

おおよそこのような論理的背景を、天理教信者としての事業家・商人が共有しているものと解釈できるが、実際の場で、どれほど徹底してこのような価値体系を経営判断などに実践するかは千差万別であることは容易に想像できる。そのような諸事例の中でも、代表的な経営者と思われる二人の人物（諸岡長蔵と日比孝吉）を、戦前と戦後から各一人選んでみた。

天理教と実業家との関係のあり方をもう少し整理しておくと、おそらく最も一般的にも広く知られているのは、松下幸之助であるだろう。昭和七年（一九三二）の三月の上旬、知り合いの信者に連れられて天理を訪れた体験が、企業人としての使命を考えるきっかけとなり、この年をもって松下電器（二〇〇八年秋よりパナソニックの名称で統一）は、「命知（真使命を知る）」の年とし、同年五月五日を「第一回創業記念日」としている。実際の創業はそれから遡って一五年前である。天理訪問が幸之助に与えたインパクトについては、自身の自叙伝『私の行き方考え方』〔松下　一九八六〕の第六章「命知と創業記念日」の中で多くの紙面をさいて書いている。近年出版されている幸之助の伝記、『幸之助論』〔コッター　二〇〇八〕、『滴みちる刻きたれば』〔福田　二〇〇二〕、『同行二人　松下幸之助と歩む旅』〔北　二〇〇八〕などおおよそ例外なく、天理での体験が記述されている。

ただし、このような幸之助と天理教との関係であっても、天理教の教えの中身のどの部分が幸之助の心を捉えたのかについては、どの文献を見ても不明である。むしろ、全国から手弁当で集まってくる信者たちが、自主的に嬉々として、「ひのきしん」と呼ばれる奉仕活動に従事する、かつて見たこともない活気に幸之助は圧倒され、人は損得以上に、使命感を深く感じたときにむしろ大きな内部エネルギーを発揚するのだということを目の当たりにしたのではないか、と想像するのが自然と思われる。敢えて言えば、松下幸之助の有名な「水道哲学」も天理訪問後の発想であるが、産業人の使命、「聖なる事業」「真個の経営」とは、加工品でありながら安い水道から出る水のように、生活物資を安く供給し、すべての庶民が物に恵まれた生活を享受できるようにすることであり、そうすることで「貧困の撲滅」に寄与できると考えた。先述の自叙伝の中で、「実業人の使命というものは貧乏の克服である」（二九五頁）と幸之助は書いている。これは天理教教祖の意図した、既述の「谷底せり上げ」などと共鳴する考え方である。「人間生活は精神的安心と、物質の豊富さによってその幸福が維持され向上が続けられるのである。（中略）両者は車の両輪のごとき存在である。」［一九八六：二九〇］と幸之助は書いている。精神面を宗教が、物質面を産業人が荷う、という分業の構図に思い至ったのである。

しかし、松下幸之助の例は、天理教と信者ではない実業家の関係であり、一方本章で紹介する実業家は信者としての実業家であり、経営者の立場で日々「里の仙人」を目指した典型例といえる。

教理の中身との関わりが深い実業家としては、ダスキンの創業と経営にも深く関わる駒井茂春（一九七九年から代表取締役社長、一九九四年からは会長）が知られており、経営と天理教の教理の関係について数々の出版物で触れている（『愛とともに成長を』など参照）。また、天理教の信仰を持ちつつ商店主などを含めた中小の企業経営者は全国に数多いが、彼らが何らかの連携を持つという動きは皆無であった。しかし一部ながら、平成九年（一九九七）八月三〇日、「道の経営者の会（ＴＭＡ＝Tenri Management Association）」なるものが発足し、信者であり経営者である人々が集うひとつの核が形成されている。そのひとつの成果として『事業と信仰――陽気ぐらしの経営』（福昌堂、二〇〇一年）などが発刊されている。

このような諸事例の中でも、和菓子羊羹の最王手の一つ「米屋《よねや》」の創業者諸岡長蔵と、スジャータで知られるめいらくグループの事実上の創業者日比孝吉の二人は、事業規模の大きさと天理教教理との公私にわたるコミットメントという点で特筆すべき事例であると思われる。

三　教理実践者の実業家――諸岡長蔵と日比孝吉

諸岡長蔵（一八七九〜一九六九）

洋菓子が日本人にとっての中心的なスィーツとなっている現在では、和菓子とりわけ羊羹への関心は一般的に低いと思われるが、明治三二年（一八九九）諸岡長蔵は二〇歳のとき、成田山新勝寺の表参道沿いの実家で、栗羊羹の製造販売を始めた。これが現在の米屋《よねや》の創業である。現在羊羹以外の和菓子も製造販売しているが、羊羹に限れば日本の最大手である。米屋という名称は、江戸時代には文字通り米屋《こめや》を営んでいたからといわれている。

諸岡長蔵は、明治一二年諸岡家の長男として千葉県に生を受け、一六歳で天理教に入信し、九〇歳で亡くなるまで生涯篤い信仰者であり実業家であった。また天理教成田分教会を設立し、教会長でもあった。

本論とはずれるが、実は諸岡家というのは地元成田山新勝寺にとってもゆかりの深い古くからの名家である。というのも新勝寺のご本尊である不動明王は、一〇世紀半ばの平将門の乱のおり、当時の朝廷の信の篤かった京都高雄寺の護摩堂の本尊であったものを、東国鎮護のために、現在の千葉県に下されそのままその地にとどまったものとされている。しかしその後は打ち捨てられ忘れられ、地中に埋まっていたものが地元の農民などによって偶然発見され、成田村の名主の一人であった諸岡三郎左衛門（諸岡長蔵の遠祖）が、永禄九年（一五六六）六月二八日、現在の米屋本店（新勝寺の表参道）の裏手に丁重に鎮座し、大切に祀っていたというのである。その後不動明王は現在の新勝寺に遷座されているが、明治期に至るまで、米屋裏手の井戸水が、毎日不動尊にお供えされていたと伝えられている。現在も、米屋の工場前のその場所は聖空間として、「御遷座之旧跡記念碑」が建立されて小公園となっている。またそこに、諸岡長蔵の胸像も建っている（次頁写真参照）。

米屋本店裏の小公園

諸岡長蔵の経営者としての行動と天理教の教えとの関連を、限られた紙面で描くことは極めてむずかしいことである。資料が少ないのではなく、諸岡長蔵は公私にわたり天理教と深い接点をもって生活し活動しているために、どの活動に焦点を当てても断片的な描写にしか過ぎない思いが残るからである。依拠するデータは、文献とすれば、一般に出版されている山本素石の『己に薄く、他に厚く——商人・諸岡長蔵の生涯』［一九九三］と、長蔵亡き後、その長男で米屋の跡を継いだ諸岡謙一が一九七三年に私家版としてまとめた浩瀚な文集『長蔵翁を偲んで』がある。その文集は、成田市前市長など、長蔵と直接交流のあった数多くの人々がエピソードを寄せているばかりでなく、一般には知られていなかった、長蔵自身の日記などの文書に基づく情報も入れられており、貴重な資料である。さらに筆者自身、長蔵の下で働いていた元従業員などへの聞き取りを行ない参考にした。長蔵自身、自己の功績については自慢がましく語ることのない人物であったという。先述の、公園の胸像も彼の死後建立されたものである。ただし出納ばかりでなく購入した私物など、記録は几帳面に記していたようである。入手できる文献資料を散見するだけでも、商人としての活動、企業活動、天理教団への貢献、社会貢献、戦前の国家への貢献など、およそ公的私的な行動基準が天理教の教えを体現せんとする強い意志に基づいており、彼の足跡の代表例として何を選び出すべきか迷うばかりである。ここではほんの一部を紹介するだけであり、詳しくは前記の文献などに直接当たっていただきたい。

長蔵の商売の信条と方法

すでに紹介した文献などによれば、新勝寺の精進料理のひとつ「栗羹《くりかん》」をヒントに作られた栗羊羹を、明治三二年長蔵は製造販売し始めたが、「朝起き、正直、はたらき」の教えどおり、正直に良質の製品を作っていたようである。しかし開店して一〇年もの間、製品はあまり売れず苦境が続いていたという。というのも、当時の門前町や名所旧跡のみやげ物屋などでは当たり前の商習慣であった、「上げ底（過剰包装によるごまかし）」「呼び売り（声高に呼びかける）」「かけ売り（まとめ買いなどは値引く）」といったことを一切せず、むしろ店頭に一メートル四方の厚板に「一、呼び売りをしない、一、値引きのかけ引きをせぬこと」の二ヶ条を書いて掲げていた。店員がいくら反対しても方針を変えなかったという。値引きも一切しなかったのは、教祖から教えられた「正直」を旨としていたために、彼が設定していた値段はこれ以上下げられない最低の値段であったという。製品の量も質もごまかさないことを旨としていたのである。

売れない長い年月を過ごす中で次第に、米屋の栗羊羹の品質の良さと値段設定の良心さが口コミで知られるようになったという。大正期には、以前の百倍以上もの売り上げが記録されるようになっている。その後は全国各地に店舗も出し着実な展開をしている。

長蔵はまた、「高く買って、安く売る」という教祖の教えを愚直に守っていた。その信念は生涯のものであったようで、製品は最高品質のものを求めていたために、原材料を提供してくれる問屋や生産者との関係を大切にしていた。大型の機械導入に際しても、最良最先端の機械を求めたようである。長蔵は常々、「元方（問屋や製造元）を尊重せよ」「元方には買ってやるというのではなく、売っていただくのである。元方にも普通の利潤を得ていただけ。みだりに値切りすることは愚かである。ただし、不誠実な元方とは取引の停止もやむをえない」と言っていたという。

また従業員に対する姿勢も、雇ってやっている、といった傲慢な姿勢ではなく、「事務員、工員は元方に準じて厚遇する」という方針を持っていたという。さらに、「顧客は商売の目標にして最大の恩人なり、誠心誠意を尽くし、原価を基準とし、品質の優良と価格の低廉を図れ。儲けることを優先するから畢竟、儲からん。己を犠牲として顧客の利益を図ればやがて儲かる。これが大自然の法則である。利己心が我が身の命を縮めるのである」「八分で満足せよ。十分を望めば無理ができ、やがて滅亡の因となる」といった言葉が散見される。このような長蔵の信念を端的に表した表現が「己に薄く、他に厚く」であり、既述の伝記のタイトルとして使われている。

これらの方針は、特に天理教の教えではなくとも良心的な商売を心がける商人なら実行していることであるとも思われるが、長蔵の主観の中では、天理教の教えを商業上の判断の上に照らし合わせていた結果としての、このような商法であり、損得を超えて十年もの間、芳しい結果も出ないまま教えの実践に徹する姿は常識を超えている。単なる個人的信念であれば、それほど長く持ちこたえられるものであろうか。

得た利益の使い方においても、教えに対して強くコミットしていたことは、残された資料からもよくうかがえる。そもそも長蔵の財についての考えが、「(お金というものは)増えれば幸福、減れば不幸に感じる。そのような不安定なものを幸福の拠り所とすべきではない」というものであったという。長蔵と生前交流のあった知人の証言によれば、「自分は幼少にして因縁の悪いところを神にたすけられた――自分は生涯、神のため世のために捧げて悔いない、いやそれだけが自分の喜びなのだ」と言っていたという。長蔵の、恩に報いる、という強い心情は生涯のもので、先述の、公園の胸像の下に彼が大切にしていた古歌「にちにちに昇る朝日はおがめども入る日のかげをおがむものなし」(これから受けようとする恩恵には誰でも自然に手を合わせて感謝するが、すでに受けてしまっている遠い恩は軽く見やすいものであることを自省していたものと思われる)が刻まれている(次頁写真)。その歌そのままに、胸像も西を向いて建てられている。

財に関わる長蔵の各方面への寄付行為は、商売がまだ陽の目をみていない明治三六年、長蔵二四歳のころから記録が残されている。しかも残された記録は一部であり、土地田畑の寄付なども記録に残されていない。長蔵の知人が、長蔵

西向に建てられた胸像

の日記から拾い出してまとめたものが表1である。

明治・大正期には、千円でも立派な一戸建ちの家が建ったということで、ひとつの目安にはなるが、このように残されている数字がどれほどの金銭価値があったかが問題ではなく、長蔵は金額の多少に関わりなく、常に恩返しの心を寄付行為として表現していたことが、彼の信仰のあり方を示している。寄付の対象は、地元の橋や道路の建設・修繕改築、「学校や町内各施設や神社仏閣への寄付、日本や世界各地の災害に対する義捐金」（『長蔵翁を偲んで』一六二頁参照）などであった。むろん信者であり教会長であった長蔵は明治期教会本部へ一万七八八三足の草鞋を寄進したことなども記録に残されている。

また長蔵が大正四年（一九一五）一二月から昭和一一年（一九三六）までの二十余年にわたり継続して行なわれた多大な貢献として、現在も続けられている「道徳科学モラロジー」活動を創始した広池千九郎への援助がある。モラロジーとは、「最高道徳」の存在と内容を科学的に説明する学問とされ、広池千九郎が発想し体系づけたものであるが、それ以前、広池は天理教の信者として旧制の天理中学校の校長なども務めている。モラロジーの完成までには長い年月を要し、特定の収入の無かった広池に対し、研究が完成するまでの二十余年、図書購入などを含めた研究費、出版費用、生活費用その他、援助した総額は一一万二八七〇円であり、これは時価に換算すると億単位とされる。その他、広池の家族に向けても大正一一年二月から昭和一三年七月まで毎月白米一俵を贈り、総計は一九八俵であった。これほど広池に貢献したのは、広池と同様、天理教甲賀大教会に所属し、おそらく援助してあげるよう教団内部からの要請もあったものと考えられる。このような功労に対し、広池自身も、長蔵を「モラロジーの母」と称揚している［モラロジー研究所 二〇〇二：四八九—四九二］——研究所のホームページ（http://www.hiroike-chikuro.jp/moralogy/index.htm）の中の「ゆかりの人」のコーナーでも紹介されている。また、成田市の米屋の本店裏にある「成田羊羹資料館」二階の「モラロジーコーナー」に、広池との交遊を示す幾多の文書などによりモラロジーとの関わりを知ることができる（次頁写真）。

ちなみに現在も活発に行なわれるモラロジー活動とは、一つは麗澤大学をはじめとした広池学園での「知徳一体」教育であり、また、モラロジー研究所を通して全国の会員に対して行なわれる社会教育である（http://www.hiroike-chikuro.jp/moralogy/index.htm 参照）。

長蔵の全貌のつかみ難い寄付行為とはいえ、無論、限りある財産を他人に野放図に与えたわけではない。彼の許に金銭の無心に来る人も後を絶たなかったという。昭和一一年の長蔵の日記に、「慈悲は仇なり、貸すは莫迦《ばか》なり、貸すな、借りるな、判押すな、自分の杖は自分なり、貧しさを口に語りて働かぬ村人多くなりにけるかな、自分の安全しか思わ

年月	年齢（歳）	奉仕金額
明治36年	24歳	44円
〃 37〃	25〃	37〃
〃 38〃	26〃	238〃
〃 39〃	27〃	563〃
〃 40〃	28〃	870〃
〃 41〃	29〃	1,203〃
〃 42〃	30〃	1,114〃
〃 43〃	31〃	975〃
〃 44〃	32〃	360〃
〃 45〃	33〃	1,353〃
大正 2年	34〃	1,517〃
〃 3〃	35〃	1,938〃
〃 4〃	36〃	4,025〃
〃 5〃	37〃	2,050〃
〃 6〃	38〃	2,723〃
〃 7〃	39〃	2,683〃
〃 8〃	40〃	3,248〃
〃 9〃	41〃	6,447〃
〃 10〃	42〃	10,663〃
〃 11〃	43〃	19,586〃
〃 12〃	44〃	14,114〃
〃 13〃	45〃	9,070〃
〃 14〃	46〃	9,788〃
〃 15〃	47〃	30,876〃
昭和 2年	48〃	110,006〃
〃 3〃	49〃	5,274〃
〃 4〃	50〃	5,016〃
〃 5〃	51〃	5,291〃
〃 6〃	52〃	7,610〃
〃 7〃	53〃	5,816〃
〃 8〃	54〃	57,305〃
〃 9〃	55〃	6,663〃
〃 10〃	56〃	11,188〃
〃 11〃	57〃	7,098〃
〃 12〃	58〃	3,258〃
〃 13〃	59〃	10,369〃
〃 14〃	60〃	不 明
〃 15〃	61〃	4,644〃
〃 16〃	62〃	3,619〃
〃 17〃	63〃	4,790〃
〃 18〃	64〃	89,194〃
〃 19〃	65〃	4,335〃
〃 20〃	66〃	15,086〃

表1　長蔵の寄付記録

米屋本店裏にある成田羊羹資料館

資料館内のモラロジーコーナー

ぬ者の安全であったためしない」と綴られている〔山本　一九九三：四〇二〕。

長蔵自身、私生活においては贅沢をせず、紙一枚、うちわ一枚も大切に扱っていたという。教祖の「菜の葉一枚そまつにしてくれな」ということばは広く知られ、長蔵に限らず、信者に質実なモノの扱いが促されていることから、それがごく自然な日常生活であったと想像される。

日比孝吉（一九二八〜　）

フレッシュクリーム「スジャータ」で知られる「めいらくグループ」（名古屋製酪株式会社など七社から成るグループ）の現在代表兼CEOの日比孝吉は、事実上の創業者である。創業昭和二一年（一九四六）一二月で、平成二〇年（二〇〇八）現在資本金一億七〇五〇万円、従業員数三〇六六名であり、年商は一千億円を超えている。終戦後間もなく、まだ二〇歳にもならない日比孝吉が一家八人の生活を成り立たせるために、自転車にゴムひもや文房具を積んで農家などをたずねて行商したところから始まっている。行商、露天商、アイスクリーム屋、そしてその後に大きな飛躍となるフレッシュクリームを手がけた。ガラスの牛乳ビンから今では当たり前となっている紙パックにいち早く切り替えたり、乳業界では二〇世紀の傑作ともされる、防腐剤などを使わずに乳製品を長持ちさせる「ロングライフ技術」に注目し、他社に先んじて昭和五〇年（一九七五）にはロングライフ工場なるものを完成させている。よく知られている「スジャータ」の生産量は世界一を誇っている。乳製品に限らず、レトルトパック食品、「きくのIFCコーヒー」（世界初の急速冷凍製法に基づくコーヒーで国内外の特許を取得し、文部科学大臣賞なども受賞している）、また有機豆乳など多方面の新商品開発を行なっている。

本章との関連でこの大手企業が注目されるのは、天理教の信者である日比孝吉は、公私にわたり常日頃から天理教との関わりやその教えの内容について口にするだけでなく、会社経営も天理教の教えに基づいて運営していると公言していることにある。たとえば長野商工会議所からの取材においても（「長野商工会議所だより」二〇〇四年七月号参照）、天理教の修養科（三ヶ月の精神修養研修）というものが「『天の理』つまり宇宙の在り様の中で、自分がどう生き、どういう実践をすることで、いかに自己と自己が関わる社会をよい方向に変えていくかを学びます」といった説明をし、どのように会社の人材育成にも役立てているかを語っている。めいらくでは、新規採用募集に際しても、社員に天理教信仰を強制するわけではないにしても、会社の運営方針は天理教の教えに基づいていることを入社希望者に明言している。

このような天理教とのつながりを表明することを、奈良県天理市の教団本部が依頼しているわけではない。まして教団が、会社に資本提供など支援しているわけでもない。日比孝吉の全くの自発的な行動であり、そのように対社会的に表明することで、場合によれば商業活動に不利益に作用するかもしれない、といった懸念なども全く感じられない。筆者も直接会見したことがあるが、「天の理」に沿う経営を行なうという信念に全くの迷いが無いかのような、淡々とした語り口が印象的であった。

しかし、このような日比孝吉が、両親が天理教の信仰をしていたからといって自然に若いころから熱心に信仰していたわけではない、という。むしろ、青年期は、信仰などより商売が大事、と思っていたという。まして、苦労して多くの子どもを育てた実母が、これから少し楽をしてほしいと孝吉が思っていたころ、六三歳の若さで急逝したことは、孝吉に天理教信仰への疑問を生じさせた。これほど熱心に真面目に信仰した親をあっけなく死なせる（天理教用語では、死ぬと言わず「出直す」という）天理教などやめてしまおう、と本気で考えた孝吉は、なぜ母親がそのようになってしまったのかを知ろうと、天理教の教えをあらためて学んだという。その結果、母親を死なせたのは、むしろ自分のそのような不熱心な信仰姿勢だったのではないか、と思い至ったのだという。このような解釈の正当性を図る尺度は、本人の主観以外どこにも存在しないが、現在に至るまで公私にわたり天理教への信仰信念を公言するのは、このような原点があるからと考えられる。

文字通り行商からたたきあげて、大手企業に育てた日比孝吉が、過去をふり返って、とりわけ重要な会社の局面に天理教の教えに照らし合わせてきたことを各方面で語っているので、いくつか見てみたい。

まず、一九七〇年ごろ、欧米ではすでに、重くて回収が必要なガラス製の牛乳ビンに換えて、ドイツやアメリカで発明された紙パックが使われていたという。当時日本の通産省も奨励したが大手メーカーすら手を出そうとしなかった。コストが高くついたからのようである。つまり、牛乳ビンなら年間三〇〇万円で済むところを、紙パックの中でもドイツで開発されたツーパックというものなら六〇〇万円、アメリカのピュアパックだと二〇〇〇万円かかったのである。日比孝吉はリスクもありどうするか迷い、日ごろ天理教の教えを請うていた先生に聞いたところ、「損をするのはあなたでしょう。（私に）聞くこともない。お客様に喜んでもらうことが一番でしょう」と言われ、結局一番高価で優れているピュアパックの方を、中京地域で最も先んじて導入したそうである。その後安価でも使い勝手や素材の劣るツーパックを導入したメーカーは結果として淘汰されてゆくのを見て判断の正しさを実感したという。

また、教祖の「菜の葉一枚そまつにしてくれな」ということば通り、孝吉も公私の生活でモノを大切にすることを日ごろから心がけている。名古屋市天白区にある本社社長室なども、元々工場であったところを少し改築しただけの、実に質素なものである。また、昭和四〇年代から、掃除を徹底して励行してきており、毎年の社内のトップ目標が「清掃」の一文字であり、まず朝早くから社員全員で工場とその周辺道路を丁寧に掃除している風景が見られる。役員クラスもまた掃除道具を持って、近隣の公衆トイレや公園などの清掃を行なっている。よく街中で見かける「スジャータ」と書かれたトラックも、毎日運転手が手洗いで洗車を行なうようになってから、接触事故などが少なくなったという。掃除と経営については、近年「掃除力」などの用語が出され、社会的なブームにすらなっている［村山　二〇〇八］が、めいらくでは数十年まえからすでに行なってきた。日本文化では一般的に掃除を価値付けたり、まして、清潔第一の食品産業、という業界の特性もあるが、それだけではない信仰的な発想の原点がある。

さらにまた、モノを大切にする、という強い意識は、腐りやすい乳製品をいかに長持ちさせ、無駄にしないようにできるか、という問題意識にもつながっていた。昭和四〇年代後半、協同乳業の工場を訪問した際、屋外に置いてある機械に眼が留まったという。同社の専務に聞くと、それは乳業界にとっての二〇世紀の傑作で、一週間で腐る牛乳が、防腐剤を入れずに一ヶ月もつ、ロングライフ滅菌機というものであったという。しかし、技術的にはまだ不十分で、どうしても大腸菌が紛れ込んでしまうために、同社ではメーカーに返却するというので、孝吉はこれを譲り受け、アメリカの機械メーカーに持ち込んで修理したという。それでも実用化がむずかしく、さらに試行錯誤を重ねて昭和五〇年にどこよりも先んじてこのロングライフ工場なるものを完成させている。

そしてこの新技術は、乳製品の寿命を単に長持ちさせるだけではない、多様な成果をもたらし、めいらくがさらに発展するきっかけにもなったという。ひとつは、牛乳以外の製品開発（オレンジジュース、ポタージュスープ、スジャータ、ＩＦＣコーヒー、豆乳など）の道を開いたことであり、さらに、以前は毎日配達する必要があったものが、二週間に一度の配達で間に合うようになり、いわば「流通革命」につながったという。また、今では当たり前の、スジャータの「ポーション容器」が可能になったのもロングライフ技術を開発していたためという（「容器革命」と呼ぶ）。

この他、赤字続きであった「有機豆乳」の生産販売を止めなかった事象にも信仰信念が見られる。めいらくでは、すでに二〇年以上も前から、「有機豆乳」を生産していたが、一切何も添加していないために決して飲みやすい味ではなく、市場では人気がなく赤字が続いていたそうである。他社では飲みやすくするために「調整豆乳」にして売り上げを伸ばしていたが、めいらくでは、人体の健康のことを考え無調整であることにこだわっていた。実際、消費者で病人の中には、調整豆乳は飲めず、数少ない有機豆乳を頼りにしているという声が耳に入っていたという。一部の消費者のためにはなっていても経営的にはお荷物であり続けた。ところが近年になり、健康ブームと相まって、評価が高まり生産が間に合わないほどの売れ行きとなっているという（二〇〇四年の売り上げは前年比の三五〇パーセント）。

さらにまた、日比孝吉の社会貢献のあり様も、天理教の教えに沿おうとする意識が明確なものである。教祖によれば、親神が人間創造に際して与えたおよその寿命は、「人間は病まず弱らず一一五歳定命《じょうみょう》、それ以上は心次第にいつまでもいよ」ということばに表され「百十五歳定命」という用語で知られている。神に「借りている」人間の体を健康に「定命」に近づけることに寄与したい、という日比孝吉の思いから、九〇年代前半から、「蓬莱」と命名したカプセル状の無臭にんにくを、隔月毎に五〇歳以上の希望者に無料配布している。すでに二五万人ほどに達し、目標は一〇〇万人であるという。現時点でも高額の出費となるが、広報の一環としても位置づけているものと考えられる。信仰的な意味合いと経営的な意味合いを融合させようとする意図がここにも見られる。

私生活については、筆者が知るところは少ないが、亡き両親に対する孝心という点では、一緒に商売を始めた父日比冨之助を初代社長とし、その妻きくの（つまり日比孝吉の母）を初代社長夫人として、「二人の地味・根性・謙虚・誠実」を称え、それぞれの命日である三月八日と三月二三日を、「年祭」として手厚く儀礼を執行するばかりでなく、月命日である八日と二三日には、毎月、雨が降らない限り、墓前に出かけてテーブルをおいて家族とともに昼食会を開くほどである。これは天理教信者一般の慣習ではなく、あくまで親孝行という個人的な信念に基づくものである。

また、昭和四四年八月二五日には、墓地に「故従業員慰霊碑」を建立し、毎年九月二七日に、めいらくグループ全体の慰霊祭を執行している。慰霊碑には、従業員ばかりでなく、創業当時に原料入手など困難な中協力してくれた社外の人々や、また、数十年前に従業員が起こした交通事故により失われた少女の御霊なども合祀している。

以上、日比孝吉の行使にわたる行動・判断の断片からも天理教教理との深い接点が見て取れる。

むすびにかえて

本論で、典型的な二人の実業家を扱ったが、その二人に共通するところは、事業を行なうにあたり、天理教教祖の教えに朴訥なまでに忠実であろうとした点であり、それは企業経営に益するための「手段」として利用したというような次元では理解しがたいほど、公私の活動・生活に浸透していることがうかがわれる。これは本章冒頭に紹介した、井森らが分析した、キリスト教に帰依していたグンゼ創業者波多野鶴吉の私生活を含めた経営者としての生き様とも類似している。

さらに日比孝吉は、教祖の教えを実現することが最も大切であり、「事業は手段」でしかない、とすら言っている。諸岡長蔵も、救われ生かされているという大恩を、実業によってお返しする、という強い信念が見られ、事業が手段であるかのような印象を受ける。しかしながら、このような表現に対してすら、信仰と実業の、一方を「主」とし他方を「従」とするという二項対立的な発想と捉えるのは、表面的な解釈であると思われる。

「主」対「従」、「目的」対「手段」の対立的解釈を超越したところに、このような実業家たちの主観としての本意が宿っているのではないだろうか。つまり、本来形の無い理想や理念に、実業によって形が与えられるのであり、逆に、形があっても、聖なる目的に向かっているのでなければ、その形には意味や生命が無いとし、二つが相まって初めて完成形とすべきものであるというのが、このような事業家たちの主観ではないだろうか。彼らにとり、目的と手段は未分化で融合的なものである。であるからこそ、実践者の口から発せられる信念や使命感には、力強さが宿ることになりはしまいか。いわばこの、分化して意識されやすい「目的と手段」を、コインの裏表のように分離することのない強い信念こそ、経営者にカリスマ性や強いリーダーシップを与えているのかもしれない。

このようなスタンスは、天理教教祖の教えにある、「二つ一つが天の理」とする考え方と符号するものでもある。つまり性格の異なる対立的な二つのものが、矛盾なく融合するところに神の思い（天の理）があるとするものである。そのような融合のポイントを発見あるいは創出しようと努めるところこそ、人間が苦心して営むべき領域であり、天が期待するところであると「里の仙人」としての事業者は考えているものと思われる。

参考文献

井森陸平・倉橋重史・大西正曹『経営理念の社会学的研究』晃洋書房、一九七六年。
マックス・ウェーバー『プロテスタンティズムの倫理と資本主義の精神』梶山力訳、有斐閣、一九二九年。
北康利『同行二人　松下幸之助と歩む旅』ＰＨＰ研究所、二〇〇八年。

ジョン・コッター『幸之助論』ダイヤモンド社、二〇〇八年。

駒井茂春『愛とともに成長を』ダスキン祈りの経営研究所、一九九二年。

住原則也・三井泉・渡邊祐介「経営理念の課題と研究方法」住原則也・三井泉・渡邊祐介編『経営理念――継承と伝播の経営人類学的研究』一五―六二頁、PHP研究所、二〇〇八年。

住原則也「先行文献から見る経営理念研究」住原則也・三井泉・渡邊祐介編『経営理念――継承と伝播の経営人類学的研究』六五―九六頁、PHP研究所、二〇〇八年。

福田和也『滴みちる刻きたれば』(第二部)、PHP研究所、二〇〇一年。

松下幸之助『私の行き方考え方』PHP研究所、一九八六年。

道の経営者の会編『事業と信仰――陽気ぐらしの経営』福昌堂、二〇〇一年。

村山元理「経営理念と掃除」『経営理念――継承と伝播の経営人類学的方法』一二三―一五〇頁、PHP研究所、二〇〇八年。

めいらくグループ60周年記念誌編纂委員会編『めいらくグループ60周年記念誌』二〇〇七年。

モラロジー研究所『伝記　廣池千九郎』モラロジー研究所、二〇〇二年。

諸岡謙一『米屋羊羹創業者長蔵翁を偲んで』一九七三年(私家版)。

山本素石『己に薄く、他に厚く――商人・諸岡長蔵の生涯』立風書房、一九九三年。

Spradley, James, *The Ethnographic Interview* United States, Wadsworth Group/Thomas Learning, 1979.

第2章　企業の経営倫理構築にみる宗教的エートス

――昭和三〇年代の八幡製鉄所における社会科教育を例として

金子　毅

はじめに

国家的施策として合理化が推し進められた昭和三〇年代以降、多くの企業では経営管理の一環として、生産能率を上げるのに不可欠な要素とされる勤勉さ、協調性をもった社員、また会社の仕事への使命感に燃えた社員を育てることで、自ずと愛社心を涵養するための企業内教育に着手した。これは八幡製鉄所では社会科教育と呼ばれている。また後述する富士製鉄では職場研修会と称される講習会が開かれていたが、その内実は基本的に八幡の社会科教育と同じである。そこで本稿では便宜上、「社会科教育」という語を、八幡製鉄所というローカルな次元に限定せず、同時期に行なわれた企業内教育を総称する概念として用いることにしたい。

当時の社会科教育の特徴は次の三点に集約される。

第一に、アメリカで実施されたホーソン実験の成果である「インフォーマルな人間関係論」が取り入れられ、ことさら職場での円満な人間関係が強調されていたこと。

第二に、これまで別個に活動していた「教育」と「安全」を扱うそれぞれの部署が統括されたことを背景に、すでに大正期にアメリカより導入された「安全第一」理念が社会科教育に取り入れられたこと。

第一の点は職場の人間関係を円滑化することで、第二の点は労働災害による士気と能率の低下を防ぐことで、それぞれに生産効率をあげようとする企業目的を内在させていると見てよいであろう。

そして第三の点は、前二者いずれの場合にも、アメリカ渡来の概念を、日本の企業風土に接木させる必要性があったこと。ここには当然、異文化間の観念の齟齬が生じてくる。筆者はその源泉を、日本と西欧における宗教的伝統の相違に求めようとする立場を取る。

本稿では以下、八幡製鉄所教育部の講師・灘吉国五郎（一九〇九～?年、一九六六年に満期定年退職）が遺した膨大な資料（以下、「灘吉資料」と一括表記）に基づきながら、テキスト化された社会科教育の構築過程と、そこに伏在するいくつかの宗教的エートスについて検討していきたい。なお「安全第一」理念の日本的土着化という問題をめぐってはいくつかの既刊論文で考察済みであり［金子　二〇〇三a、二〇〇三b、二〇〇四、二〇〇五］、ここでは社会科教育の従属変数としてこれを取り上げるに留め、問題の焦点を社会科教育の構築過程そのものに当てることとしたい。

一　「インフォーマルな人間関係論」を重視した社会科教育

人間関係論導入の経緯

社会科教育で問われたのは、利益集団に相応しい社会的現実に対応するだけの「正しい判断力」および「職場指導のための社会的常識」をいかに育成するかであった。そのためには、従来の学校教育と酷似した内容から脱皮し、職長教育という新しい皮袋に対応した教育内容を展開させていく必要に迫られていた。そこで取り入れられたのが産業心理学の方法論で、職場におけるインフォーマルな人間関係の構築を中心とした「人間関係論」のテキストが参照されたという。

人間関係論は、当初は作業の合理化に対する労働者の組織的抵抗の予防を目的として、ハーバード大学のメイヨーやレスリスバーガーなどを中心に、一九二四〜三二年、シカゴ西部のウェスタン・エレクトリック社のホーソン工場で断続的に行なわれた実験に端を発する。このいわゆる「ホーソン実験」は、照明設備などの労働条件の改善を行なわずとも労働強化は可能であるという意外な、そして企業には大変好都合な結果をもたらした。そこで注目されたのは、むしろ社会制度としての経営の側面であり、経営には「経済」および「社会」という二つの機能が相互補完的に結びついているとされた。ここで言う「経済」とは「技術的技能（technical skill）」、すなわち「事物を人間の目的に役だつように取り扱う能力」であり、対する「社会」とは「社会的技能（social skill）」、すなわち「人々の間に協働関係を確保する能力」をいう。後者は職場においては自生的な「インフォーマル・グループ」として具現化し、作業意欲は前者で重視される「能率の論理（logic of efficiency）」や「費用の論理（logic of cost）」によって構成される公的な「フォーマル・グループ」よりも、むしろインフォーマルな人間関係に規定されるという事実が付随的に見出された。つまり私的な付き合い関係を通して形成される好き嫌いといった「感情の論理（logic of sentiment）」の方が、労働意欲に大きく影響するということである［長谷川　一九六〇：一八—二二］。

この人間関係論的な視点は、労働の標準化による労務管理に限界を感じていた企業からは歓迎され、テーラー・システムに代わる新たな労務管理の主軸と目されるようになった。日本への導入は戦後の昭和二〇年代後半以降で、昭和三〇年代に入ってからは、高度成長の到来とともに多くの企業から採用され、職場に急速に普及したという。興味深いのは、その導入が折しも戦後の新たな安全指導の地平を開く画期的なハインリッヒ理論[1]、およびそれと密接に関連した労働管理に関する一連の著作の翻訳シリーズの刊行とほぼ軌を一にしていた点である。そこには社会科教育における「人間関係論」と「安全第一」との蓋然的な関連性が見出される。

たとえば、『世界安全衛生名著全集』と銘打たれた、（財）日本安全衛生協会監修による戦後初の安全関連のシリーズ本は、アメリカを中心とする優れた研究の成果を「安全」というテーマ設定のもとで翻訳（一九五一〜五四年）、編集されたものである。全一〇巻よりなる本シリーズの構成は以下の通りである。

第一巻　F・バウムガルテン、一九五三（一九四六、スイス）『人事管理の心理学』
第二巻　E・H・ハインリッヒ、一九五一（一九四一、アメリカ）『災害防止の科学的研究』
第三・四巻　ナショナル・セイフティ・カウンシル編、出版年不明（出版年不明、アメリカ）『安全衛生教育カード』
第五巻　日本安全衛生協会編、一九五四『職長のマニュアル』
第六・七巻　ナショナル・セイフティ・カウンシル編、一九五二（出版年不明、アメリカ）『安全衛生必携』
第八巻　A・D・ブラント、一九五三（一九四七、アメリカ）『産業衛生工学』
第九巻　ハワード・バートレイ、一九五四（一九四六、アメリカ）『人間の疲労と障害』
第十巻　ナショナル・セイフティ・カウンシル編、出版年不明（出版年不明、アメリカ）『安全衛生指導票』。

わずか三年の間で全巻が刊行にこぎ着けた点を考慮すれば、戦後、「安全第一」のガイドラインの編成がいかに短期間で図られたかが理解されよう。

そこで説かれた職場管理の方式は社会科教育の基本枠組を縁取ると同時に、その内実は「安全第一」理念の実践へと誘導する意図を内包していた点は明白であり、いずれも産業心理学の理論に裏付けられた工学的知識に基づき、職場の最適な管理を図ろうとするという点でも一致していた。とりわけ第一巻では、労働者の個性の把握に重点が注がれ、人間性に裏付けられた人格として遇する管理法が提示された。たとえば管理者には「他人の感情と思想に共鳴し、部下の苦しみと喜びを自らのものとして感応」し得るだけの寛大さが要求されるようになった［バウムガルテン　一九五三：三九］。バウムガルテンはこうした寛大さが労働者の信頼を獲得し、さらには「作業における身体的、精神的要件を知って、正しい態度で労働に接する」ことが、良心に従って自己に与えられた作業を責務として認識する主体的に従順な労働者の育成へとつながるのだとし、そうした人々による職場体制の構築が結局は災害予防の最善策となると論じたのである［同右：一七九］。

またバウムガルテンが人事管理の基本前提として心理学的な人格という問題を位置づけたのは、個人的人格の尊厳を無視する単調な仕事をあてがわれてきた労働者の現状を直視することで、労使間の対立抗争を抑止する効果を想定したことによる。それは労働者たちに対し、管理者が誠実な態度で相手を良心から信頼すべき一個の人格として接し、主体的に作業中の義務を励行する姿勢を育成しようとする期待感から発せられたものであった。すなわち、人格による職場教育とそれを通して培われる主体的労働意識の養成が管理者に委ねられ、その実践が義務づけられたのである。このことは彼女が、職長と従業員、および従業員間の人格的な相互関係に基礎づけられた、人間関係論に基づく「労使対立緩和の一手段としての心理研究」を志向したことを示唆している。

この人格による職場における人間関係の統合を軸に、続刊以降、管理者をめぐる各論が具体的なテーマ設定に基づき展開される。ことに第九巻では疲労と災害との関係から管理者への対応が説かれ、「低士気」ないし「無衝動の者」を個人的スティグマとして飛躍させかねない人格観念の適用の危険性が指摘される。管理者はむしろ産業疲労の要因を「職務に対する態度、労働に対し何を望んでいるか、どういう扱いを願っているか」などの問いかけを通し、追求すべきであると主張する。そうすることで労働者側の要望が掬い上げられ、適正な人材の機能的配置による職場の調和が図られて、産業疲労は低減されると説明する。つまり疲労を要因とする災害からの「安全」の確保は、もはや労働者個人に帰せられるスティグマによる排除にではなく、「人間機能の調和」による職場の確保を目的とした管理へとスライドされたことがうかがえる［バートレイ　一九五四：三八九―三九〇］。

そこで求められるようになったのが労働における技術・技能のみならず、高潔な精神的人格をも備えた管理者像である。そうした人格意識を労働者の精神に縁取らせる職業教育に長け、しかも円満な人間関係による職場運営を図ることが、以後の社会科教育の中核となったのである。それはバウムガルテンの言を借用すれば、まさしく「良心に従って義務を行なうようにさせる」精神的な職業教育という意味を内包していた。また、この社会科教育の実践自体が円滑な生産を目的としたものである点を考慮すれば、そこには職場に潜む危険を感知し、主体的に抑制させる「安全第一」意識の育成が念頭に置かれていたとしても、それは十分に考えられ得ることであろう。

以上を踏まえて、新しい社会科教育に向けてテキスト作成が実施される運びとなった。労働者個人の高潔な人格と精神性の育成を目的としたその作業は、安全活動との緊密な連携のもとで行なわれた。

昭和三〇年代以降の社会科教育と時代背景

昭和三〇年以降の社会科教育は、社会人ないしは職場人としての正しい判断力と社会常識を具備した人格育成を目指し、教材テキストの作成を通じて実施されてきた。テキストの素材とされたのは、興味深いことに、テスト代わりに受講生たちに提出させたアンケートから成っていた。

八幡製鉄所において社会科教育の新規テキストが完成したのは、一九六一（昭和三六）年のことであった。アンケートの収集を始めてから実に四年もの歳月を費やして編まれたものである。編集の任に当たったのは教育部の講師の一人、灘吉国五郎である。彼は一九五七年に教育部へ配属され、社会科講師に就任した。折しもその年、社会科が「普通科」第二部[(2)]へと移管された点を鑑みれば、職場人教育の根幹として社会科を強化しようとする会社側の積極的姿勢が見て取れる。だが、そのためには現場の実態を知る叩き上げの講師が必要とされ、そこで灘吉に白羽の矢が立てられたわけである。

灘吉は講師就任の翌年から精緻なアンケート調査に取り組んだ。一見すれば、それは講師と受講生たちとの相互交流の成果がテキストという形で実を結んだかのようにも映る。だがアンケート提出は各職場に義務づけられ、一度収集されたアンケートは返却されず、講師の手元に保管されていた。そこに企業側によるなんらかの戦略的意図が感じられないであろうか。実際、アンケートを活用したテキスト作成は、灘吉の発案による教育部独自の方法というよりは、むしろ安全課との緊密な連携のもとに進められた。つまりこうした事実は、安全活動の基礎として社会科が措定されており、それだけ人間関係論を通じた新たな人格教育に対する企業側の期待が高かったことの証左といえるのではないだろうか。

しかし後述するように、講義を通じて強調された人格教育とは、労使対立を超えたインフォーマルな人間関係論という理想像とはかけ離れたものであったという。それは二重の齟齬に起因していたと考えられる。第一に、社会科教育を着想し、実践する講師陣の道徳意識が社会科教育本来の文脈から逸脱していた点である。将来的に管理者となるべき受講生たちに対し、そのことが現場実践の中でいかに反復されたかという問題点が残る。第二に、昭和四〇年代に至るまで組合対策という色合いを払拭し切れなかった点である。

以下、提出されたアンケートをもとに社会科の講義内容の復元を図りつつ、教授の段階で比重が置かれたポイントを抽出し、それがテキストとして編成されるプロセスを描き出すことにしたい。

灘吉が所持していたアンケートは、教習所教官に就任した一九五七年より一九六三年までの六年間の総計四二四枚にわたる。その内訳は一九五七年―二一枚、一九五八年―二六枚、一九五九年―四二枚、一九六〇年―四九枚、一九六一年―三八枚、一九六二年―五四枚、一九六三年―一九四枚となっており、それらには全て実施日時が記入され、さらにはテーマ別にまで分類整理されている。余談になるが、灘吉はテキスト類も晩年まで所持しており、年満退職後も関連会社の役員としてこれらを活用し、社会科教育による安全活動の普及に取り組んでいたという。これは灘吉の几帳面さを示す逸話であると同時に、教育を介した親会社／子会社間の連携などを検討する際に、このような教官の存在は企業にとっては僥倖であっただろう。たとえば子会社の教科プログラム着想にあたって、彼のような存在が一人いるだけで、人材の導入とシステムを通じた本社からの技術伝承が十分可能になるからである。

アンケートでは、全三六回分の講義題目から〇×方式で印象に残った項目を選択させ、また講義への全体的な感想を記入させる欄も設けられていた。ところで同時期、新方式の職場教育であるT・W・I（Training Within Industry の略）が採用されている。これは一九五〇年より実施された米国流の労務管理手法で、監督者の直接指導を通じて「仕事の教え方」「人の扱い方」「改善の仕方」の三つを叩き込むというものである。その教育的効果の度合いが、監督者たる者の資格として厳しく問われることになったのである［八幡製鉄所所史編さん実行委員会　一九八〇：五一三―五一四］。これにより、かつて職人や職工たちが多用した〝見て覚えろ〟式の指導法は否定されることになった。

印象に残った項目として、このT・W・Iや提案制度など、実務的項目に○を付ける者もいるにはいたが、むしろ大半の受講生の意見はコミュニケーションを通じた職場における良好な人間関係の構築という点に絞られていた。これを作業能率達成上、不可欠な問題として補足説明する者も見られたが、確かにそれはオートメーションを基調とする合理化という現実を踏まえた回答でもあった。現にこのような状況への対応として講師陣が試みたのが、健全な人格育成を目標とする道徳教育であり、これは折に触れて講義テーマの中にも盛り込まれていた。ことほどさように灘吉をはじめとする講師たちは道徳教育に対して熱心だった。だが彼らが意気込めば意気込むほどに、受講生たちには世代差が鼻につき、それがかえって説教臭いという印象につながったようである。

一つのエピソードをあげよう。灘吉が映画『明治天皇と日露大戦争』（一九五七年、新東宝配給）を見に行った際、たまたま遭遇した光景である。それは前席の学生が興奮のあまり脱帽しないまま映画を見続けたのに立腹したある老人が、彼に脱帽を強いたという出来事である。灘吉はこの事例をあげながら、社会的な礼節の問題へと言及した。当然ながら彼の立場は、天皇に対する畏敬の念から、当の映画を見るに相応しい態度として若者に礼節を教えた老人に敬意を表するというものだった。しかし若い受講生たちには単なる認識の世代差としてしか受け止められなかった。むしろ職場を離れた自由な時間の中で、そこまで拘束されてはかなわない、灘吉の考え方は「古臭い」と真っ向から切り捨てられている（一九六三年三月受講生のアンケート感想文より）。

また仕事への謙虚さや誇りを説明する際に、灘吉はたびたび「道具は人間にたとえると魂である。これをおろそかにすると何事もできない」を口癖にしていた指物職人の自分の父親のエピソードに触れた。そして使用する道具に注ぐ愛情が、すなわち仕事への愛着と満足感、さらには誇りにすらつながるのだと結論した。すると受講生からは「自分たちの使用する機械は会社のもので、自前の道具とは違う。それにその考えは、先生が別の時間に語ってくれた〝自分に仕事ができるだろうかなど感じているのはまだ甘えている。人間食うか食われるかという時になるとどんなことでもやる〟

という御言葉と矛盾するのでは？」と、かえって論点のほころびを指摘される始末だったという。

しかも、すし詰め状態の教室でひたすら講師の話にのみ耳を傾け、板書内容を書き取るというほとんど一方向的な授業状況ということもあり、自然と遅刻（後からこっそり入るなど）や無断欠席も増え、中には弁当を食べながら週刊誌をこっそり読む、といった不敵な態度を露骨に示す者も見られたようである。

こうした受講生たちの反抗的態度の要因としては、前記したアンケート調査の提出時、〃名前、年齢、世帯の有無、職場名、在職年数（月単位）〃など個人情報の記入が義務づけられていたことや、講義をボイコットした場合に始末書の提出が課せられていたことなどが考えられる。そのため灘吉は「会社の回し者」と非難されることも度々あった。たとえば一九六〇年二月のアンケート用紙には次のような感想が記されている。

「職場は人間の組織ゆえに人間関係におけるつまずきが生ずるのは当たり前であり、先生がおっしゃるようにそれが生産阻害の要因になっていることも承知している。だが、自分たちが欲しいのはまさにその袋小路から脱する解法であって、それがただ〃道徳だ、人格の育成だ〃何らの具体的な解決策、それが無いのではこの講義を受講すること自体無意味だ。クラスの皆と話し合ったところ、大半も〃作業に直結することを教えてもらいたい〃という意見でした。社会科、ただの物知り、やっぱ、ナンセンス」

だが、その最後は慎重にこう締めくくられている。

「以上は、〃絶対迷惑をかけない〃という先生の言葉を信じて書きました。どうかお守り下さい」

そうした懇願にもかかわらず、アンケート用紙には本人の職場の電話番号が講師の手で容赦なく赤字で注記されている。書き手の講師に対するささやかな信頼と淡い期待は辛くも裏切られていたことがわかる。またこれと同様の批判が記された他のアンケート用紙についても、やはり書き手の職場の電話番号が記入されていた。当時の時代背景から推して、このアンケートの真の目的は組合運動への調査、つまり思想調査を兼ねていたのではないかとも考えられる。

それにしても上記の社会科教育では、日本に導入されて僅か一〇年ほどしかたっていないホーソン実験など、最先端の社会心理学的な知識が教授されたにもかかわらず、受講生の大半がその内容に目新しさを感じず、むしろ聞きなれた退屈な道徳的社会倫理としてしか受け取れなかったのはなぜか。感想文に「そもそも何故入社してまで今更道徳話に耳を傾けねばならないのかが判らない」とまで明記する者が見られたのはなぜだったのだろうか。導入されて間もない外来の理論が、受講者を惹きつけることができなかった理由はどこにあったのだろうか。

「インフォーマルな人間関係論」の修養主義的解釈

「社会科＝社会倫理的な道徳」という受講者の感想を手がかりに、講師たち自身の社会科に対する認識の在り方を慮ると、そこには当然ながら〝戦前生まれ〟という属性が浮かび上がる。それは「修養主義」に内包される人格主義を体現した講師像ではないだろうか。それでは修養主義を生きる人々は、人間関係を組織する個々の人格というものをどのように理解していたのだろうか。

教育社会学者の竹内洋は、「修養主義」を次のように説明する［竹内　二〇〇三：一七一―一七二］。

「修養とは修身養心、つまり身を修め心を養うことである。克己や勤勉などによる人格の完成を道徳の中核とする精神・身体主義的な人格主義である。修養主義は、江戸時代中期から民衆の間に形成された勤勉や倹約を徳目とする通俗道徳的生活規律などをパン種にし、明治後期から庶民を中心にひろがった。」（傍点・金子）

このような姿勢は、宗教社会学者のR・ベラーが指摘した「道徳的自己修練」という儒教的な宗教的態度に起因するものであろう［ベラー　一九六二：一一九―一二〇］。

「宇宙とある種の一体化をとげようとする宗教目的をもった道徳的自己修養の過程にかんする概念である。宗教行為のこの基本的型は、儒者にかぎられたものではなかった。むしろ、それは大部分の日本の宗教思想に浸透していたのである。（中略）真我をくもらせるものは利己心であり、これが合一の状態に入るのを妨げている。道徳的自己修養とは、利己的欲望と闘う絶えざる努力である。」（傍点・金子）

戦前生まれの灘吉たち講師陣による「人格」（あるいは「個人」と表現されることもある。本稿では以下、これらをまとめて「個人・人格」と記すことにしたい）への理解は、この修養主義という枠の中に位置づけられるのではないだろうか。またベラーは次のようにも述べている［同右：一一二］。

「利己心は、外的な義務の正当な返済をさまたげ、また、人間の内的な本性の真の調和をやぶるのである。他方、利己心のない心は、慈悲深い超従属的存在と『完全な』関係をうちたて、同時に個人を神と合一させ、神に自己を委ねさせるのである。この合一を通じて、人は充実した自己の内性を発見する。何故なら、個人の内的本性は、その本質においては神と同一なものであるからだ。」（傍点・金子）

次に、テキストへと還元されたアンケートの感想文の中で「人格」という語が記された実例を見てみよう。

「自分の欲望をコントロールし、組織の人間として何が出来るかをいつも考え、それに自分の人格を一体化させるべく努力する必要がある。」

この受講生の認識する「人格」とは、ベラーの言を援用すれば「組織と一体化をとげようとする」ものであり、彼はそうした「合一の状態に入る」ことを目指して努力したいと述べる。「組織の人間として何が出来るかをいつも考え」という態度には、「利己的欲望と闘う絶えざる努力」への決意が読み取れる。このような境地こそが、企業の社会科教育が目指したいことだったのではないだろうか。感想文の書き手が「それ（＝組織）に自分の人格を一体化させる」と語る場合、それは一見すれば、上述のベラーの指摘とも符合するようでもある。だが、それはベラーの述べた儒教的な境地とは似て非なるものと言わざるを得ない。儒者の言う「天」、つまり日本語訳されたベラーの言葉でいう「神」なるものは本来、「超神的で非人格的な、常に自己同一的な、時間的には永久不滅の存在」である［ヴェーバー　一九七一：三七—三八］。「天」（または「神」）を「組織」と読み替えることは、企業の社会科教育による儒教倫理の「流用」にほかなるまい。そしてこのような教説を、修養主義的ふるまいが骨の髄までしみ込んだ世代の講師陣が「克己や勤勉」、あるいは「礼節」（前出の映画館でのエピソードに示されるように）を強調しつつ語るのである。

つまり、インフォーマルな組織を論ずる際に前提とされるのは構成員となる「個人・人格」という存在であるはずが、それが本来結びつくべきである個々の他者たちの「個人・人格」を超えて、いきなり協同連帯という企業の目的意識との「合一を通じて」解消され語られるのみとなる。そして「個人の内的本性」をその協同連帯の中に自らを埋没させることで、「利己心のない心」をもった「製鉄マン」として同一化されるのである。灘吉たちに代表される修養主義的な社員教育の担い手たちにとってインフォーマル集団とは、一切の利己心を超越して自己の人格を企業と一体化させた合一体そのものであり、その一体感の中に自己の本質を見出そうとする社員を育成する母体として認識されていたのではないだろうか。この点については、同時期に見られた日本文化論の盛行を背景として、企業によってかなり意図的に日本文化特殊論として合理化されていた印象が否めない。

二 「個人・人格」の概念をめぐる比較文化論的考察

日本文化特殊論にみる「個人・人格」の概念

一九六〇（昭和三五）年、八幡製鉄所では管理者講習の一環として日本能率協会より講師を招き、人間関係論を視野にすえた講義が実施されている。そこでは日米における人間関係の相違点もテーマとして取り上げられている。だが、そこで語られた人間関係論は「個人・人格」の社会的形成という問題からはかけ離れた内容であった。むしろ人間関係なるものが企業社会における日常的序列関係にいかに投影されているかに焦点が絞られ、そこから生ずる社会関係の合理／非合理を文化差として解釈しようとするものであった［八幡製鐵所教育部　一九六〇：四〇―四二］。

「アメリカの場合は全体を統一しなければ、アメリカの社会は分解してゆく、だからH・R（筆者注：Human Relations＝人間関係）を発達させることはアメリカ社会の切実な要求である。しかし日本の場合は逆である。必要以上の人間関係を断ち切るところに現実の問題がある。」

さらに講師は以下の言葉で講義を締めくくっている［同右：四二］。

「従って、アメリカの人間関係論だけを直輸入するというのは、余程、警戒をする必要があると私は思うのである。もっと日本的なものを、どうするか、日本人の人間関係には、単に封建的、義理人情だけで割り切れないものが存在するのではないだろうか。丁度、日本の芸術の中にある〝ワビ〟とか〝サビ〟とかいうものに類するユニークなものが、伝統的な人間関係（この言葉について講師は欄外に、「南博、一九五三『日本人の心理』参照」と付記している・金子注）に存在しないだろうか。西洋の科学が、漸く到達したことを既に伝統的に実践してきた面があるようである。」（傍点・金子）

社会科教育を通して企業が期待するのは「安全」実践の主体者となる社員の育成という点である。だが企業における主体的な「個人・人格」とは、本来、儒教倫理が目指すべき境地である「天―地の秩序の調和」を、「人間関係と（利己心のない）個人の調和」と読み替えたところにのみ、存在することが許されるのである。それは著名な心理学者の権威に依拠することで、「日本的な伝統」という特殊性に還元された解釈のフィルター(3)を通して講師たちに受容され、そのうえさらに修養主義的な解釈と語りが上乗せされたかたちで、受講生たちへと反転されていったのである。

そして経営手法に内在する文化的性格をより客観的に分析すべく、さらに踏み込むべき問題は、このような社会科教育が積極的に実践された社会的要因を探ることで、こうした「個人・人格」概念が倫理意識として発動されるシステムがいかなるものであったか、という点である。この点については次章で詳述することとして、まずは「セイフティ・ファースト」同様、アメリカ産の「インフォーマルな人間関係論」が日本に移植されるとき、そこに生じた「個人・人格」概念のズレとはいかなるものであったか、またそうしたズレを放置したままに進められた企業の社会科教育の結末についても、若干触れておく必要があるだろう。

西欧社会における「個人・人格」理解とのズレ

西欧社会ではこの「個人・人格」――人格を有する個人という存在――はどのように位置づけられていたのだろうか。

ここではデュルケムの「人格崇拝」という概念を軸にして考えてみたい。デュルケムは他者への「共感・憐憫」をキーワードとして、人格崇拝の概念を以下のように論じている［デュルケム　一九九八：四八］。

「個人の尊厳は、より高い次元の、あらゆる人間に共通な源泉から生じているのである。個人がこの宗教的尊敬に対して権利をもつのは、彼の中に人類の何ものかが存在しているからである。人類こそ尊敬さるべきもの、聖なるものであり、個人の中のみにあるのではない。人類はすべてこの同胞の中に拡がっている。したがって個人は自己を脱却し、外部に自己を拡大することを余儀なくされることなしに、人類をその行為の目的とすることはできない。人間が同時に対象であり主体であるこの崇拝は、個人として存在しその特有の名前をもつ私的存在に向けられるのではなく、それがどこにあり、どんな形に具現されていようと、人間的人格に対して向けられているのである。（中略）その原動力は利己主義ではなく、人間的なものに対する共感、あらゆる人間的苦悩、人間的悲惨さに対する憐憫であり、これら苦悩・悲惨と闘い、和らげようとする強い欲求、正義に対する偉大な渇望である。」（傍点・金子）

ここで述べられているのは、まさに「個人・人格」の「宗教的尊厳」についてである。人間はその対象であるだけでなく、同時にその主体でもある。だからこそ彼は、この概念の適用にあたり、次の点を前提にすると書き添えているのである［同右：四三］。

「この人間崇拝は理性の自律を第一の教義とし、意志の自由を第一の儀礼としている。」

デュルケムによれば、いかなる「個人・人格」も「人間的人格」という普遍的な存在として、「共感・憐憫」の対象であると同時に、主体でもある。そしていずれの場合も、その責任主体は「理性の自律」「意志の自由」を伴った「個人・人格」に求められるのである。

デュルケムが「個人・人格」を所与の「宗教的尊厳」として描いたのに対し、フーコーは独自の権力論に基づき、西欧社会における「個人・人格」概念の成立の経緯について、キリスト教の「告解」の制度と関連づけながら述べている［フーコー　一九八六：七六］。

「個人としての人間は、長いこと、他の人間たちに基準を求め、また他者との絆を顕示することで（家族、忠誠、庇護などの関係がそれだが）、自己の存在を確認してきた。ところが、彼が自分自身について語り得るかあるいは語ることを余儀なくされている真実の言説によって、他人が彼を認証することとなった。真実の告白は、権力による個人の形成という社会的手続きの核心に登場してきたのである。」（傍点・金子）

聖職者（あるいは神）と信徒という権力関係を前提として語られる「告解」は、自ら犯した行為を罪として他者の前で語ることで、内なる罪人としての自己を相対化することにほかならない。聖アウグスティヌスを萌芽とする「告白」という行為にこそ自己への覚醒の出発点が見いだされるのであり、神の前に一人の「個人・人格」として立つことが「権力による個人の形成」を促したのである。

デュルケムに比べてフーコーの分析は構築主義的といえる。しかしデュルケムの言葉を借りれば、責任主体として自らの罪を告白する「告解」という行為こそは「理性の自律」「意志の自由」がその前提となるのではないだろうか。

最後に、職場経営研究の大野正和による議論を取り上げてみよう。大野はドイツに滞在した経験をもつ精神医学者・芝伸太郎が比較文化論的に論じた「罪の意識（sin）」と「罪悪感（guilt）」の相違に依拠しながら、経営管理システムの概念化を図っている［大野　二〇〇五：一六三―一六六］。

ドイツ語には、辞書的にいえば日本語で「罪」に相当する二種類の語彙があるという。一つは「ズュンデ：神に対して犯した過失」で、自分自身で後始末をつけることはできず、神の前で罪を告白しなければ永遠に赦されることはない。裏返せば「ズュンデ」を犯した者は神への告白を経て初めて赦され、罪が無化されるのである。

もう一つは「シュルト：他の人間に対して犯した過失」で、人間が自分の不注意に対する後始末をつける必要があり、実際、人間の手で始末をつけることが可能である。しかし引き起こされた事実そのものを消すことはできない。

大野は「ズュンデ」を「sin」に、「シュルト」を「guilt」に置き換えて、前者を「罪の意識」、後者を「罪悪感」と呼んで区別する。そして前者についてはフーコーに依拠して、対神的な「罪の意識」から自己の行動を抑制する「パノプティコン・システム」と規定し、経営管理システムを根底づける要因として捉える。「自分は神の目に悪とされることをしていないかという意識におびえながら自己を監視する」という大野の指摘は、前述したフーコーの「告解」をめぐる権力論とも重なり合う。それに対し、後者は対人的な「罪悪感」から自己の行動を抑制する「ピア・プレッシャー（職場の仲間・同僚同士が互いに仕事のミスを監視し合うチームワークを主とした管理システム）」を根底づける要因となり、従来の日本的経営はこれに該当するという。

日本企業における社会科教育が、「罪の意識に訴えかけて個人の規律化をはかる」［同右：一六六］という西欧社会のキリスト教的な倫理形成の文脈を踏まえないまま、いたずらに「個人・人格」の育成を煽り立てるだけであれば、自己の行動を律する基準は、職場の仲間や同僚などの限られた他者のみを対象とした「罪悪感」に規制されてしまうことになり、責任主体としての「個人・人格」をはぐくむ「罪の意識」にまで到達することは不可能であろう。そこでデュルケムのいう「理性の自律」「意志の自由」が前提となって初めて、対象としても主体としても「個人・人格」に対する「共感・憐憫」が可能となるのであり、たとえば「安全第一」を遵守しないことで巻き添えになるかもしれない不特定多数の匿名の他者たちにまで思いを致すことができるのである。

社会科教育の講師たちも受講生たちも、上述した二種類の「罪」の相違に無自覚なままでは、ただ「仲間に迷惑をかけてはいけない」という意識ばかりが「安全第一」実践の第一義となり、責任主体としての「個人・人格」は完全にそうした協同連帯に合一化（＝埋没）し、やがては消え去ってしまうであろう。そうなると、いくら社会科教育のテキスト上で「個人・人格」という点が強調されたとしても、それは単に形骸化した学習上の専門用語として、外在化された文字の羅列としての意味しかなさなくなる。

確かに社会科教育では、インフォーマルな組織作りによる社員の「人格」の育成が目標とされていた。アンケートの感想文にも「他人を軽蔑するな、羨むな、思いやりを持って常に人間らしく生きろ、自分の仕事に誇りを持て、自分が苦しいときには他人も苦しいと思え」などのフレーズが強調されている。しかし、それは自らの「罪の意識」と向き合うことで内面から搾り出された言葉というより、先に引用した竹内の言葉を借りれば「克己や勤勉などによる人格の完成を道徳の中核とする精神・身体主義的な人格主義」、すなわち修養主義の域を超えるものではないだろう。この感想文は「克己や勤勉による人格の完成」を鼓舞するものにすぎない。

また「共感・憐憫」の意識が、デュルケムが論じたように「人間的なもの」へと外向的に普遍化されず、たとえば自分のミスが〝生産を阻害してしまうリスク〟として内向的に認識された場合、それは特定の協同連帯に対する「罪悪感」の源泉とはなっても、決して「罪の意識」へはつながらない。そうして責任主体としての「個人・人格」の側面はいつしか後景に退かざるを得ないであろう。ある受講生は「会社のための人格こそが安全生産への早道」と感想文に記しているが、そこには「理性の自律」に基づいた「人間的なもの」全体に対する責任意識がいちじるしく欠落している。

このように日本企業における社会科教育は、各々が責任主体である「個人・人格」よりなる価値目標を共有した社会集団を措定して行なわれるのではなく、まずは機能集団としての組織目標（＝生産達成）を前提として、企業貢献という理想に自らを合一化させる修養主義の涵養を通じ、協同連帯への「罪悪感」に動機づけられながら自己を統御するような社員を育成することにほかならない。その典型的な例が今や常套句となっている、不祥事を起こした政治家による「党に対してご迷惑をおかけ致しました」という謝罪会見の台詞であろう。

企業が右肩上がりの成長を続けている場合はそれで事は済むかもしれない。事実、高度成長期には、「モーレツ社員」「会社人間」「企業戦士」と呼ばれるような企業と自己同一化した「個人・人格」が協同連帯に身を投じることでサクセス・ストーリーの主人公となり得たものだが、逆にそうした自己実現の在り方は企業の庇護下に主体性を明け渡し、自分自身を欺き続けることであり、やがて「個人・人格」そのものまで喪失させることを意味する。自分一人では何もできず、趣味も友人もなく、妻の存在だけをあてにして、日がな家にいるだけの定年退職後の夫たちが、「粗大ゴミ」扱いされ、「濡れ落ち葉」などと揶揄されているのが、その何よりの証左であろう。それでも夢のマイホームを手に入れ、つつがなく定年を迎えられただけ、彼らはましな方かもしれない。

一方、成長が頭打ち状態となって倒産の憂き目に遭ったり、大規模災害や贈収賄事件といった不祥事に見舞われたりしたとき、しばしば問題とされるのが「責任の所在」という点である。それは「個人・人格」を企業に合一化させることを説き、内部の協同連帯への「罪悪感」を抱かせるシステム、つまり「ピア・プレッシャー」ばかりを強調した社会科教育のツケとして現われる現象であろう。その意味では、事件を引き起こした悪者が誰かという責任追及の風潮と、誰かが自殺というかたちでスケープゴートになることで事件がうやむやのうちに収束してしまう企業の隠蔽体質を批判し、それが「安全の原点」を忘れさせ、事件から何の教訓も得ることなく、何度も同じ失敗を繰り返させる要因である、という失敗学の畑村洋太郎の主張［畑村　二〇〇六：一五〇―一五二］には首肯するものである。(4) そこに欠落しているのは各々が「理性の自律」をもって責任主体として社会参与することへの覚悟であり、その背後にあるべき「罪の意識」に基づきながら、安全学の村上陽一郎に倣えば「常に目覚めよ」と語り続ける「個人・人格」の存在ではないだろうか［市野川×村上　二〇〇三：二二七―二三一参照］。

では、こうした個人と社会（会社・企業）との人格的一致を説くテキストの作成に企業が腐心するようになった画期は、いつのあたりに求められるのであろうか。また、そこにはいかなる状況が関与していたのだろうか。再び「灘吉資料」に立ち返って考えてみたい。

三　テキストの作成とその背景

テキストの構成から何が読み取れるか

これまで述べてきたアンケート調査とそれに基づくテキスト作成、外部講師を招いての管理者講習といった取り組みの成果は、一九六一（昭和三六）年、新規テキスト『職場生活（職場の人間関係）』として結実することとなる。だが実のところ灘吉は、すでにそれが刊行される前年、独自の講義用ノートとして『社会科の指導と人間性』を作成している。

そこでは労働を通じた人格形成が強調されている。すなわち企業にとって望ましい「個人・人格」とは職場仲間との連帯関係を通じて生成されるものであり、社会貢献のための労働を誇りとし、そこから強固な帰属意識と勤労意欲を自ら引き出すことができるような人間を指すという。だがこうしたモラールは指摘に留まり、管理職教育としての具体的側面、たとえば現場においては最も切実である上司・部下関係、同僚間の関係性の構築といった問題にまでは説明が及ばず、アンケートの感想文を通して、受講生たちから相次ぐ批判が寄せられていた。『職場生活（職場の人間関係）』はこのような批判点を踏まえて完成された。さらに翌年の一九六二年、標準教科書として改訂されたものが、以下に述べる『職場社会（職場の人間関係）――普通科』である。

このテキストではホーソン実験に基づく「インフォーマルな人間関係論」など、かつて取り入れられた専門的な社会心理学的理論は後退し、以下に列挙する目次によれば最後の章でわずかに触れられる程度である。八つの章（二〇〇頁）と別表二つ（それぞれ三六頁と一五頁）、さらに参考資料二つ（各二頁）からなる総二五五頁にわたる本書の構成を見ると、かつて濃厚だった修養主義的な色彩も影を潜めて、むしろ実用的なビジネス論が大きな比重を占めていることがわかるだろう。実際、巻末に紹介されている参考文献リストを見ると、ハウ・ツー的ないしは自己啓発的な実用書がほとんどを占めている。

第5章　話し方、聞き方
第6章　職場会議のすすめ方
第7章　提案制度とアイディア
第8章　心理学からみた人間関係
別表（その1）：職場を動かすもの（真理は身近なところにある）（全二六話）
参考資料（その2）：当社の従業員教育について
参考資料（その1）：各種管理関係訓練コース比較表
参考資料（その2）：参考文献（その1）（その2）

注目したいのは、組織人にふさわしいとされる職場での協調性とともに、協調性による能率達成をさらに進めるための基本的な考え方として「安全第一」が重視されている点である。これは一三の節よりなる第3章の、第7節「仕事を安全に」以下で繰り返し強調されている。まず「仕事とは」と題された第1節で、以下の三点が企業繁栄の秘訣であると説かれている［灘吉　一九六二：六〇］。


一．人、物、金を有効的に使うこと。

二．ムダ、ムラ、ムリのない仕事をすること。

三．能率的にやること。


章の多くが「安全第一」に割かれている理由として、本書は端的に次のように説明している［同右：六七］。

「事故は本人に苦痛をあたえるだけでなく、作業能率は低下し、コスト高となり、また内外の信用を失わせる。」

この記述からは、怪我を負った本人の苦痛よりも、企業繁栄の行く末の方により比重がかけられていることがわかるだろう。事実、第3章は以下のような三つの箴言で結ばれている［同右：七四］。

「仕事は、人間をつくる。明るい職場は、人の和から。会社は、あなたに期待をかけている。」

修養主義的な勤勉さが利己心のない人間を作り、そうした個々人の人間関係から「和」が生まれ、さらにこの調和的・合一的関係が会社へと投影されることで、「あなた」と呼びかけられている「個人・人格」が会社に合一化されるべく、強く促されていることが読み取れる。つまり「安全第一」の行き着く先は、「愛社心」であることがわかるだろう。

そこには社員管理方針の大幅な変更がかかわっていたという。一九五九年、社外秘として提出された資料からは、次のような教育基本方針が明記されている。すなわち「有機的企業体の一員として、他と共同して経営能率向上に努めるような生産協力者を養う」という目的のために、「従業員の愛社心を培養し、会社の使命の重要性を自覚させ勤労意欲を増進させる」（傍点・金子）というものである（「従業員教育の推進に関する件」『達第五四号　昭和三四年二月二六日　従業員教育の推進に関する件』より）。

そしてこの社長達の結果、従来の教習所が拡充、改組され、新たに発足したのが教育部であった。八幡製鐵所の場合、戸畑製造所の発足を契機として、今後の技術・経営革新の新時代に対応するべく、社会科教育を通じた従業員の能力開発が最重要課題となっていた。そこで同年三月、全社的教育制度の検討機関として副社長を委員長とする「教育審議会」が設置された。現在の教育体系・各施策の基本的方針はこの過程で確立し、教育部の設置もこれと連動してなされたのである［八幡製鉄所所史編さん実行委員会　一九八〇：五二〇―五二一］。

「愛社心」と「安全第一」

教育部設置とともに安全課との緊密な連携が図られるようになった。こうした動きは、安全教育の体系的な構築が、社内の所属部署を超えて連携的に目指されるようになった点を暗示する。この時点をもって社会科教育は、単に職場人としての労働倫理、つまり企業に自身の人格を合一化させる努力を通じて「愛社心」を涵養するという当初の修養主義的段階を超え、むしろ目的達成のための具体的な実践倫理として「安全第一」が認識されたのではないだろうか。そうした意図のもとで「安全」と「教育」の統合が図られていったと考えられる。この点は「戦後製鐵所の安全の父」とまで称せられた志摩海夫（一九〇八〜九三年）[5]が、安全課から教育部に派遣されていた事実とも符合する。

興味深いのは、同時期において、同様の動きは八幡製鐵所以外の企業でも見受けられたことである。その一例として、富士製鉄の場合が挙げられる。

資料からは直接〝社会科教育〟という名称が使用された形跡は見いだされない。だが事実関係としては、一九六二年頃から「人間関係」「仕事と人間」という科目名で作業長教育が実践されたのを皮切りに、六〇年代後半までには対象が作業員（正社員のみ）にまで及び、全社的規模で実践されていったことが確認されている［北海道大学教育学部産業教育計画研究施設編　一九七四：一八七―一九三］。このような大幅な教育プログラムの改変は、一九六〇年、富士製鉄全社の企業内教育の基本方針検討のために「中央教育審議会」が設置され、そこで審議された「社員教育の基本理念」の結果として、翌年四月一日付で布告された「社員教育における社長通達」に端を発する。ここで重要と思われるのは三点にわたる「通達」のうち、第一と第二の点である。その要点は次のように整理される［同右：一八七参照］。

「そこではまず第一に、企業内教育の目的を『職務に関する知識・技能を付与するとともに、良識ある産業人、教養ある社会人を育成する』ことを定めている。（中略）特にそれまでの企業内教育が（中略）現場職制階層を中心とした再教育に重点が置かれていたことを比較すればこの段階で企業内教育の目的として『良識ある産業人、教養ある社会人の育成』をかかげたことは、企業内教育が労使関係管理の一方策として明確に位置づけられたことを意味しているといえる。『通達』は第二に、企業内教育の中心を『現場における教育』と規定している。それは、（中略）『いわゆる教育らしい教育のほかに、折にふれての体験談や、仕事上の注意、勤務中のなにげない挙措』などをも職場教育に含めている。いいかえれば、職場という集団を単に生産を遂行する集団としてだけでなく、〝教育的集団〟として再認識していることである」（傍点・金子）

こうして一九六二年以降、いわゆる「職場研修会」において、「現場における教育」の実践として「安全衛生」が講義されるようになった。あわせて「良識ある産業人、教養ある社会人の育成」の一環として「人間関係」（作業長候補者対象）、「社会」（中堅・一般社員）などのカリキュラムが編成され、六〇年代後半には教育制度として定着したとされる。内容的に見て、これは八幡でいうところの社会科教育の体系化に相当する状況である。このような教育実践を、当の社員たちはどのように受け止めていたのだろうか。以下にいくつかの証言を引いてみよう［同右：二〇九―二一〇］。

むろん肯定的にこれを捉える向きもあった。たとえば以下のように、従来の修養主義的な文脈から職場研修会の効用を評価する意見である。

「効果というのはいっぺんにあらわれなくとも、漢方薬みたいにじわじわとあらわれてくるんじゃないかと思いますね。ということは、人間関係なんかもおりこんでいますし、そしてどういうふうに生きがいをみいだしていこうかというようなことなんかもふくまれていますしね。会社に対して働く心構えはどうあるべきかとかね、（中略）非常にやわらかく、皆さんにもよく浸透するような言い方でやりますからね」（四二歳・工長、傍点・金子）

そして研修会で重視されていた「和（合）」が、チームの潤滑油としてプラスに作用していたという証言である。

「やっぱり工長自体が今月はこういうところでやろうとか、先月はこういうことで歩留が悪かったとか、やっぱりそういうもののつっこんだ意見、あるいは普段不満、心に思っていることを話し合ってね、チームの和ですね。平均月一回。組懇談会も一月に一回やっている」（三七歳、傍点・金子）

その一方で、「和（合）」のための職場研修会が、「悪口」というネガティブな場面を作り出したという証言もある。これは社員自身が職場研修会の意味を把握しかねていたことの証左ともいえるだろう。

「工場長が工長だけを全部集めることもありますね。結局、部下の批判のまわってきたような声を話したり、ほとんどこっちからの質問よりも工場長・掛長の話が多いわけです。去年あったのでは、工長をぬかして、自分達の工長のあり方と、ま、悪くいえば悪口ですね。これは工長だけ集めたときにネタつくっておいて訓示するわけです。結局、そういうことによって人間関係をよくするということですね」（四三歳・工長、傍点・金子）

アメリカから導入された「インフォーマルな人間関係論」は、このような「和」のポジティブ／ネガティブな表出として、日本的に受容されたことになる。

つまり、定期的な懇談会を通じてチーム内の風通しを良くする相互依存的な人間関係の構築が図られる一方で、内部批判的な意見は匿名性を前提とした「悪口」というかたちで掬い上げられる。これが「人間関係」という名目下での社会科教育の実態であったことが浮き彫りにされよう。そして、その具現化のために設定された具体的な価値目標が「和」であったといえる。なぜなら、職場研修会には六〇年代後半以降、「厳しい『合理化』からくる労働者の不満を〝人の和〟に解消する役割を果す」［同右：二一〇］機能があったからである。

以上が「厳しい『合理化』」に対して、職場研修会における「人間関係」「社会」などの科目がもつ消極的機能とすれば、「安全衛生」の講義は積極的機能をはたすものといえるだろう。なぜなら「安全第一」遵守への自発性が涵養されることで、結果的にチーム全体の能率が上がり、企業が望むとおりの「合理化」を助けることになるからだ。

おわりに

最後に、これまで述べてきたことをまとめると、以下の四点に集約される。

一．昭和三〇年代以降、高度成長期とともに推進された合理化政策の中で、生産効率の観点から「安全第一」が強調されるとともに、労働災害からの「安全」確保は労働者個人の資質に帰せられるのではなく、「人間機能の調和」を目指す管理者教育へと託されることとなり、やがてそれは社員全体を対象とした社会科教育へと結実した。そこでは「インフォーマルな人間関係論」という当時としては社会心理学の先端を行く理論がアメリカから導入されたが、戦前生まれの講師たちによる修養主義的なフィルターを介して講義されたため、受講生には古臭く、退屈な道徳話としてしか受け止められなかった。

二．修養主義が主張する人格主義は「利己心のない心」を理想とするが、その根底には「天と個人の合一」を目指す儒教倫理が伏在する。講師たちは「天」を企業、または企業を下支えしている協同連帯と読み替えることで、「人間関係と（利己心のない）個人の合一化」を説いたが、皮肉なことに、それは逆に「個人・人格」の組織への埋没、そして消滅へと向かう道であった。

三．その原因は「インフォーマルな人間関係論」など、西欧で生まれた理論の根底には常に自律した「個人・人格」を重んずる宗教的伝統があったにもかかわらず、そうした点に関心が払われることなしに、形式や言葉ばかりがそのまま導入されたことにある。本稿ではデュルケム、フーコーの「個人・人格」概念を検討することで、その根底にキリスト教倫理が伏在することを指摘した上で、対神的な「罪の意識」と対人的な「罪悪感」とを分別し、それぞれに対応した経営管理体制として「パノプティコン・システム」と「ピア・プレッシャー」があるという大野の議論を概括した。

四．「ピア・プレッシャー」の典型である日本企業で、それが社会科教育にどう反映しているかを検討する中で、「インフォーマルな人間関係論」が「和」に読み替えられ、「和」は「愛社心」へと投影され、そのポジティブな表出として再び「安全第一」という課題が浮上する。本来は（デュルケム的にいえば）「理性の自律」「意志の自由」をもつ「個人・人格」の「宗教的尊厳」を前提とし、「常に目覚めよ」というプロテスタンティズムの倫理に由来する「安全第一」は、かくして「個人・人格」が企業に合一化し、埋没した結果である「愛社心」の従属変数とされてしまい、精神の抜けたスローガンとして、合理化政策を後押しする積極的機能をはたすことになったのである。

〈追記〉本研究は、平成一七～一九年度日本学術振興会科学研究費補助金（基盤研究C、研究代表者・金子毅）による研究「セーフティ・ファーストをめぐる職業倫理の構築――米国における技術文化スローガンの創始」に、その成果の一部を負っている。

注

（1） アメリカの損害保険会社で技術調査部に所属していたH・W・ハインリッヒ（一八八六―一九六二年）が、副部長在任時の一九二九年に刊行した論文中で明らかにした災害発生の統計的法則のことをいう。それは同一人物が起こした同一種類の労働災害五千件余を対象に統計学的手法を駆使し、そこから災害発生の可能性を「一：二九：三〇〇」という数値で割り出し、一般化したものである。すなわち深刻な「重傷」を負う災害一件が発生する背後には、二九件の「軽傷」、さらにその下には三〇〇件の傷害を免れた災害が潜在するという。この法則を利用して、顕在化した災害の要因を精査することで、職種を超えて全体の九八パーセントの労働災害が予防され、補償などに関連した経済コストの引き下げが可能になるとされ、別称「労働災害防止のバイブル」と呼ばれた［労働省安全課編　一九八四：三六六］。

（2） 一九一〇（明治四三）年の「幼年職工養成所」開設にまで遡る「教習所」（一九二七年に改称）は終戦翌年、「普通科」第一部、第二部として再組織化された。「普通科」を受講するには上司の許可が必要で、第一部は在職五年以上の中堅社員を対象に、職務関連の専門知識を全日制で半年～一年間、第二部は在職二年程度の若年社員を対象に、第一部へ進学するための基礎的準備教育を労働時間外で、それぞれ開講されていた。だが作業長教育の実施に伴い、旧制高等小学校卒程度の年配者には第一部の受講資格として、第二部の受講が義務化されるようになった。その後、第一部は一九六一（昭和三六）年に、第二部は一九六五（昭和四〇）年に、教育カリキュラム編成の変更により廃止された。

（3） このような心理学的知識に基づく日本文化の特殊化という視点は、日本人論の盛行と同時併行的に起こった現象といえる。日本人論の嚆矢はこの講義に二年先立つアベグレンの『日本の経営』［一九五八］であるとされる。そこでは高度成長という成功の要因を日本文化に根ざした固有の経営的特性に見出そうとしている。本稿が扱う企業の社会科教育という主題からそれてしまうことになるので、ここでは日本人論の盛行が経営学と心理学という異分野が互いに近接し合いながら形成された状況を提示するに留めたい。

（4） ただし畑村が日本における責任追及の風潮を批判するのは失敗学の文脈においてであり、それが事故から何も教訓を得ず、類似の事故を繰り返し引き起こさせる要因だとしている。だがそうした批判は事故や災害に限らず、企業の不祥事全般に適用されるものであろう。これは同じ失敗として事故を引き起こす必要条件ではあれ、必要十分条件とはいえない。その意味で、こと「安全」との関連でいえば、畑村の議論は不十分といわざるをえないが、企業が犯した「失敗」という普遍的次元から見れば首肯できる主張である。

（5）一九四八（昭和二三）年以降、すでに二本の「安全劇」を創作していた詩人の志摩海夫は、八幡製鉄所に「安全課安全掛」が設置された一九五四（昭和二九）年、その実績を買われて作家の岩下俊作、画家の田坂道晴たちとともに配属されている。文化的な理念作りに重点を置いた「安全第一」の啓蒙が目的であったと考えられる。一九六一（昭和三六）年以降、年々安全成績が低下していく現状に直面した安全掛長の志摩は、打開策として家庭生活を通じた安全啓蒙を企図し、そのために従業員家族の工場見学を開始するなど、安全活動に尽力した［須永編 二〇〇一参照］。

参考文献

J・アベグレン（占部都美監訳）『日本の経営』ダイヤモンド社、一九五八年。

市野川容孝×村上陽一郎「思想としての安全学――『安全性』とは何か」村上陽一郎対談集『安全学の現在』青土社、二〇〇三年。

M・ヴェーバー（木全徳雄訳）『儒教と道教』創文社、一九七一年。

大野正和『まなざしに管理される職場』青弓社、二〇〇五年。

金子毅「越境する『安全』の技術――その言説化と身体化をめぐって」篠原徹編『現代民俗誌の地平 第一巻（越境）』朝倉書店、二〇〇三年a。

金子毅「殉職者はいかにして企業守護神となりえたか――『安全』理念の実践をめぐる労使間のポリティクスを中心に」『宗教と社会』第九号、二〇〇三年b。

金子毅「外来技術の受容をめぐるハイブリッド――戦前・戦中期における『安全』の実践と理念を中心に」『佛教大学総合研究所紀要』別冊、二〇〇四年。

金子毅「日本の近代化過程における『安全神話』のポリティクス――殉職を取り巻く権力関係と言説の構築を中心に」『文化人類学（旧 民族学研究）』第六九巻第四号、二〇〇五年。

須永忠編『志摩海夫 人生と作品 中巻』（私家版）、二〇〇一年。

竹内洋『教養主義の没落――変わりゆくエリート学生文化』中公新書、二〇〇三年。

灘吉国五郎編『標準教科書　職場社会（職場の人間関係）―普通科』八幡製鉄所教育部、一九六二年。

E・デュルケム（小関藤一郎訳）「個人主義と知識人」『デュルケーム宗教社会学論集』行路社、一九九八年。

長谷川廣『日本のヒューマン・リレーションズ』大月書店、一九六〇年。

畑村洋太郎「起きてしまった事故は社会の共有財産である」『中央公論』二〇〇六年六月号。

F・バウムガルテン（吉阪俊蔵訳）『世界安全衛生名著全集第1巻　人事管理の心理学』日本安全衛生協会、一九五三年。

ハワード・バートレイ（犬飼健児訳）『世界安全衛生名著全集第九巻　人間の疲労と障害』日本安全衛生協会、一九五四年。

M・フーコー（渡辺守章訳）『性の歴史I――知への意志』新潮社、一九八六年。

R・ベラー（堀一郎・池田昭訳）『日本近代化と宗教倫理――日本近世宗教論』未来社、一九六二年。

北海道大学教育学部産業教育計画研究施設編『鉄鋼業の「合理化」と企業内教育I――M製鐵所および構内社外企業の企業内教育展開過程についての実証的研究』北海道大学教育学部産業教育計画研究施設研究報告一一、一九七四年。

八幡製鉄所所史編さん実行委員会『八幡製鐵所八十年史　部門史』上巻、一九八〇年。

八幡製鐵所教育部『IEと人間的要因　附、産業における人間関係』（管理者I・E・講習研究会　一教務No.41）、一九六〇年七月。

「従業員教育の推進に関する件」『達第五四号　昭和三四年二月二六日　従業員教育の推進に関する件』（社外秘）。

労働省安全課編『安全用語辞典』一九八四年。

第3章　企業家と太子信仰

神崎宣武

はじめに

伝統的な経営法というものがある。経営文化というものがある。

日本では、終身雇用が顕著な伝統であった。そこでは、給料が年齢とともに上ることになる。年齢階梯的な給与体系が顕著な伝統であった。そして、それがゆえに、企業組織での「和」が尊ばれることになった。

ところが、昭和四〇年代からの経済の高度成長期には、それを古くさい経営法とみる風潮が生じた。経済学者や経営コンサルタントは、こぞって、生産効率を上げるためには、そこから脱皮することの必要を説いた。いわゆるアメリカモデルを大義として、経営の合理化を説いたのだ。その結果、終身雇用や年齢階梯的な給与体系が後退することになった。

折しも現在《いま》、日本は一〇〇年に一度といわれるほどの未曾有な経済不況にみまわれている。世界的な不況ではあるが、とくに日本のそれは深刻である。そして、アメリカモデルへの経営法の転換がはたしてよかったのかどうかを問うむきもでてきた。日本的な経営文化を見直すむきもでてきた。

本稿は、そうした時代の変化にあわせてもの申すものではない。が、かねがね経営にも「風土学」があるだろう、とみていたところから、あらためて企業の「社是」「社訓」に注目した小論である。

それぞれの会社には社訓・社是という会社の基本的な運営に関わる、会社の発足以来のバックボーンがある。以前に「近鉄の百年」をかえりみた時、「大同一円」あるいは「大和《やまと》一円」といった近鉄の社是があったのを知った。大和は奈良の大和と同じだが地名ではなく、「和をもって大同団結をなす」という意味の大和である。それがどの程度他の会社に共通するのかということを少し気にしていたのだが、今回あらためて考えてみた。

このごろのカタカナ文字の会社の社訓には、接客に関することが多くでてくる。ファーストフード、スーパー、コンビニ等では、ほとんどが、にっこり笑ってさわやかに、元気いっぱいこんにちは等と、社訓が接客マナーにとどまっている例が多いのだ。つまり会社という組織全体の訓ではなく、窓口業務という一部署のハウツー、あるいはマニュアルにとどまっているといえる。カタカナ文字の会社というのはまだそういう意味での企業の文化土壌ができていない、といえるかもしれない。あるいは、もしかしたら日本の文化土壌から離れて、もっとグローバルな展開をなそうとするのかもしれないが、おかしなことがいろいろある。これは実際にあった話である。ハンバーガーを買いに行くと「いらっしゃいませ、こんにちは」という歓迎の挨拶をしてくれるのは有名だが、ある高齢のご婦人が足元がおぼつかなくてつんのめったにもかかわらず「いらっしゃいませ、こんにちは」。それだけだった、というのだ。つまり、人が転びかけたら助けに行くというマニュアルがないのだ。が、これをどうみるかは、意見が分かれるところだろう。したがって、本稿では多様な展開をする接客業に関することは外すため、話題が少し古くなる可能性がある。

これは大雑把な言い方だが、「江戸っ子三代」あるいは「三代で土地に死す」というような言葉があって、だいたい三代、一代は二五年から三〇年と考えても百年近く、それぐらいの年数を経て文化的な土壌が固まっていく。あるいは地域社会なり職場社会でひとつの共通意識が固まっていく。というような意味から、三代は継続している会社ということでこれから社訓・社是を考えていきたい。

一　社訓・社是にうたう「和」

「和」という言葉が多用される。「和親」と言ったりするが、「和が親しむ」と書くだけではなく、「和の心」という書き方もある。そういう「和」がたくさんある。これに「協調」とか「団結」とか、同じような意味の別の漢字表現を加えると相当な数になる。社訓・社是の中で、どれくらい「和」ということがでてくるか。一番目の項目に入るか二番目の項目に入るかは別として、重要項目として出てくる企業がどれくらいの割合だろうか。ということをあたると、だいたい三〇パーセントから四〇パーセントくらいが何らかのかたちで「和」という字を使っている。本当は何社中何社と出せばよいのだが、私はそういう数を出すことに疑いをもっている。たとえば、社会経済生産性本部が出している社訓・社是［日本生産性本部　一九八六］は一〇〇〇社を対象にしているが、その一〇〇〇社の中で大雑把に三割から四割というしかないのだ。日本には約二四七万社がある。これは株式会社・有限会社その他を入れた数であり、株式会社だけでも一〇四万九〇〇〇社もある。一〇四万九〇〇〇社で社訓・社是をあたれといわれても無理である。いかにコンピュータ作業が巧みであってもほぼ不可能な話なので、そのところで私は数字を出すことにあまり意味を認めていない。大雑把に一〇〇〇社をパラパラみて三割から四割が、この「和」という字を用いた社訓・社是をもつ、ととらえている。そうした見当値でほぼ間違いあるまい。では、この「和」という言葉、「協調」「団結」までを含めて、「和」という言葉を組織のスローガンとするのは日本的なのであろうか。私は、日本的な特性だろうと考えている。が、世界の中でこれをどう位置づければよいか、私の中でまだ結論が出ていない。

三代以上続いている企業での社訓・社是を簡単に拾ってみた。

・（株）鈴木組　「和をもって事を計り」（三項目のうち①）
・大末建設（株）「和親協力」（五項目のうち②）
・古野電気（株）「和親共栄」（七項目のうち②）

・(株)きんでん「和と明朗」(三項目のうち①)
・松下電器産業(株)「和親一致の精神」(七項目のうち③)
・シャープ(株)「和は力なり」(六項目のうち③)
・西濃運輸(株)「和と協調の精神に徹し」(五項目のうち②)
・丸紅(株)「和」(三項目のうち③)
・武田薬品工業(株)「相和《やわら》ぎ力を協《あわ》せ互に忤《さから》はざること」(五項目のうち②)
・他に「和」をうたう会社に、孟鋼鉄(株)、極東産機(株)、(株)ダン、ヤマト運輸(株)、松浦スチロール(株)、理想科学工業(株)など。
・他に「和親」(和心)をうたう会社に、英和(株)、カメイ(株)、(株)フジコー、ミツミ電機(株)、松下電工(株)など。

西濃運輸は三代続いていないといわれるかもしれないが、トラックになってからはまだ三代続いていないが、その元は車力運送だから伝統的な運送業ということでとりあげてよいだろう。松下電器産業、シャープも三代さかのぼれないが、そろそろ三代目社長への交代期でもある。松下電器に関しては、また後で触れることにする。

二　聖徳太子の唱えた「和」

たとえば武田薬品工業は、武田長兵衛氏が創業した薬問屋が製造業をともなって近代工業化したものである。その武田薬品にとっては、社訓のなかでも「相和《やわら》ぎ力を協《あわ》せ互に忤《さから》はざること」、この項目がきわめて大事とされる。武田薬品工業は「社是」という言い方をしているが、どうも「社訓」よりは「社是」の方が高邁な思想、あるいは草創期・創設期に立ち戻っての思想という風に考えられているようである。社是を上位にもって、その項目的な位置に社訓をもつということもある。武田薬品工業では社是。まず第一に「公《おおやけ》に向かい国に奉ずるを第一義とすること」。ここで「公《おおやけ》」というキーワードが出てくる。それから第二に「相和ぎ力を協せ互に忤はざること」。そして第三に「深く研鑽に努めその技にうまざること」。これは研究につとめて努力をせよということである。第四に「質実を尊び虚飾を慎むこと」。第五に「礼節を守り謙譲を辞すること」。これら五つの項目があり、「和」を強調するのは第二項目である。これを二番目に大事だと解釈するかどうかはまた別の問題として、他の訓語よりは明らかに格調が違うことに注目したい。実は、「相和ぎ力を協せ互に忤はざること」というのは、推古天皇期に聖徳太子が作定の憲法十七条の中にでてくる条文の一部引用なのだ。聖徳太子作の憲法といっても、今のような憲法とは考えない方がよい。これは当時の官僚の服務心得という程度に考えるとよい。これをもって国や民を規制するというものではない。しかし、日本で文律として一番最初に掲げたのはまぎれもない事実であるので、これをもう一回学ぶことにしたい。

なお十分に気をつけた方がよいのが、インターネットでも「聖徳太子憲法十七条」は出てくるが、動詞末尾が相当変わった収録をされていることである。そして、一般的には一段落目だけで、二段落目がほとんど書かれていない。聖徳太子作の十七条憲法、原本では「第一条に曰く、和を以て貴しと爲し、忤ふこと無きを宗と爲す」。「人みな党あり」と、後文が続く。人がすべて党をなす、孤立はしていないということである。「かつまたさとれるもの少し」の「さとれる」というのは「遅れる」ということなので、その群れから離れるものはわずかである、となる。また、「これをもってあるいは君父にまつろわずたちまち倫理に違う」というようなことが以下に書いてある。集団に対して従順であること、君主や父親に対して従順であることもかわらないということを説いてるのだ。我々はこれを戦後、封建主義、家父長制度を象徴する古臭い教訓として切り捨てる傾向にあった。実は噛み含んだ解説が「和を以て貴しと爲し、忤ふこと無きを宗と爲す」の後へ続くのに、それを論じる人も少ない。企業の中の社訓・社是になおうたわれているのも、単に調和と団結を強調しているのかもしれないが、「人みな党あり」の真理を理解してのものであるとしたら、これは不変の原則ということになる。ということで、注目しておきたい。

「和」という言葉を用いた社訓・社是についで割合が多いのが「誠実」「勤勉」という言葉である。それから「創造」「創意」「先達」「新進」「革新」という言葉が続く。一〇〇〇社のうちの傾向としては、「和」「誠実」「創造」の三つの言葉をだいたい一つは用いており、この三つとも用いていない会社はほとんどない。聖徳太子作の十七条憲法は、また第八条に曰く、「和同」「勤勉」「新進」など言葉は違っても意図するところは同じ。「和親」「誠実」「精査」あるいは「群卿百寮、早く朝して遅く退け」。「群卿百寮」とは、つまり「官僚社会(お勤め)の皆さん」、早起きして出勤、遅くまで残業して帰れ、ということ。働き蜂をおもわせるスローガンであり、たぶん勤勉というのはそういうことであろう。昔も今も変わらない。三番目の「創造」「創意」「先進」「新進」「革新」というような言葉、これは十七条憲法の中では拾えない。近代国家における近代企業の歩みの中で出てきた言葉である。

武田薬品工業よりは歴史が浅いが、偉大なる創業者をもった松下電器産業(現・パナソニック株式会社)の社訓を次に取り上げたい。これは松下電工その他の松下系企業のすべてに通ずるものである。松下電器の遵奉すべき精神、その一は「産業報国の精神」。武田薬品工業では「一に公に向かい国に奉ずるを第一義とする」という言葉であったが、それと全く同じような意味のことが「産業奉国の精神」で、松下電器産業でも第一項目に出てくる。第二に「公明正大の精神」、第三に「和親一致の精神」。そのあと礼節とか力闘の精神、順応同化の精神などが強調されている。武田、松下という体質的には古いといってよいだろう大企業が、大きな柱として、報国、国あるいは公に何らかの寄与をするという精神を掲げている。これも注目に値する。

これが先の十七条の憲法の中でどこにあてはまるかは無理に考えないほうがよいだろう。強いていえば、十七条憲法では第十五条に曰く、「私《し》に背きて公《おおやけ》に向かうはこれ臣の道なり」というのがある。これが、つまりは奉国の精神ということで、ここを引用したといえなくもない。「私に背きて公に向かう」は、つまり私を捨てて公を大事とする、「これ臣の道なり」、従業員が守るべき道だという意味として、ほぼ同じ意味といえなくもないのだ。武田、松下に代表される多くの企業が「和」と共に「公」を大きく社訓・社是に取り上げている。ということは、それに準じる会社も多いとしてよいのであろう。

日本の社訓・社是では「和」と「公」が柱をなしている。そして、それは聖徳太子が作定の憲法十七条にみる「服務精神」が大きな影響を及ぼしている、といえるのである。

三　太子信仰の広がりと浄土真宗の展開

これを、太子信仰の広がりということにからめて考えてみると、三つの問題がここへ絡んでくる。

一つは「浄土真宗の開祖的地位への展開」があったということである。浄土真宗は衆知のように親鸞聖人が開き、その後蓮如上人などが北陸地方などへ大きく布教を広げた。しかし仏教の歴史からすると、中世における新興仏教である。浄土宗ができて、それから浄土宗の教えを分派的に展開したのが浄土真宗である。日本の仏教というのは、聖徳太子が渡来仏教を取り入れたとされているが、太子の時代に取り入れた仏教というのは学問仏教である。奈良を中心に展開したのが南都六宗である。南都六宗とは、三論・法相・華厳・律・成実・倶舎の各派を総じてのこと。それぞれに伽藍は講堂が中心に配置されている。聖徳太子自身は、三経義疏というごとく三種の経にしたがって日本的な仏教の経典をまとめた。これが法華経、勝鬘《しょうまん》経、維摩経である。すなわち奈良時代は、学問として経典を解読するということが僧侶の大きな役目であったので、教化活動とか、ましてや檀家を集めんがための抗争などはありえなかった。奈良の東大寺をはじめとする寺が檀家組織をもたないのは当然である。これが八世紀、九世紀を過ぎて一〇世紀にもなると、今度は密教がでてくる。遣唐使の中国での修学をもとに、最澄が天台宗を、空海が真言宗をおこす。そこでは加持祈祷を中心とした現世利益をとくものの、入峰修行とか観想修行とかによって自己研鑽をはかることを大義としている。したがって、これは、祈祷からなる古代神道によく似た内容をもっている。ゆえに神仏は習合したとはいわないけれども、神道と仏教の祈祷を通じた同類性のようなものがそこからうかがえるのである。

浄土宗、禅宗、日蓮宗、それから浄土真宗などがでてくるのが、一二、一三世紀のこと。供養を世過ぎとする僧侶たちもでてきて、いうなれば、仏教が里に下ることになる。下々に至るまで寺と檀家の関係が契約的に組織化されるのは近世以降だと考えるべきなのだが、中世において浄土真宗が出現したあたりから徐々に寺と信徒というつながりが深まる。その中で浄土真宗というのは、旧来の天台宗、真言宗、浄土宗、曹洞宗などの禅宗、これらからすると新興仏教となる。そこで、布教の仕方も旧勢力を否定するかたちで革新的なものとなる。そして、旧勢力との関係が深まっている階層をはずしたその下部階層の方へ布教をすすめていくのである。近年の例をみても、新興宗教はほとんどそういう構図をもって布教する傾向がある。中世における浄土真宗の足跡をみると、各所で旧勢力との軋轢が生じているし、京都中心の仏教の先進地からすると疎遠の地であったところへ急速な布教をのばしたという経緯がある。

これもあまり短絡的に考えない方がよいのだが、新しい勢力が地方へ及ぶということにはいくつかの共通するパターンがある。一つは貴人・偉人の名をつかうということである。たとえば近江の木地師たちが惟喬《これたか》親王を担いでお墨付きをつくり、各地の山地で木地椀づくりを行なった。このお墨付きが、俗に木地師文書というかたちで残存する。このように新興の勢力が市場を開拓するということでは、何らかのかたちで箔付けが必要となる。浄土真宗ではどうだったのか。もちろん親鸞聖人の威徳はよく知られているが、聖徳太子と結びつけることでさらに普遍化をみたのだ。何よりも親鸞自身が聖徳太子を崇めていたのであるから、ただの語りにはならない。聖徳太子の墓、廟というのは今の大阪府下にあるが、親鸞の弟子達が書いた記録によると、親鸞は頻繁にそこを訪れている。もちろん、系統が違う仏教といえども、渡来仏教を日本の中に公事として取り入れた聖徳太子に対する尊敬というのは後々にも伝わっていて、空海も、あるいは日蓮も聖徳太子の廟に参ってはいる。しかし、親鸞ほど参っている人はいない。それから聖徳太子が開いたとされる京都の六角堂にも、親鸞はたびたび訪れて籠っている。籠るというのは、聖徳太子と自分とが一体化するというかたちの修行とみてよかろう。したがって、「親鸞は聖徳太子を父とする」というような語りを後の弟子たちがすることになったのである。現在でも寺によっては仏像や開祖像の脇に聖徳太子像を掲げているところが結構ある。また、聖徳太子像の掛け軸も、三歳像、六歳像、その後が一七歳像、そして摂政像という風に年齢を区切って描いたものがあるが、これを販売してきたのはほとんどが浄土真宗の寺である。どういう権利が伝わっているのかはわからないが、他の宗派の寺では聖徳太子像はほとんど売っていない。ということから、浄土真宗の布教では、聖徳太子が親鸞聖人に連なる開祖的な地位を伝えることになったのである。

この浄土真宗における聖徳太子の開祖的地位への展開、これが後の企業における社訓・社是における聖徳太子信仰の展開に結びつくかどうか。ほとんど直接のつながりはないだろうが、太子信仰の拡がりということでは、浄土真宗における太子伝説が無視できないところなのである。

四　職人集団による太子講の組織化

二番目に、職人集団による太子講の組織化というのがあげられる。今でも各地に太子講というのがあって、その中核的な職能集団としては大工の地域連合がある。このごろ建設会社に、あるいは土木建設会社に大きく発展したところでは、こういう集りがなくなったかと思いきや、地方のそれぞれの小さな町村単位では太子講がまだ開かれている。正月明け八日に行なうところもあるし一七日に行なうところもあるし、まれに二月の三日を過ぎて行なうところもあるが、だいたい一月中に太子講を開く例が多い。宿は輪番制か、このごろは旅館を借りるところも多いが、聖徳太子の掛け軸をかけて、供え物をすることが共通する。儀礼上の決まりはあまりないが、熱心なところは先ほどの浄土真宗の経文を読み上げることもあるし、あるいは大工の長老棟梁が祝詞《のりと》を奏する場合もある。何もしないでただ掛け軸を祀って酒だけ飲むというのも結構多いが、このように正月明けに聖徳太子を祀るという行事がある。もっとも大事なことは、値段協定をするということである。つまり、大工の手間賃を今年はいくらを基準にしようというような協定をする。それから、大きな請負事業があったら事前に連携をはかるといった相互扶助的な機能もしている。後にとかく批判の的とされる談合の祖型がここにある。いわずもがなのことだが、もうひとつ「だいしこう」というのがある。これは、弘法大師を祀っているので別である。本稿では聖徳太子を祀っている太子講を扱っている。

大工だけではない。左官も石工も、木工芸や竹細工の細工人も、いわゆる職人といわれる人たちは、それぞれに太子講というのを発展させてきた。いつからかは明らかではないが、他の講組織とあわせてみると、おおむね近世からであろう。身分制度にしたがえば、士農工商の工が様々に分化したかたちと考えられる。しかし、たとえばなぜそういう職能集団が、聖徳太子を引き出してくるのかということもよくわからない。たとえば、大工たちは口をそろえて「聖徳太子さんが曲尺《かねじゃく》を作ってくれたからだ」と言う。しかし、曲尺は聖徳太子の時代での普及はまずあり得ない。これは金属加工技術の発達をあわせて考えなければならないから、どう考えても平安以降を待たなければならないはずである。そして、聖徳太子の伝記でも曲尺を作ったということが明らかでない。しばしば歴史がつくられているということであって、そこへ深くこだわってもあまり意味がない。先ほど惟喬《これたか》親王伝説に触れたとおりである。日本でいう職人というのは、専業の職人はほとんどいない。半農半職、半農半工である。農繁期には田圃や畑で農業に携わり、農閑期になったら大工仕事で出て行くというかたちなので、田舎では「本家普請は二年越し」ということになる。それは木材を乾かすとか壁を乾かすためというが、大工が半年しか仕事ができないということを考えれば、当たり前のことなのである。半年で全ての本家普請はできないから、農繁期を挟んでまた次の農閑期へ仕事を回すことになる。したがって流浪の職工というわけではないので、箔付けの必要はほとんどない。定住社会にあり、自分たちの本職は農業にあるという人たちが多いにもかかわらず、その手職というところで聖徳太子を引き出してきた。なぜだか、よくわからない。

木地師以外にも山仕事の人、炭焼きの人たちや山猟・川漁の人たちが広範囲を渡り歩く時、そういう時に箔を付けようとすることは、ありうる。そのために伝説的な偉人を引き出すということはありうるが、ただ農村の副業である手職にまでということでは、どうもこの問題はすっきり割り切れないのだ。しかし、浄土真宗における開祖的地位、あるいは職能集団における職能神の地位というところで聖徳太子の存在が広く認知されてきたことは事実である。そして、彼らが聖徳太子作の十七条憲法をどれほど理解してのことだったかということは、これもまた別問題のこと、としなくてなるまい。そこで、聖徳太子の思想や業績を知る人は少なかったはずだ。十七条憲法は、近代以降の企業家によって蘇ってきた、とするのが妥当であろう。

五　学校教育の指針への引用

三番目の問題として、学校教育との関係がある。

十七条憲法の第一条にある「和を以て貴しと爲し」というこの一文がどれほど広く語り継がれたか。ということでは、明治以降の学校教育を無視するわけにはゆかない。教育指針の中へ大いに引用された。たとえばここに、昭和三年にできた東京高師の親和会の趣意書がある。親和会は在学生、卒業生を全てまとめた同窓会組織のようなものである。いうまでもないことだが、東京高師というのは東京高等師範学校、後の東京教育大学である。東京高師の親和会のこの趣意書は、また一高の同窓会趣意書を下敷きにしている。一高というのは第一高等学校で、やがて東京大学に発展する。とくに、一高と東京高師は、その卒業生をもって全国的に影響力が強い。ということから、これをもって明治以降の基本的な学校教育の指針としてよいだろう。

「東京高師親和会趣意書」のはじめは、「教育は神聖なる国家的事業である。おおよそ国民生活がひたすらに制度政策の外的施設に向かう時には」、「これを支持すべき内的生命の源泉を枯渇せしむるにいたるのである」ではじまる。さらに「人身の陶冶をこの本意とする教育は」、「国民生活の内的根底を養育すべき重大神聖の使命を負うものである」。つまり、内面的にいかに教育をするか。「(中略) 我ら高等師範学校に学ぶ者、この重大使命を自覚して国家生活の現状および将来に馳せ顧みて足らぬは自己の求道精神を念じ、相たすけて向上の一路を進まんとするものである」。それから、それをどう具現化していくかということが長々書いてあるが、教育指針を定めるという中に「我らはこの如き指導原理を皇祖皇宗の大御心の道念に基づきて、明治天皇、聖徳太子の御精神に仰ぎ祀るものである」とある。師範学校の指導原理が明治天皇と聖徳太子、その精神をたたえつなぐものであるということを明言しているのだ。なぜ明治天皇と聖徳太子を仰ぎ、讃えてつなぐのかというと、「畏けれども明治天皇と聖徳太子は日本が外来文化との接触によつて重大の轉機に遭遇したる時代に出現せさせ給ひ」とする。つまり渡来仏教、それから文明開化という、日本の国が外来文化、あるいは外的圧力といってよい急変に直面しているような時期に、国の舵取り役になったのが明治天皇と聖徳太子である、という位置づけなのである。天皇と太子が国家統治の大業のなかでの「同胞相哀れむの教化的念願を実現させたまいしたる大御心」を総合的教育精神の具現に仰ぎ祀るのである、ということになる。外に開かれようとする日本の、それがゆえの日本の文化的なよりどころを明確にしている、とみることができるのだ。

この後に続く文章として、「翻って思うに、聖徳太子が十七条憲法に『和を以て貴しとなし、さこうことなきをむねとなす』とのたまいしは、国民生活の要諦は同期の融合協力にあることを示したもうたのである」ということであるから、大きな外圧によって国のアイデンティティが危ぶまれる時は、「和を以て貴しとなし」という精神に立ち帰るべきであるというようなことをうたっているのである。さらに、明治天皇の金言にも触れて重ねる。かくして、日本という国家の精神的な骨格を支えるのは聖徳太子、明治天皇の教えである、とするのである。

しかし、この種の思想は戦後にはほとんど評価されないし、むしろ否定されている。が、皇国史観による天皇の位置づけはともかくとして、聖徳太子作の十七条憲法がこれほどに引用されてきたことには、また別の意味を見いださなくてはならないだろう。日本人の根底に近いところで太子信仰が形成されており、それが何かにつけて引き出されてきたのだ。少なくとも明治、大正、昭和の前半あたりに会社を興した人たちの思想の背景には、こうした教育上の指針が作用していたに相違ない。それが古い社風を伝える企業のなかにも社訓・社是というかたちで表れているのである。一方で、現在ではカタカナ名会社によるカタカナによる新しいスローガンも出てきている。やがてそう変わりきるのか、あるいは何処かに「和」の精神が残ってゆくのか。私たちは、なお観察を続けていかなければならない。いずれにしても現在、ここへ取り上げたような会社の社訓・社是の中には聖徳太子というものが非常に根強く生き続いている、ということだけ報告しておきたい。

参考文献

大島建彦・大森志郎他編『日本を知る事典』社会思想社、一九七一年。

神崎宣武『経営の風土学――佐伯勇の生涯』河出書房新社、一九九二年。

神崎宣武「大軌＝近鉄にみる『会社主義』の変遷」中牧弘允・日置弘一郎編『経営人類学ことはじめ――会社とサラリーマン』東方出版、一九九七年。

黒上正一郎『聖徳太子の信仰思想と日本文化創業』国民文化研究会、一九六六年。

日本生産性本部編『社是社訓』社会経済生産性本部、一九八六年。

花山信勝『聖徳太子と憲法十七条』大蔵出版、一九八二年。

第二部　欧米の会社と宗教

第4章　空間のブランディング

松永ルエラ

近年、特に一九九〇年代以降、ブランディングは企業の経営幹部やブランディングの会社だけでなく、報道関係者や学者、そして反ブランドや反グローバライゼーションを表明する運動にとって関心の対象として注目されるようになった。ブランディングに関する出版物は、幅広い領域に及んでいる。特にビジネス・スタディーズやマーケティングの分野において、ブランディングとは何か、どのように企業利益に貢献するのか［e.g. Aaker 1991］という解説を含めて、広告やブランディング専門家による報告書［e.g. Tanaka 1993, Owen 1993, Marzano 2000］、またデザイン史［e.g. Pavitt 2000］、社会学［e.g. Lury 1998］、人類学［e.g. McCracken 1993, Olsen 1995］の観点からの貢献まである。その一方で、反ブランド運動の批判的な見解は、ナオミ・クラインのベストセラー書『No logo』［Klein 2000］／『ブランドなんか、いらない――搾取で巨大化する大企業の非情』（日本語版、二〇〇一年）に最も端的に表現されている。英国では、ブランディングは二〇〇〇年にヴィクトリア・アルバート博物館で開設された主要展示や会議の主題となった。ショーケースに展示されたブランドがついている「がらくた」が英国の装飾美術品を扱う著名な博物館にとって価値ある主題かどうかをめぐって新聞などで論議をよんだ（リチャード・モリソン、The Times October 12th, 2000）。

　では、ブランディングとは何か、なぜそんな議論がおこるのだろうか。歴史的には、財産に印をつける、例えば、家畜にその所有者を示すために焼き印を押すという意味にさかのぼる。犯罪者もまた同じように汚名という烙印を押されただろう。このような起源から「ブランド」という言葉は、名付けられた製品を意味し、あるいは近代企業がマス・マーケティングと広告によって発展を始めたように、会社を指して日常的に使われるようになった。広義において、ブランディングはある特定のモノ、人、組織が異なったものであり、独自のものであるということを認定し、強調する過程として定義することができるかもしれない。そのため、マーケティングの観点から、ブランディングが、多くの場合、銘柄を言及して製品を区別するという大量生産とマス・マーケティングの時代にこのように急速に重要になったのである。ブランドは、例えば、コカ・コーラのような特定の製品と結びつく場合もあり、またはP&G社の例のように、化粧品や家庭用品など多くの異なるブランド名をもつ製品を生産しているというような幅広い種類の製品をつくっている会社と関係する場合もある。

ブランディングの最もわかりやすい要素のいくつかは、企業のロゴか製品のパッケージを含んでいる。しかし、ブランドの専門家は、ブランディングがそれらの要素のデザインに留まらず、むしろ、ブランディングの過程は、その製品や企業の考える最も重要な部分や特徴を認識し伝えるところまで及ぶべきだと主張する［例えばLandor Lexicon 1995参照］。この約一〇年間に、ブランディングへのより一体化したアプローチが、「コーポレート・アイデンティティ」のような語が、ブランディングのより広い項目のもとに、パッケージや環境デザインやリテール・デザインや企業ロゴのようなブランディングの会社によって作り出された要素とともに、組み込まれるようになった。このアプローチで、ブランディングの範囲を微妙なところまで広げる動きも現れた。ある大きなブランディングの会社のエグゼクティブ・クリエーティブ・ディレクターは、ブランディッド・エンバイロンメント（ブランディングされた環境）について次のように説明している[1]。

> 私が最後に考えるのはロゴの使用です。ロゴは、会社について表現しなくてはならないほんの一部分なのです。
> （中略）そして、人々の典型的な反応は、大きなロゴをもったら、ブランディングは即完成する、というものです。
> それも、もちろんブランディングですが、かれらはその他すべてのブランディング可能な領域、例えば、そこに何

か香りをつけるべきかというように、特に五感に訴えるような領域については認識していないのです。サウンドトラックやノイズなど、耳に訴えるブランドの理想などはあるべきではないでしょうか。そして、すべての材料、すべてのもの、鉄の床を歩くか、カーペットの上か、革の床か、そういったすべてのもの（中略）は知覚的に有効な手段の要点であり、それによって語りかけることができるのです。それが暖かいか、つまり暖かくて豊かで順調な企業か、堅くて技術的な企業か、人々の心や体が感じ取ろうとしているのはこういったことなのです。それらをコントロールしなくても、人々の心はまだその感覚を求め続けるでしょう。つまり、ブランド計画に結びつけるために人々の感覚をコントロールするという問題です。（中略）それがブランドと環境的表現のすべての領域なのです。心が処理できるものは何でも、ブランド哲学に追加するためにはっきりと目的をもって処理する必要があるのです。さもなければ、よい機会を逃すことになるのです。（Peter Knapp, Executive Creative Director, Landor Associates, Interview 2001）

この引用から明らかなように、空間のブランディングは、ブランディングの過程全体において重要な部分となってきた。本稿の目的は、なぜ空間のブランディングが重要なのか、そして、そのブランディングの視点から会社空間を分析し、どのように多様な会社空間が作り出され経験されているかを明らかにすることである。本稿第一節では、視覚的な言語とデザインの戦略が配置されていることによって、リテール（売り場）空間と博物館を含むその他の空間の違いが、よりわかりにくくなっていることを指摘したい。第二節以降では、ロンドンと東京の国際的なブランディング会社の仕事を参考にしてリテール空間が作り出された方法を分析する。最後に、いかにブランド空間の分析をすることができるかについて、ブランド空間が作り出される過程を概観し、宗教的空間と劇場空間、そして博物館の空間から見いだされる作られた環境に存在する多様な「言語」の解釈とあわせて考察する。

一　会社空間と「ブランドスケープ」の出現

もし会社空間を会社が所有、賃貸、統制する空間と定義するならば、次のような異なる種類の会社空間を挙げることができる。オフィスや工場のような労働空間、店舗やサービス案内センターのようなサービス空間、企業博物館や一時的な展示会や後援イベントのような展示空間、テーマパークやレストラン、コーヒーショップ、休憩所のようなレジャー空間、そしてウェブサイトとテレビＣＭを含むバーチャル空間である。これらは相互に排他的ではない。単一の空間は、これらのいくつかの要素を含む場合もあり、または一つの種類の空間と結びついた視覚的言語は意図的に他の空間に組み入れられている場合もある。例えば、シェリーは、スポーツ衣類でよく知られる小売業者、シカゴのナイキタウンがいかにして有名な運動選手と彼らの功績または記念品などの展示を店のデザインに組み入れ、博物館や美術館のような感じ、シェリーがインタビューした顧客の一人が言った「未来の博物館」という感覚を与えるかを示している。シェリーは、この空間の詳細な分析においてナイキタウンが照明、音響、建材など店のデザインの全ての側面を使って、教会やバシリカ聖堂のような宗教的な空間、劇場、市場、通り、または遊び場のような多様な種類の空間をいかに再現しているかを述べている［Sherry 1998：131-133］。

シェリーは、博物館のような雰囲気を作り出すスポーツ記念品を、「企業の神宝」あるいは「遺品」として見ることができるという［Sherry 1998：125］。彼はまさに、「ＮＴＣ（ナイキタウン・シカゴ）のもつ多くの意味の中で最も重要なものは、聖なる空間ということだ。ナイキタウンは、アメリカのスポーツを聖化した単なる象徴ではない。（中略）それはバスケットボールにおける聖骨箱のそろった完全なバシリカ聖堂なのだ」［Sherry 1998：117］と続けて述べている。

ナイキタウンが博物館展示と聖なる空間の両方を同時に作り出していることを示唆して、シェリーは、続いて中牧［二〇〇三］によってより多くが明らかにされた博物館と聖なる空間の類似性を含意している。しかし、ここでのシェリーの主な議論は、ナイキタウンのような新しいタイプのリテール空間が、作られた環境に関係する視覚言語の広い領域を引き出し、それが我々の親しんでいる空間分類を揺るがすかもしれないという点にある。これらの新しい種類の空間を統合している包括的な原理がブランドであり、シェリーが言うところの「ブランドスケープ」を作り出しているのである。

シカゴのナイキタウンは、これら新しいタイプのリテール空間の初期のものの一つであり、最もよく知られている。そして、ブランドコンサルタントによってブランディングされたリテール空間に何を求めるかという例として、単に商品をそのまま売る空間として使うという目的を超えて、その会社のブランド価値を具体化し強化することを目指したとして引用されることがよくある。私がインタビューしたデザイナーは、ロンドンのナイキタウンのデザインに携わっており、ナイキタウンを「巨大な3D広告」「ブランドの寺院」と表現し、店の三〇パーセントだけが、実際にリテール空間として使われている点を指摘した。彼はまた、ナイキタウン・ロンドンをデザインするさいに、デザインチームは、視覚と同様に聴覚の次元でも人がテニスをしている音を録音したものを流すなど、「劇場の感覚」と「完全な知覚経験」を作り出すことに関心をよせていたと説明した。

この一〇年間に世界で建設されたその他のリテール空間もまた、ブランディングの考えと、博物館や展示会が視覚イメージの重要性を証明するとともに、小売業界以外から得た視覚とその他の知覚の手がかりを採用してきた。一例を挙げると、東京湾の埋め立て地に建設された新開発地域、お台場にあるアクアシティ・ショッピングセンターの中の「Museum & Museum」は、「キャプテン・サンタ」という、そもそも日本で一九八五年に作られたカジュアル衣類ブランドだが、一九五〇年代のアメリカというブランドイメージを伝えるという目的に貢献している。お台場のキャプテン・サンタ小売り地帯は、衣類店だけではなく、ダイナーや「The Candy Museum」と呼ばれるお菓子店からなる。その一帯を通して、まず目につく一九五〇年代のアメリカ独特の包装がディスプレイされているガラスケースは、博物館のイメージとともにブランドイメージを強化するのに役立っている。その一帯にはまた、一九五〇年代のアメリカを喚

お台場にある The Candy Museum 店頭（左）とディスプレイ・ケース

起する目的の他のディスプレイもある。そこでは、店の細かい様式や店と店の間の舗道部分と同様に、アメリカ映画（実はフランス語とイタリア語だが）のビンテージ映画のポスターからガソリンのポンプまで、そのテーマに当てはまるようにディスプレイされている。レプリカや一九五〇年代に作られた製品や新製品はすべて、リテール空間と展示または博物館の境界を意識的に曖昧にしている、テーマパークのデザインに近いような単一の空間のなかに組み込まれている[2]。

お台場はまた、テーマ性のあるリテール空間の他の例も提供している。アクア・シティに隣接する「デックス」というショッピング・モールの中には、「台場一丁目」と呼ばれる昭和三〇年代の東京の下町を彷彿とさせるノスタルジックな景観や「台場小香港」と呼ばれる、香港のようなテーマの場所もある。これらの場所は、商店街のように見えるインテリアで、小売り店とレストランが混ざり合っている。台場一丁目で販売されている商品の中には、当時のような包装がなされている昭和三〇年代の東京で流行したお菓子や玩具がある。通りに並べられた装飾品は、注意深くテーマに沿っている——台場一丁目は神聖な神道の縄であるしめ縄のついた大きなイミテーションの樹木や小さな神社とその近くの自動販売機で売られているおみくじを含んでいる。台場小香港は、実際に香港に存在している数え切れないほどの商店やホテルのレプリカのサインが施されており、香港の道路標識のレプリカに向けられている詳細な注意は、信号、マンホール、そしてイミテーションの果物や野菜を飾っている屋台にまで及んでいる。そこにはまた小さな中国風の寺院があり、規則的に上空を低空飛行する飛行機の音までも録音によって再現されている。

　これらテーマ性のあるショッピング空間は、今や他の多くのアトラクション同様に、東京の若者がでかける人気のスポットとして、お台場のアトラクションとなっている。それらは多すぎてすべてをここに並べることはできないが、セガがバーチャルな乗り物とテーマパークの乗り物を提供しているジョイポリス、特に女性買い物客をねらって、イタリア風の通りと広場を復元して、「一八世紀のヨーロッパ」（二〇〇三年パンフレット）のテーマで造られたショッピング・センター、ヴィーナス・フォート、「江戸文化」のテーマに基づいた「大江戸温泉物語」と呼ばれる温泉センター、さらには「ウェディング村」――ヨーロッパ風の通りに似せて道をつくり、チャペルを備え、婚約と結婚に必要な店が並び、はじまりはその通りの入り口付近にある婚約指輪の店である。また、企業博物館と展示スペースを含むいくつかの博物館もある――中でも注目すべきは、パンフレットに「車のテーマパーク」と表現されている「メガ・ウェッブ」（トヨタ・シティ・ショーケース）である。ヴァーチャル試乗や、実際の車の試乗、F1モータースポーツのテーマと自動車の歴史に関する展示が提供されている。お台場では、合衆国やカナダに近年建設された巨大なショッピング・モールのように、リテール空間とテーマパークの間の境界がぼやけている[3]。しかし、テーマ性のあるリテール空間概念は、お台場では、テーマ性のあるリテールと娯楽が一体化し、全く新しい都市開発地域を覆うように拡大しているという点で、アメリカの超巨大モールよりも一歩先をいっている。

台場一丁目のデックス・ショッピングモール

再ブランディングされた空間への移動と異なる種類の空間の境界の曖昧さは、小売りや、ショッピング・モールやお台場のような小売りとレジャーのために最近開発された場所における現象に限られたものではない。古い都市の中心にある博物館や展示スペースを含むその他の空間もまた、ますますブランディングの実践課題となっている。収益性を考える博物館は、小売りとその他のサービスを徐々に拡大しており(4)、再ブランディングもこの動きの一部となっている(5)。そして、企業は、そのブランド認識を広めるキャンペーンの一環として、販売を明確には視野に入れていない展示空間を創造している。例えば、ロンドンのウエスト・エンドで行なわれたアウディ・フォーラムは、ブランディング会社の言葉によれば「アウディ・ブランドの視点でみた異なるテーマに焦点をあてる」という展示空間である（http://www.fitch.com/case_studies）。これらのテーマは、モータースポーツの遺産（一九三〇年代のオリジナル・レーシング・カーも出てきて）の展示や、「アイコン的」デザイン（アウディ車のスタイルを特徴としたものだけでなく、リヴァ・ボートやライカ・カメラのスタイル・アイコンも含めて）の展示などが含まれていた。その展示空間の目的は明らかに、様々な高級アイテムを用いて雰囲気を高め、アウディ・ブランドの質の高さを強調することであった。しかし、その空間は実際には売り場ではなかった。少なくともウェブサイトによると、その場で車の販売を行なうことは目的ではないが、「顧客が希望すればセールスマンと慎重に話をすることができる」というものであった（http:www.fitch.com/case_studies）。この種の空間は、その精神と内容において中牧［二〇〇三］が論じる企業博物館にとてもよく似ているように見え、前述した東京のお台場にあるトヨタ・シティ・ショーケースの展示空間の使用ともいくつかの点で類似している。

ブランディングは、個々の企業よりも広く拡大することもできる。一九九一年の水上温泉リゾートの例のように、町の再ブランディングキャンペーンと国や国際機関もブランドとしてみることができ、潜在的に再ブランディングがありうるだろうと指摘されている［Van Ham 2001］。その意味で日本も英国も最近ではブランディングの会社の議論の対象になってきた(6)。しかしながら、このようなブランディングの野心的な試みは、主に空間のブランディングについて建物環境という狭い視点に関心をおく本稿の議論を超えている。このより限られたコンテクスト内で、企業のブランド空間

とその利用法は、ブランドの創造にも関与し、ブランドを具体化する。[7] 空間そのもの

まず、空間とブランドには相補的な関係がある。ブランドの理想は、空間の創造に情報を提供するが、空間そのものの生産についての重要な点を挙げていきたいと思う。

ルフェーブルは、彼の影響力のある著作『空間の生産』の中で、空間はその中で可能な活動を制限し、「身体に指令し、身ぶり、または道筋、距離を規定あるいは禁止する」[Lefebvre 1991：143]。また、空間を利用する者の視点から空間はまずはじめに経験され、後で「読み込まれ」たり解釈されたりするだけであると議論している。このことから次の二点がわかる。一つは、ルフェーブルの視点の中の単に空間をテキストとして読み込むという空間への記号論的アプローチには問題があり、不自然なところがあるという点である。二つ目は、その空間の顧客や利用者の視点に焦点を当てるだけでは不十分であり、むしろ、空間が作られた方法、この作られる過程の中に隠されている政治力、つまり力関係を調べることが不可欠だという点である。ルフェーブルは、「この空間は、読み込まれる前に生産された、したがって、読み込まれ、把握されるために生産されたわけではなく、むしろ人々の身体や生活にその特定の都市の文脈の中に生かされるために生産された」と述べている [Lefebvre 1991：143]。

ショッピング・モールに関して、この問題はゴスによって取り上げられている [Goss 1993]。彼は、ショッピング・モールの建築物が買い物客の多様な行動を規制しうる方法について分析している。例えば、モールを通る人々の動きを方向づけたり、座ったりするような特定の場所で立ち止まったり休憩する機会を制限したりすることである。このことは、買い物の間の長い休憩をやめさせ、買い物客がもっと金を使うはずの食品売り場に方向づける [Goss 1993：34-35]。ゴスは、ドゥ・セルトー [De Certeau 1984] の空間に関する研究をほのめかしながら、次のように結論づけている。「ショッピング・センターは（中略）施設の力によって所有され制御されている戦略的空間である。それは、その性質から領地の定義づけと土地の収用と統制によって決まる」[Goss 1993：35]。

したがって、もう一つの重要な問題は、統制と究極的には力である。[8] ブランディングに携わる専門家の視点から求め

られている理想は、作られた環境のすべての側面を包含し統制する過程であり、既述したLandor Associatesのエグゼクティブ・クリエーティブ・ディレクターの言葉のように「ブランド計画に提携するために可能な感覚をすべて統制すること」と理解できる方法である。反ブランディングの運動家たちは、統制というブランディングの観点で意見が一致する。クラインは、「その核心において、ブランディングは、一方向のメッセージとして厳密に統制されている」[Klein 2002]。しかし、反ブランディングの視点では、この統制は、否定的で圧制的でさえあり、複雑性や多様性を消し、その輝かしい功績がしばしば搾取的なビジネスの現状を隠しているような大きな会社のグローバル・ヘゲモニーを支えている[Klein 2000]。

しかしながら、ブランディングの専門家と反ブランディングの運動家の両方とも、消費者に対するブランディングの過程とブランドの力、あるいはブランディングされた環境による統制を誇張しているといえるだろう。過去二〇年間、消費を主題とした多くの研究が出版されてきた。そして、研究者たちは、いかにして消費者が買っている商品の意味構造に貢献しているかを表現するのに骨を折ってきた(9)。そのため、商品は生産者やデザイナーや広告主の意図とは異なる使用によって多様な意味を得ているかもしれない(10)。同じようなことが空間の意味についても言える。ドゥ・セルトーは、都市について、「場所に関する物語は、間に合わせのものである。(中略)残り物は散らばった意味論的空間の破片によって装飾されるものである」[De Certeau 1993, originally 1984]と言っている。この議論はより広い都市環境、すなわち建設され使用されている方法がばらばらで全体的な統制ができない傾向にある環境に関連するが、ブランディングされたリテール空間というより統制された環境においてさえ、デザイン全体のなかでデザイナーによって効果的に配置された様々なものやシンボルは、日常の使用の中で解釈や実践が変化しやすいということが指摘できるであろう。この点は、本稿における中心的な問題を提示している。それは、ブランドのクリエーターかその対抗者によってブランド力が強調されすぎたことで、商品が消費されるのと同様に、商品や場が作り出され、ブランド化され、広告される過程を隠す傾向にあり、創作者の意図が明確に表示されることはない。

モーランは、広告に関して、単なる消費者操作としての広告についてのいかなる叙述も、広告が実際につくられる方法が複雑なために実際にはだめになっていると主張する［Moeran 1996］。モーランは、日本の広告代理店に関する民族誌的研究の中で、広告キャンペーンの制作には、その広告代理店とクライアント会社の間の関係と同様に、その広告代理店内部の多様な集団と個人の間での不一致と交渉、ときにはその広告を放映するメディア会社との交渉にも発展することも含むと指摘している。また異なったコンテクストだが、ロンドンの科学博物館での展示を計画してつくる過程に関するマクドナルドの説明も、同じことを意味している。彼女が調査した展示は、最後には交渉と妥協の結果で、デザインと内容への配慮同様に、その博物館内部の政治と力関係を反映していたという［MacDonald 2001］。

ブランディングにおいても、ブランディングされた空間が生産され消費される過程を調べることは重要である。広告と同様に、これは複雑な過程である。クライアント、ブランディングの会社、そのデザインを実行する土建業者、市場調査者、そして消費者自身といった、多くの集団と個人が計画段階（消費者の意見が求められる段階）とその後の段階（すでに作られたブランド空間を消費者が消費する段階）において関わっていく。巻き込まれた異なる集団間の交渉と妥協は、この過程が特徴的である。例えば、ロンドンのナイキタウンのデザインに関わったデザイナーの一人は、売り場としての床面積の割合を考慮しながら進める交渉があり、店が実際にどれほど売ることができるのかという販売を重視するナイキ内部と、マーケティングの道具としてその場所をみていたブランディングの会社の間に緊張関係があったと詳しく語ってくれた。さらに複雑な状況が、空間の使用方法と同じように、デザインの実行過程でも持ち上がってくるだろう。だから、新しく再ブランディングされた空間をデザインし実施する過程において意図していなかった結果がでる可能性も考えられる。つまり、空間は、デザイナーが当初計画したように使われない場合もある。例えば、クラマーは、シンガポールのショッピング・モールは、出稼ぎ労働者が集まる場所として使われてきたと述べている(11)。最後に、後に述べるテスコのベーカリーの事例研究でさらに議論を進めるが、デザイナーの導くコンセプトは、生産される空間のなかで常に簡単に「読める」というものではないのである。

ブランディングされた空間に関する既存の研究は、消費者に焦点をあてる傾向にあり、おおよそ記号論的アプローチをとってきた [e.g. Sherry 1998, Gottdeiner 1998]。それらの研究は、豊富な民族誌的記述と消費者の観点からの分析を提供している点では価値があるが、新しい「ブランドスケープ」の創造におけるデザイナーとブランディング会社の役割、そしてそれらの空間を消費者が知覚する方法に関しては、どちらかというと、研究されないままである。これには次のような原因がある。ブランド商品が作られていく過程に関わっている人々は、商品デザインの製作がどう行なわれてきたかという作業説明が出版されたとしても、どういった手順でブランド化が行なわれてきたか、また製作過程においてどういった意見の相違があったかということについてはあまり触れられないだろう。その上、部外者にとっては、ブランディング会社で進行状態にある仕事、とくに極秘の仕事の場合など、少なくともその計画が完成されるか工事が開始されるまでは接触することは難しい[12]。

本稿の次節以降では、二つの事例に基づいて、ブランディングされた空間が作られる過程を明らかにしたい。一つ目は、携帯電話会社の東京のフラッグシップストア（旗艦店）のデザイン計画であり、二つ目は、英国の主要なスーパーマーケットのチェーンであるテスコのベーカリー部門の再ブランディングである。次の説明は、デザイナーとのインタビューと記録文書とともに、東京にあるエンタープライズIGと呼ばれるブランディング会社の参与観察に依拠している[13]。これは、私の夫が東京オフィスのクリエイティブ・ディレクターだったためにできたことである[14]。最終的に、本稿の結論部では、ここで提示された事例を考慮に入れ、ブランディングされた空間の研究によって提起された理論的問題と可能性の議論へと戻る。

二　事例一　東京都内の携帯電話会社フラグシップストアの設計

このプロジェクトは、エンタープライズIGがコンペ（多社競合）に参加したものである。エンタープライズIGは、すでにこの携帯電話会社のブランディングに多角的に関わっており、そのため他の日本の大手広告代理店や小売り設計会社との競争の中、今回の新しいフラッグシップストアへの企画提案を委託されたのである。今回の企画に与えられた時間は非常にわずかであった。最初のブリーフィングから企画デザインのプレゼンテーションまでは一週間であった。この企画進行を手助けするために、社はエンタープライズIGロンドンで働いていた、経験豊富なリテールデザイナーを派遣した。そして私はこのプロジェクトチームに参加することを許され、時には意見を求められることもあった。以前、この携帯電話会社のための仕事で行なった市場調査に既に携わったことのあるエンタープライズIG社内からの小チームの編成でこの企画進行は始まった。出発点は消費者と消費者のニーズの分析だ。この会社の消費者は幅広い年齢とプロフィールであったが、討議した後、平均的流行を作り出す消費者、すなわち二六歳にターゲットを絞ることに決めた。これは若いユーザーは大人志向のために、より高額な二〇代三〇代向け商品の購入を見込め、一方で高年齢層は若く見られたい要求から、より若者向けのものを選ぶという予想に基づいての決定である。このグループにターゲットを絞ることを決定したことの別の要因は店舗の計画予定地であった。そこは特に若い世代に人気のある都内の流行発信地である。さらに、学生のような若者はビジネスマンのような他の消費者グループよりも日中の営業時間に訪れることが多いということも論じられた。最終的に流行を決めていくタイプの消費者である若者世代にターゲットを定めることはもうひとつのキーポイントである、この会社のブランドの核心に合うだろうと感じられることとなった。ここでの質とは「毎日が新しい発見」「変化」「開かれていて夢中になり、熱中できること」を含む。

このポイントから視点を移して、チームはいくつかの都心部の店舗を実際に調査して回り、既存の販売代理店の強みと弱点を明らかにすることを試みた。明らかになった強みは既存店舗、清潔感のある最新イメージ、店内の明瞭な機能的区分ではっきりした強いブランド力を含む。しかしながら、明白になった弱点は店の入り口がバリアーのように見えることや、逆に客が店を通り抜け、ちょっと覗いて見て回っただけで、必ず販売員から声をかけられ、買わされるのではと感じてしまうことであった。加えて、案内デスクが出口にあると、客はそこにたどり着くまでに店内全部を（そして販売員の前を通りすぎて）縫って進まなくてはならず、このことは買わされるという感じを強め、脅迫的に感じる。さらに加えて、顧客と販売員が隔たっているデスク、指定される席、どちらかというと堅苦しく、魅力の無い販売員の制服が否定的に感じられる。これらはブランド力を落とすものである。

プロジェクト二日目には、チームは企画中のフラッグシップストアのために可能性があるデザイン案に目を移した。まず、魅力的な外装である。通りから見られるときの、おそらくは動きのあるイメージ、あるいは通りから映画をみるイメージである。それははっきり見えるガラスを使用し、歩道の舗装のような「外装」に使う素材が続くことによって、入り口がより開かれていて、通りが店舗内へと延長しているような感じがするものである。店内自体は展示ゾーン、マーケットプレイス、コンピューターが設置してあり、来客が提供されている商品についてより詳しく知ることができるような発見ゾーン、カフェ、相談ゾーン、修理ゾーン、といった様々なゾーンがある。展示ゾーンは最新の商品に加え、おそらくはゲームや芸術作品などを含む、毎回変わるシリーズのイベントや展示を催すことを思い描いている。この空間の狙いは、人々の注意を引くことである。デザイナーの言葉を借りれば、携帯電話と必ずしも直接的に関係せずに人々に「わぁ！　おもしろい」と思わせることである。カフェはできるなら、待ち合わせ場所としてだけでなく、集まる場所として機能し、展示ゾーンとあわせて、顧客がより長く新しいフラッグシップストアに居たいと思わせることに貢献してくれることである。全体的に言えば、人々をひきつけるだろう空間を作ることの目的は人々がいったん来たら店内に居続けたいと思わせることである。また同時にチームはこの店に若々しい感覚を与えたいと思った。例えばスタッフを通じてである。彼らが着て、街を歩きたくなるような「かっこいい」制服、例えば、会社の色のTシャツなど今までのものよりもっと着心地も良いものが提案された。店内に使用される素材もそれぞれのゾーンの性格に合った様々な素材を視野に入れて討議されている。例えば、相談空間には木材のような柔らかい素材、他の場所にはガラスや金属のようなよりハイテクな素材を使用するといったことである。全般的に、提案された全てのゾーンの関連について、デザイナー達の討論を聞いてみると、店に「物語」を組み立てるとか、「ストーリー性のある」「ドラマ」感覚を創造するといった言及がよくあった。

三日目までにチームはデザインを実行する土建業者に彼らの考えを伝える用意をし、彼らのデザインの実際的な実行方法と見積もり費用について討議した。この後、詳細なフロア計画と製図が、フラッグシップストアの立地候補になっている二つのビルのために作成された。この二つのビルの異なる性格にしたがって、それぞれの地域も微妙に違いがある。一つのビルは高く幅狭く、もう一つのビルは二つのフロアに広がるより広大な空間である。部分的には空間に合うように一部変えられ、調整されたが、両方のビルには同じ指針のもとに、同じ全体計画で作られることになった。例えば、一階についての計画の一つは、入り口の近くに展示エリアを設け、店の後部にある「発見ゾーン」へというように導いている。一方で、その階の別の部分は最新の製品のディスプレイが特徴になっている。続く二、三日はクライアントへ提案されるデザインの仕上げに費やされた。

翌週、最初のプレゼンテーションが携帯電話会社に直接行なわれた。まず、ここで提案されたアイディアについて携帯電話会社から様々な質疑があり、プロジェクトは困難に陥り始めた。最初にクライアント側は販売とブランディングのバランスについて質問した。前述にあるような、直接的に販売に結びつかない、特に展示セクションやカフェ・セクションといった、たくさんの空間を含め、エンタープライズＩＧの計画に現れているブランディングである。これは、クライアントが実際に展示エリア、店内に大きな興味を起こさせるような、より魅力的な小売り環境を創りだす戦略としてのものだが、その背後にある理念を理解しているのかどうかということに関して、デザインチーム内で更なる議論を引き起こした。フラッグシップストアが行なうべきことについて対立する考えがあるように思われる。この会議では、クライアント側は販売を最大にする店を要求しているのに対し、エンタープライズＩＧはいわば「アンテナ」、つまり、ブランドメッセージを公に伝える何かを作ることを目的としているように思われた。クリエイティブ・ディレクターは「我々は彼らが新しいナイキタウンを要求しているのかと思っていたが、実は彼らはウォールマートを要求していたのだ」とコメントした。

ついで、クライアント側はエンタープライズＩＧの計画がターゲットにした消費者タイプ、すなわち、かなり若い、流行に敏感な二〇代の消費者に対して疑問を呈した。この点では、クライアントは主に若いビジネスマンを消費者としてひきつけたいと述べた。この発言は、彼らが進めてきた戦略と合わないように思われたので、デザインチームを混乱に陥らせた。この会議の結論で、デザインチームはクライアントから提起された点についての文書による回答を求められた。それはその後クライアント会社内で検討されることになった。

これは日本におけるブランディング会社がしばしば直面する問題に関係している。それは、彼らがクライアントの比較的権限の低い人々に対してプレゼンテーションを行なうように求められる点である。それから、クライアントは契約を裁定するかどうかについて実際に決定を下す上司に計画を持ち込むのである。クライアント内の意思決定者に直接プレゼンテーションを行なえないことは、重大な不利益としてブランディング会社の社員が経験することである。そして、これは特に日本で顕著である。少なくとも英国において、ブランディングはクライアントにとって非常に重要なものとみなされている。従って、ブランディングについてのプレゼンテーションは必然的に会社の社長クラスに対して行なわれる。モーランによると、日本の広告代理店にも、同様な問題がある。特にクライアント内でコンペの責任者が、もし意思決定者でない場合、その人の提案はどちらかと言えば保守的になり、広告会社の視点から見れば、ずっと効果的なものであっても、冒険的な方法を積極的に促進したり上司に提案したりは決してしないだろう［Moeran 1996：60］。

今まで手がけてきたプロジェクトのほとんどにおいても、ここで記述されたプロジェクトでも、エンタープライズＩＧは要旨説明を受けて、コンペ、プレゼンテーションを主にクライアント会社内では権限のあまりない人たちに向けて行なってきていた。その人たちは上司とデザインチームの仲介人としての役割を演じている。これはデザインチームにとって不満のたまるプロセスと感じられた。というのは、かなりの方向性の混乱が最初の要旨説明からずっとプロセスの全ての段階においてあり、そして彼らが望むようには直接彼らの考えを明確に提案できないと感じていた。今回のケースにどんな理由が含まれようとも、最終的にエンタープライズＩＧは契約できず、その書類を書く段階では、携帯電話会社に関する限り、結果的にどんなフラッグシップストアが作られるか、まだわからないままであった。

この簡潔な事例は、プロセス上の複雑さを際立たせている。その複雑性によって、本稿の最初で論じられたような小売と展示とレジャー空間を組み合わせたようなフラッグシップストアは委託されるかもしれないし、委託されないかもしれない。ブランディング会社内の制作過程以外にも、かなりのほかの要因が関わっている。使用可能な空間、予算、提案された材料の物理的特質による規制があった。仕事を依頼する会社もまた、財政的な責務やフラッグシップストアを造ることで達成したいと望んでいることに対する展望を持っている。異なる部署や個人間の社内交渉は言うまでもない。販売以外を目的とする空間の割り当てを論じるなかで、クライアント内の関連ある部署はそのようなアプローチの利益を確信しなければならないし、その過程においてクライアント内でなされる決定は、それに関わるブランディング会社から見れば、あまり明瞭でない。しかし、中でも、関係している意思決定者たちのそれぞれの思惑はもちろん、クライアント会社内の政治力がその決定に反映されやすい。そして、たとえ新しい店舗あるいは店内の一部のデザインが承認されたとしても、次の事例が示しているように、デザインの最終の実施と解釈にはさらなる交渉と妥協のプロセスが残っている。

三　事例二　テスコにおける宗教的メタファー(15)

テスコはセインズブリー、セーフウェイ、アズダと共に、英国の大手スーパーチェーンである。主な事業は食品の小売であるが、衣類、玩具、電化製品、スポーツ用品、大型店ではさらに照明や家具まで含むほかの商品も販売している。テスコは一九二四年ロンドン、イーストエンドの市場露店の所有者によって創業され、その後数十年で新しいスーパーマーケットスタイルの小売業におけるトップ企業の一つとしてその地位を確立していった。一九六〇年代に英国最初のスーパーストアを開店し、一九七〇年代までにはテスコは英国内ではよく知られるようになった。その成功は多大に創立者ジャック・コーエン氏の「高く積み、安く売れ」というモットーの上に打ち立てられた。しかしながら、ジャック・コーエン氏の戦略上の弱点は、このチェーン会社に非常に安っぽいイメージがあることだった。そして、一九七〇年代後半に、テスコは発展するためにはイメージアップを図らなければならない、そして「より幅広い消費者にとって魅力的な店」を作らなくてはならないと判断した（http://www.tesco.com/corporate info）。テスコは様々な戦略でこれに対応した。それは郊外のスーパーをさらに広げること、より広範囲の商品の取り扱い、よりゆったりとした通路とよりよい照明を導入するなどといった、既存店舗のリニューアルなどがある。これらの戦略は成功だったようで、社は市場でのシェアを伸ばした。

テスコは、拡大傾向にある程度従ってきた。英国では、一九七〇年代からずっと、全ての大手スーパーチェーンの間で、かつてないほど、より広範囲な商品を売る郊外型大型店の数を増やす動きがあった。しかしながら、今までにない大きな倉庫型スーパーが発展してくると、店舗は消費者を惹きつけ、つなぎとめるために新たな方法を開拓しなくてはならなくなった。セルフサービスの巨大倉庫型ストアの出現で、小売業の主眼点は機能重視――とくに便利さ――に移った。それはセルフサービスを念頭に置いた広い範囲の商品を簡単に手に入れられることである。そして街の市場スタイルの小売業に見られる感覚的なものは減少あるいは無くなる傾向にあった。一九八〇年代からは大手スーパーチェーンが消費者をひきつけるために互いに競争した結果、取り入れられた戦略の一つは店舗の内装をデザインしなおすことであった。よく行なわれたのは野菜果物売り場の位置を店の入り口近くにすることである。このことによって店に入る客に新鮮さの印象をすぐに与えるのである。ベーカリーが店内に設けられ、消費者に最も感覚的なインパクトを与えるように、パン焼きによって生じる良い匂いは店の前にはき出される。店内に様々な特化されたエリアの導入や見た目重視の場所――例えば惣菜カウンターあるいは、通路の最後に目玉商品を置くといったこと――で典型的な郊外型スーパーの構造のような箱を解体する動きもあった。一九九〇年代からは本物のパン屋、魚屋、肉屋に見えるようにしたパン、魚、肉を売る特別食品部門を大手スーパーチェーン会社は大々的に導入した。当時、多くの英国内の町の中心地では、パン屋、魚屋、肉屋はかなり稀になりつつあった——これは多大にこれらのスーパーとの競争のせいなのであったが。一九九〇年代半ばに、英国のあるリテール・デザイン会社がテスコの店内ベーカリーの再デザインを行なうように依頼されたのにはこのような背景があった。

しかし、おそらく驚くべきことに、デザイナーが新たなテスコの店内ベーカリーの基にしたモデルは、村や町の中心にあるパン屋ではなく教会だった。私への説明において、デザイナーの一人は宗教的空間について彼が考えていることを述べた。彼は宗教的空間を通る道程を「物語性のある旅」に比した。そこでは人が狭い入り口を抜け、その道はそれから広がり、人を導き、中心通路あるいはネーブ（教会堂の身廊）を経て、目的地——すなわちカトリック教会や英国教会の建築[16]にある祭壇へ向かう。この道程は劇的な側面を持つ。祭壇は舞台と同義に解釈することもでき、祭壇の後ろにはレレダス（装飾パネル）があるが、これは舞台セットの背景幕に同じとみなすことできるだろう。またこの空間には社会的ヒエラルキー（階層制度）も刻まれていた。教会内のネーブのどちら側にも会衆が座るための信者席がある。今日ではもはやないが、祭壇に最も近い、教会の前部の信者席はかつて社会的ステータスの高い人々、一般的に金持ち用であった。一方後部席は社会的ステータスが低い、すなわち貧しい人々のためのものであった。

これらの教会建築の側面はテスコのベーカリーの再デザインに組み入れられた[17]。パンを焼くオーブンは祭壇の役割を占め、レレダスとなる大きな装飾パネルと共に店舗の後部に位置する。オーブンの前には目玉商品が並ぶ。それは客をネーブの役割を果たす中央通路からずっと引き寄せるものになる。オーブンは常に使用され、手作りで焼き立ての印象を作り出すだけでなく、興味のもと、あるいは空間に「ドラマ」、すなわち来店客が見ることができるものを与える（実はテスコのベーカリーが売るうちの僅かしか実際にはこれらのオーブンで焼かないのだが）。祭壇としてのオーブンの位置づけによって、ここで焼かれるパンはキリスト教のミサで祭壇に置かれる聖餐式の聖なるパンに相似する位置を取ることになり、象徴的な価値を高めると解釈することもできる。生産されるパンは、パン製品の特徴を描いた大きな装飾パネルの使用でさらに強調される。中央通路のどちら側にもパン、ケーキ、その他のベーカリー商品のディスプレイ棚

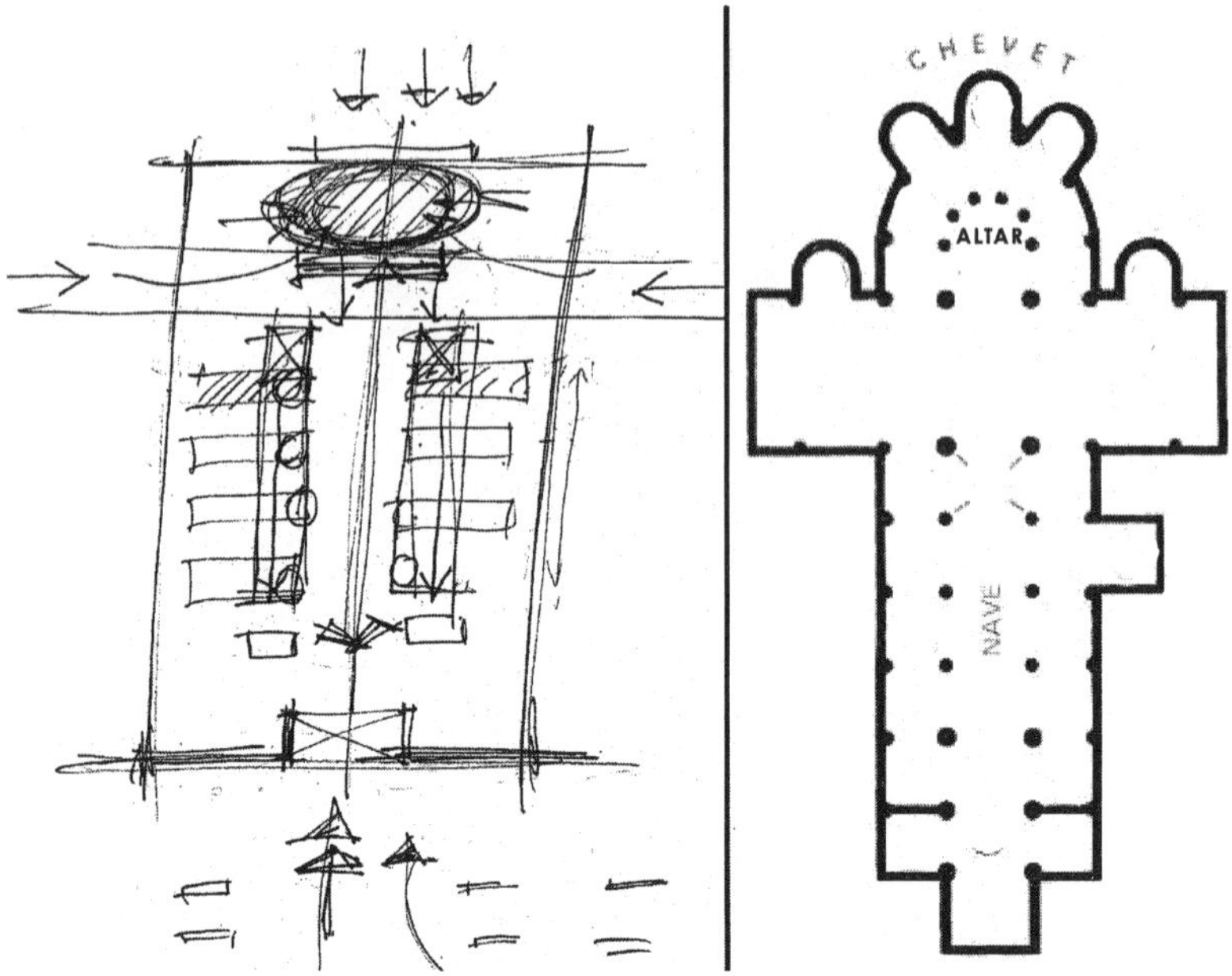

デザイナーによるテスコのベーカリーのデザイン・スケッチ（左）と教会のレイアウト図（右）。テスコのベーカリーのスケッチでは、オーブンが上部に描かれており、信者席のようにディスプレー棚が並んでいる。二つの図を比較すると、オーブンと祭壇が同じ位置になり、中央のオーブンに通じる通路は教会のネーブに酷似している

テスコ・ベーカリーのオーブン（上）。オーブンから一番遠くにあるディスプレー棚（右）には一番安いディスカウント商品が並んでいる

があり、信者席の場所を占める。デザイナーによると、このディスプレイの配列は教会信者席の古い社会階級制度にあわせ、より高価で贅沢な製品はオーブン（祭壇）の近くに、安価な商品はメイン通路（ネーブ）の後ろ近くに置かれ、ヒエラルキー的順番に従っている。

教会建築のモデルはこのようにテスコ内ベーカリーの再デザインに、明確な雛形を与えたが、実際にデザインを実行し空間を使用するさいには、数多く他の複雑な要因が入り込んでいた。イングランド南東部にあるテスコを多数見学して、私は全ての店で必ずしもベーカリーの通路がオーブンの中心へ直接に導いているわけではないことに気がついた。いくつかの店では、ベーカリーの通路はオーブンの一方にわずかながら外れていて、祭壇へと導く中央のネーブの効果を損なっている。なぜこのようにレイアウトが多様なのか、店のスタッフにたずねてみた。すると、本部から全般的な店のレイアウトのプランを伝えられたが、実行においては各店舗が利用できるスペースに応じて、レイアウトをわずかに変えてあわせなくてはならず、また店にある商品の種類にもよるという。そのために通路のアレンジもまたわずかに変わってしまったのかもしれない、とのことだった。教会モデルの原型からもっとも逸脱していた点が多かったのは、中央通路にあるディスプレイの商品の並べ方であった。教会内では信者席はネーブと直角に向かって並んでいるが、ほとんどの大型テスコ店では、商品棚は中央通路に平行に並べてあった。そのことで信者席を基にしたデザインは実際には九〇度回転されている。加えて、ベーカリー製品は、食パン、ロールパン、ケーキ、特製ケーキといったように違う分類に分けられている。それらは通路に沿って連続して置かれ、レイアウトをさらに複雑なものにしている。

しかし、このような限界はあるものの、高価な商品はオーブンの近くに、安価な商品は後ろにというレイアウトの原則は留めているようだった。例えば、プール（イギリスにある町）にあるテスコ店では、袋詰めされたパンの陳列についてはテスコのプレミアムブランド商品がオーブンの近くに置かれ、胚芽パンが続き、それから白い食パン、そして最も安い白い食パンはオーブンからもっとも遠く離れている、というように現代英国の認識、すなわち全粒パンや胚芽パンはより健康的で、より高価であり、中産階級と結び付けられ、そして白い食パンは安く英国の階級制度のより下層の人々に受けるという認識に、きちんと当てはまっている。オーブンからもっとも離れた通路の端にはさらに、そのときの特売のパン製品が陳列されており、安価なものや値引き商品がこの端に集中する感じを高めている。しかし本来、安い低所得者層向けのものとしての食パンのモデルは全ベーカリーセクションにいつも当てはまるわけではなかった。オーブンの前にある焼きたてパン用の陳列棚の真ん中に食パンが目立って置いてあり、麦芽パンや全粒パンが棚の脇に追いやられていることもあった。この配置の裏にある理由は、スタッフによると、食パンは他の種類のパンより、よく売れるので、客をひきつけるためにオーブンの前にある陳列棚の真ん中に置かなくてはならないのだそうだ。

何年もベーカリー部門で働いているスタッフとの話により、ベーカリー部門の商品陳列の陰にある原則に対する彼らの取り組み方、そして理解については、一層明らかになってきた。このデザインのモデルが教会建築であることに気が付いている人は誰もいないようだった。全体的なレイアウトに関する限りでは、彼らは単にこれは本部から決められただけだと説明した。彼らが気づいている陳列の配置に関する主な原則は、機能的で実用的だ。陳列は客の注意をひきつけなくてはならない。そして、どこに何があるのかを覚えやすくしなくてはならない。店が早く処分したい商品はベーカリー売り場を通る客の注意を引くためにオーブンから最も離れた通路の端に置かれる。通路に沿ってある陳列棚内は、より高い物は上段の棚に安い物は下のほうにと、棚の上から下まで順番になっていることを彼らは指摘した。特に子供をひきつけようとする商品は子供の目の高さに置かれるだろう。配置を改めて見直してみて、私はこれらの原則がまさに陳列に使われていることがわかった。結果として、もっとも高額なものはオーブンのより近く、上のほうにあり、安いものはオーブンからより遠く、下のほうになるように置かれていた。

何年もテスコで買い物をしている友人を含むテスコ利用客たちと話して、私はまたもや彼らも同じく教会建築がデザインのコンセプトであることに気がついていないことがわかった。そのことを彼らに指摘すると、何人かは認識することができた。「あらそうだわ。だからあれはネーブの役割をするのね」。そして、別の人々からは「なに馬鹿なことを言うの！」とか「それは単にデザイナーたちが賢すぎるのよ」のような懐疑的なコメントが発せられた。しかしながら、利用客がどのように空間を使用しているかを観察すると、彼らが言っていることに反して、デザインは効果的であるようだ。オーブンは確かに売り場の中心になり、人々はオーブンの辺りに向かって通路を進む傾向にある。そして、多くの人はそこで長居をし、そこに並んでいる高い商品を買うように仕向けられるかもしれない。総体的に、テスコ内部に一連の異なる関心事を与える戦略は利用客にうまく受け入れられているように思われる。テスコ自体は、一九九〇年代半ば以降、英国の食品小売のトップ企業であり、その地位を現在も保っている(18)。

最初の事例と同様に、ここで顕著になった点は、空間のブランディングに関わるプロセスの複雑さである。テスコの場合では、初めの設計段階からリテール・デザインの実施と使用への移行である。前述で示されたように、デザイナー達のもともとのコンセプトは各店舗における配置の物理的制限によって変更される。あるいはある商品を陳列する時の最適な高さとか、その時の特別な販売促進計画や、様々なタイプの商品の人気の順番などを考慮して、重ねられたり、複雑になったりする。さらに、前に論じられたいくつかのテーマ空間と違って、テスコ・ベーカリーのデザインはその利用者にとっては、スタッフであれ利用客であれ、比較的解読するのは難しい。このことはブランディングされた空間の解釈に関する厄介な疑問を続いて浮上させている。

結論――ブランディングされた空間の解釈

前述の事例を見てみると、最初に気づく点は、もしブランディングされた空間がテキストとして解釈されたら、それは交渉と妥協の過程を経て造りだされた複数の作者によるものであるということだ。その使用者による空間の解釈はデザイン・コンセプトを支えているものとは同じではないかもしれないし、デザイン・コンセプト自体が実施される過程でかなり変更されているかもしれない。そのため、顧客の目を通してそれを見るだけではなく、制作過程に関する考察をブランディングされた空間の分析へと、再度捉え直すことは重要である。ここで私はマクラッケン［McCracken 1988］

と意見が一致する。マクラッケンは、物質文化における意味は常に変動するものとしてみるべきであり、広告主からブランド戦略会社にいたるまで、消費者への商品紹介に関わる人々、つまり彼の言うところの「意味変動の媒介者」[McCracken 1988：72]、の役割にもっと注意を払うべきだと言うのである。

第二に、リテール空間のブランディングのアプローチに異なる方法があるのは明白である。本稿の最初で論じたように、東京のお台場やシカゴとロンドンのナイキタウンのようなテーマ性のある空間において、リテール空間は例えば、博物館の展示、香港の通り、あるいはマーケット広場といった何か他のもののように、あるいはそういったものを思い起こすようにデザインされている。さらに極端になると、そのような空間では本物と複製との区別はもはや意味が無くなり、幻影あるいはハイパーリアルというボードリヤールの考えを思い起こさせる[Baudrillard 1983]。例えば、東京の新開発地区のショッピング・モール内に昔懐かしい東京の商店街を再現した台場一丁目があげられる。そのような空間のデザイナーたちは来客者に不思議議な気持ちを抱かせることを目的としている。そしてこの空間を使った遊びの部分は視覚そして他の関連したことにスポットを当てている。これらの新しいタイプのリテール空間は、単なる買い物の場所としてではなく、遊びに出かける場所――買い物目的はかすんで観光へ――として意図されている。このアプローチがブランディングに利用されたとき、ナイキタウンやお台場の「Museum & Museum」の「キャプテン・サンタ」のように造られた空間がブランド・アイデンティティの強力な広告、かつ補強材となりうる。

他方で、テスコのようなスーパーマーケットの場合には異なる見方がある。それらは日用食品を買う場所としてみなされていて、レジャー空間ではなく、機能的空間である。ミラーは、彼が呼ぶところの「食糧の仕入」をするこのような場所で行なわれる買い物のタイプと、楽しい余暇の形態と消費者にみなされているショッピング・モールで行なわれる買い物を対比させている[Miller 1998：96]。スーパーでの食料品購買に関する議論では、客を長く留めることや眺めさせることについては少なく、スピードとコストについてが多い。どれだけ早くレジを終えられるか、平均売上価格はいくらかについてである。このコンテクストでは、ただ単に機能的であること以上にここで分析することはそんなに無いという考え方になりがちである。ミラーのインフォーマントたちは、彼が研究題材として「食糧供給」タイプの買い物を選んだことを繰り返したずねたという［Miller 1998：96］。

しかしながら、前述したように、このように見たところ機能的な空間でもデザイン化されている——この状況では、この空間が基にしたモデルはナイキタウンタイプの空間よりはずっとあいまいであるが。雛形として教会デザインをテスコのベーカリーに使う狙いは、テスコの中に似せた教会を造ることではなく、空間を構成する教会デザインから得たアイディアを使うことであり、最終的に消費者をひきつけ、彼らをベーカリー売り場へと導くことである。ここで、利用者の視点からでは、空間はそれが解釈される前に体験される、というルフェーブルの論は説得力があるように見える。しかし、テーマ性空間のようなリテール空間のいくつかのタイプは、利用者によって独自の解釈をするように助長するが、テスコや他の大型スーパーなど、他のタイプのリテール空間では、空間を構成するためにデザイナーが使用したアイディアはあまり明らかにならないかもしれない、という条件を付記するほうがいいだろう。

これは解釈されるためにデザインされた空間とそうでない空間との絶対的な比較ができるということではない。テーマ性のある空間でも空間の中に隠れた暗号化された意味の構造がより多く含まれている。それは階段、出入り口の位置、店内の警備、ある種の行為の禁止、または利用者が入ることができない隠れた「舞台裏」エリア、これら全てはデザインによる空間構造の例証である［Kowinski 1982, Goss 1993, Betsky 2000］。さらに、ベッツキーはこの種の暗号化された意味は隠されたままでなければならないと論じている。なぜなら買い物客が課された制約に気がつくと、デザイナーやストアプランナーが非常に努力して造りだそうとしていた消費者主体の幻想を壊してしまうかもしれないからだ［Betsky 2000：110］。しかし、テーマ性のある空間またはフラッグシップストアでは、この隠れた構造の意味が消費者によって解釈可能になるように意図されたデザイン、あるいはブランディング・システムとともに存在している。このような特徴は、テスコについて論述されたような、他のタイプの小売り環境とは別である。

それでは、ブランディングされた空間の解釈には作る側と消費者両方の観点のさらなる統合が必要になると考えるなら、この両者を仲介することができる何か共通するテーマがあるだろうか。モーラン［Moeran 1996］は、作る側と消費者両方の観点にある「価値観」に関する広告分析のために相似する難問を解き明かそうとしている。一方、マクラッケン［McCracken 1988］は意味の流れについて論じている。ブランディングされた空間の場合、記号論や構築された環境の「言語」あるいは「コード」についての概念に戻ることが有益かもしれない。だがそれは、空間の利用者はもちろんデザイナーの見方も組み入れてのことである。上記の資料を見直す際、またデザイナーとの議論の際に、話に出たブランディングされたリテール空間のなかで数多くのテーマが繰り返しでてきた。これらの中で主なものは物語的、劇場的テーマと、博物館や宗教的空間に由来した空間的表現形式の使用である。

ブランディングした空間を創ることについてのデザイナー達の議論を聞くと、主な関心は物語性であった。つまりその空間はどんなストーリーを語るのかである。それは、消費者がその空間を導かれて通る中で、そして使われる素材とイメージの中で、どのようにして具体化するのだろう。これは別のテーマ、すなわち劇場のテーマに関係がある。空間はどのようにしてドラマ的な興味を与えられるのか、魅力的なものにできるのか。博物館の使用、あるいはリテール空間内の展示スタイル要素は、劇的な雰囲気をかもしだす一助になり、しかも圧迫感を与えないようにする。ほとんどのリテール空間での公然のメッセージは消費者が買うように仕向けることであるが、展示あるいは博物館タイプの空間は、買わなくてはという直接的な圧力なしで、展示品を見るために、その空間にとどまり、漠然と商品を見るようにする。そこにはもちろん、さらに隠された動機がある。長く来店客が店内にいればいるほど、結局は何かを買うことになりやすい、というマーケティングの格言があるが、それに加えて、博物館が単なる小売りアウトレット店より高い社会的文化的目的を持っているものとして認知されるので、この種の空間的言語の使用はこの連想によって空間のステータスを上げる傾向がある。また、空間のステータスを上げることは、さらにブランドのステータスを上げることになる、あるいは、上げると期待される。シェリーのシカゴにあるナイキタウンに関する研究は、この戦略がある程度成功したことを示している。例えば、「シカゴを見物するときは、科学産業博物館、美術施設、またはナイキタウンへ行く」。そして

「これはすべて、ナイキ製品の完成度を表わしている。製品を披露するのにこれほど多くの努力を費やすのなら、それは実際に良いに違いない」とナイキタウンの買物客が言うのを彼は引用している［Sherry 1998：111］。

高級小売業界が博物館から派生した空間的言語を使用するのは、比較的わかりやすいが、宗教分野に由来した空間的表現形式の使用についてはどうだろうか。テスコのベーカリーを担当したデザイナーは、良い博物館とリテール・デザインは多くの共通点を持ち、教会設計で見られたような宗教的空間の主要な要素の中に共通の原型を共有していると主張した。すなわち、ストーリー性のある道程、祭壇あるいは注目されるステージ、そして祭壇周辺および空間の端の両方にあるドラマ的興味である。教会設計とスーパーマーケットの建築との類似点もまた他で指摘されている。英国の新聞『ガーディアン』紙上で英国のショッピング・センターについて記事を書いているジョナサン・グランシーは、北ロンドンのブレント・クロス・ショッピング・センター（一九七六年オープン）は「（教会の）ネーブや通路であるように見えるものと、また祭壇かもしれないワイン・バーを特色としている」と述べている（Guardian, September 1st, 2003）。この記事のグランシーを含めショッピング・モールについての多数の評論家が、スーパーマーケット・モールと大聖堂を比較している。例えば、コウィンスキーは、モールを「消費の大聖堂」（この用語は他の評論家によっても使用されている）と呼び、現代のモールは雛型として教会建築を使用するだけでなく、社会的集会の中心、または凝った建築や贅沢な内部装飾を見せるための公共広場にもなりうるという、以前に教会または大聖堂によって果たされていた社会的役割の多くをも実現するかもしれない。さらには古い宗教に代わって新しい「消費者宗教」をもたらすかもしれないと論じている［Kowinski 1982：218］(19)。

テーマ性のある空間とモールおよびフラッグシップストアには宗教的類似がよく喚起されるのに対し、テスコのような店には思い起こされることがずっと少ないということは興味深い。実際、前述のように、テスコ・ベーカリーの背後にあるコンセプトを教わっても、テスコの利用客には懐疑的な者もいた。これは、空間の生産とその解釈の間には何かしらの分離があることを示唆し、買物客が、バシリカ聖堂あるいは教会寺院とナイキタウンとをすぐに比較するにもかかわらず、テスコの宗教的空間との類似性になぜ気づかないのか、という疑問を呈する。モールの規模とその豪華な建築は一つの答えとなるかもしれない。しかし、その根底には「宗教的」だと人々が知覚するものについての問題がひそんでいる。ほとんどの人々が宗教的空間に連想する特性は神聖なもの、あるいは荘厳なものであり、私たちが日常の買い物をするスーパーマーケットにすぐに結びつけるような特質ではない。他方で、テーマ性のあるフラッグシップストア、あるいは新しい巨大なモールのような別の種類の店は、おそらく顧客に畏敬の念を起こさせるだろう。それでは、リテール空間と宗教的空間との間にある類似性を考える場合、どの事例にも、宗教的空間のどの部分について言及しているかが明瞭でなければならない。テスコの事例が示すように、その利用者に宗教的空間の印象を与えることはなくとも、宗教的空間からの種々多様な空間的表現の特徴を店に組み込むことは可能なのである。

最後に、ブランド自体の役割を再考する必要がある。本稿の初めに説明したように、ブランド専門家の視点から見て、ブランディングした空間を作るうえでのなによりも大切な目的は「ブランドの本質」であるとされるものを表現し増強することだ。それぞれのブランドにはそれぞれの性格と本質があるだろう。したがって、上流階級層のフラッグシップストアが畏敬の印象を与えることを目標としているかもしれない一方で、毎日の食料を供給する店はより身近なイメージを目指すかもしれない。望まれるイメージによって、そのイメージを喚起させるための異なる空間言語とシステムが使われるだろう。消費者による後の解釈は、テスコのベーカリーの事例からわかるようにデザイナーが使ったコンセプトのとおりにはならない場合もある。しかし（これもデザイナーの視点からだが）、このことは、顧客によって理解されたブランドの本質が成功裡に伝わるならば、必ずしも重要ではない。ここで目指している究極的な目標は、ブランドメッセージの統制である。しかし、すでに示されたように、実際には統制はブランディングされた空間が現実に作り出されるまでの複雑な過程のなかで完全なものではなくなるかもしれない。

どんな場合でも、理想としては、ブランディングされた空間によって表現された基本的な価値がブランドの価値である。つまり、ブランドは空間に包括的な記号体系と単一性をも与える。まさに異なるタイプの空間の境界を曖昧にし結合する、共通した一本の糸を形成するのがブランドなのである。その結果、ある特定のスペースが、店としてか、博物館としてか、テーマパークとしてか[20]、あるいは企業の神殿として見なされるべきかどうかはそれほど明確でなくなる。また、ブランド自体に、宗教的領域との他の類似点をこれからも見つけることができるかもしれない。つまり、ブランドは現代の企業の神聖な象徴であり、その価値の一部は、ブランディングされた空間によって、創り上げられるのだ。それに、（いくつかの）ブランドは別格で、深い敬意を払われ、含蓄の意味が多く、聖なる象徴の特性にふさわしいように見えるので、それらは反ブランディング運動家たちによってそのような懸念をもってみなされるのかもしれない。しかしながら、一方においてクライン［Klein 2000］のような著者が、ブランドが現代社会の重要な現象であることを強調するのは正しいことかもしれない。だが、本稿はブランドおよびブランディングされた空間が消費されるものとしてだけでなく、創り出されるその過程に一層注目する必要があることを示そうとしたものである。

〈付記〉本稿は拙稿「空間のブランディング」（中牧弘允編『経営文化の日英比較――宗教と博物館を中心に』平成一三年度―平成一五年度科学研究費補助金研究成果報告書、国立民族学博物館、二〇〇四年）の翻訳を改稿した。訳者の塩路有子さんに感謝申し上げる。

注

（1）「ブランディッド・エンバイロンメント」というのは、ブランディングの会社専門語である。しかし、本稿では、空間に関する既存の理論と概念的なつながりをもたせるために、空間のブランディングという語を使う。

（2）テーマパークについての詳しい分析はヘンドリー［Hendry 2000］を参照。彼女はレプリカの使用についても分析し、テーマパークと博物館のディスプレイ実践を比較している。

（3）巨大なショッピング・モールに関する詳細な研究はKowinski［1982］, Morris［1988］, Crawford［1992］, Satterthwaite［2001］を参照。

（4）カナダの博物館について書いたドゥアン、ジョイ、ロスは、「社会的な出会いの場所と文化的なデパートとしての美術館は、カナダに定着したアメリカ的アイデアであり、図書館、講堂、コーヒー店、セールスカウンターはそれらの建物にかなり共通している」と述べている［Duhaine, Joy and Ross 1995：388］。

（5）例えば、ロンドンのヴィクトリア&アルバート博物館は、より現代的なイメージを博物館に与える一環として一九八八年にPentagramによってV&Aとして再ブランディングされた。

（6）ロンドンのLandor Associatesは、二〇〇一年英国の再ブランディングの活動を行なった。一方、日本では、二〇〇二年に博報堂とWolff Olinsが「ブランドとしての日本」という査定を行なった。（http://www.wolff-olins.com/news2002.htm）

（7）コージネッツら［Kozinets et al　2002］の建築形式とブランディングの関係についてを参照。

（8）フーコーは、空間が力関係を反映し具現化する過程について論じている［Foucault 1979, 1984］。

（9）例えば、ダグラス、イシャーウッド［Douglas and Isherwood 1979］、アパデュライ［Appadurai 1986］、コピトフ［Kopytoff 1986］、ミラー［Miller 1987］、オルセン［Olsen 1995］を参照。

（10）この過程に関する詳細な事例は、スクーターの意味の変化についてのヘッブッジの論文を参照［Hebdige 1981］。

（11）J・クラマー（Clammer, J.）の「建築物に関する社会学的考察」（二〇〇三年上智大学で発表された論考）参照。

（12）この種のフィールドワークを行なうことの困難さは、マクドナルド［MacDonald 2001］やモーラン［Moeran 1996］が言うフィールドワークでの困難さと似ている。

（13）エンタープライズIGは世界的な広告とブランディングビジネスをしているWPPに属している。

（14）この個人的な関係で通常は手に入れることが難しいドキュメントなどを見ることができた。

（15）二節に論議された携帯電話会社のフラッグシップストアとの仕事に参加した英国人デザイナーは、以前に注目されている多くのリテール・ブランディング・プロジェクトで働いてきた。これらのうちの一つ、ロンドンのナイキタウンは、既に引用した。もう一つは英国のテスコベーカリーのデザイン変更である。今節の多くは、彼の報告に基づいて、このデザインの背後にあるコンセプトに関して述べた。

（16） ここで記述されている建築慣習はカトリック教会と英国教会両方の主流な教会建築について述べている。いくつかのプロテスタント派は意識的にこの種の教会デザインに対して異議を唱え、主流な教会建築の規制とヒエラルキー的な側面のために、その中心的要素を並び替えている。

（17） 店の後ろに買物客を引き寄せる目玉を置くことによって、客にそこに到着するまでに店のより多くの物を通って歩かせ、できれば途中でよりお金を落とすことを狙うのはよく知られた戦略である［Underhill 1999：83］。

（18） より視覚的な多様性を与えるために店のレイアウトを再考する同様の戦略を他の大手スーパーマーケット（例えばテスコのライバル、セインズブリー）も続いてとった。

（19） ヨーロッパでは、歴史的に宗教的空間と商業空間には関係があり、中世のころから、市や市場は教会や大聖堂の前の広場などでひらかれていた。

（20） ミュージアムとテーマパークとの境界線の曖昧さについてはヘンドリー［Hendry 2000］を参照。

参考文献

Aaker, D. A., *Managing Brand Equity*. New York：Free Press, 1991.

Aaker, D. A. and Biel, A. L.（eds.）, *Brand Equity and Advertising*：*Advertising's Role in Building Strong Brands*. New Jersey：Lawrence Erlbaum Associates, 1993.

Appadurai, A.（ed.）, *The Social Life of Things*. Cambridge, New York；Cambridge University Press, 1986.

Baudrillard, J., *Simulations*. New York：Semiotext（e）, 1983.

Betsky, A., "All the World's a Store：the Spaces of Shopping" in J. Pavitt（ed.）*brand.new*. London：V&A publications, 2000.

Crawford, M., "The World in a Shopping Mall" in M. Sorkin（ed.）*Variations on a Theme Park*：*The New American City and the End of Public Space*. New York：Hill and Wang, 1992.

De Certeau, "Walking in the City", extracted from The Practice of Everyday Life（Berkeley, Calif.：University of California Press 1984）reprinted in S. During（ed.）*The Cultural Studies Reader*. London：Routledge, 1993.

Douglas, M. and Isherwood, B., *The World of Goods*. New York：Basic Books, 1979.
Duhaine, C., Joy, A. and Ross, C., "Learning to 'See'：A Folk Phenomenology of the Consumption of Contemporary Canadian Art" in J. F. Sherry（ed.）*Contemporary Marketing and Consumer Behavior*. London, Thousand Oaks CA, New Delhi：Sage, 1995.
During, S.（ed.）, *The Cultural Studies Reader*. London：Routledge, 1993.
Foucault, M., *Discipline and Punish：the Birth of the Prison*. Translated by Alan Sheridan. New York:Vintage, 1979.
Foucault, M., "Space, power and knowledge", and interview with Paul Rabinow, translated by Christian Hubert, in P. Rabinow（ed.）*The Foucault Reader*. New York：Pantheon, 1984.
Goss, J., "The 'Magic of the mall'：an analysis of form, function, and meaning in the contemporary retail built environment" in *Annals, Association of American Geographers* 83：18-47, 1993.
Gottdiener, M., "The Semiotics of Consumer Spaces；The Growing Importance of Themed Environments" in J.Sherry（ed.）*Servicescapes：The concept of place in contemporary markets*. Lincolnwood, IL：NTC Business Books, 1998.
Hebdige, D., "Object as image：the Italian scooter cycle" in *Block* 5, 44-64, 1981.
Hendry, J., *The Orient Strikes Back：A Global View of Cultural Display*. Oxford：Berg, 2000.
Klein, N., *No Logo*. London：Flamingo, 2000.
Kopytoff, I., "The cultural biography of things：commoditization as process" in A. Appadurai *The Social Life of Things*. Cambridge, New York；Cambridge University Press, 1986.
Kowinski, W., *The Malling of America*. New York：Basic Books, 1982.
Kozinets, R. V., Sherry, J. F., DeBerry-Spence, B., Duhachek, A., Nuttavuthist, K., Storm, D., "Themed flagship brand stores in the new millennium：theory, practice, prospects" in *Journal of Retailing* 78：17-29, 2002.
Lefebvre, H., *The Production of Space*. Translated by Donald Nicholson-Smith. Oxford：Blackwell, 1991[1976].
Lury, G., *Brand Watching：Lifting the Lid on the Phenomenon of Branding*. Dublin：Blackhall, 1998.
MacDonald, S., "Ethnography in the Science Museum, London" in D. N. Gellner and E. Hirsch（eds.）*Inside Organiza-*

tions : *Anthropologists at Work*. Oxford : Berg, 2001.

McCracken, G., *Culture and Consumption* : *New Approaches to the Symbolic Character of Consumer Goods and Activities*. Indianapolis : Indiana University Press, 1988.

McCracken, G., "The Value of the Brand ; an Anthropological Perspective" in D. A. Aaker and A.L. Biel (eds.) *Brand Equity and Advertising* : *Advertising's Role in Building Strong Brands*. New Jersey : Lawrence Erlbaum Associates, 1993.

Marzano, S., "Branding = Distinctive Authenticity" in J. Pavitt (ed.) *brand.new*. London : V&A publications, 2000.

Miller, D., *Material Culture and Mass Consumption*. Oxford : Blackwell, 1987.

Miller, D., *A Theory of Shopping*. Ithaca New York : Cornell University Press, 1998.

Moeran, B., *A Japanese Advertising Agency* : *An Anthropology of Media and Markets*. Richmond : Curzon, 1996.

Morris, M., "Things to do with shopping centres", in S. Sheridan (ed.) *Grafts* : *Feminist Cultural Criticism*. London : Verso, 1988.

Olsen, B., "Brand Loyalty and Consumption Patterns : the Lineage Factor" in J. F. Sherry (ed.) *Contemporary Marketing and Consumer Behavior*. London, Thousand Oaks CA, New Delhi : Sage, 1995.

Owen, S., "The Landor ImagePower Survey : A Global Assessment of Brand Strength" in D. A. Aaker and A.L. Biel (eds.) *Brand Equity and Advertising* : *Advertising's Role in Building Strong Brands*. New Jersey : Lawrence Erlbaum Associates, 1993.

Pavitt, J. (ed.), *brand.new*. London : V&A publications, 2000.

Pavitt, J., "In Goods we Trust?" in J. Pavitt, (ed.) *brand.new*. London : V&A publications, 2000.

Rabinow, P. (ed.), *The Foucault Reader*. New York : Pantheon, 1984.

Satterthwaite, A., *Going Shopping* : *Consumer Choices and Community Consequences*. New Haven and London : Yale University Press, 2001.

Sherry, J. F. (ed.), *Contemporary Marketing and Consumer Behavior*. London, Thousand Oaks CA, New Delhi : Sage,

1995.
Sherry, J. F., “The Soul of the Company Store：Nike Town Chicago and the Emplaced Brandscape” in J. F. Sherry（ed.）*Servicescapes*：*The concept of place in contemporary markets*. Lincolnwood, IL：NTC Business Books, 1998.
Tanaka, H., “Branding in Japan” in D. A. Aaker and A.L. Biel（eds.）*Brand Equity and Advertising*：*Advertising's Role in Building Strong Brands*. New Jersey：Lawrence Erlbaum Associates, 1993.
Underhill, P., *Why We Buy*：*The Science of Shopping*. New York：Simon and Schuster, 1999.
中牧弘允「会社の神殿としての企業博物館――序論をかねて」中牧弘允・日置弘一郎編『企業博物館の経営人類学』東方出版、二〇〇三年。

Newspaper/Magazine Articles

Van Ham, P. “The Rise of the Brand State” in *Foreign Affairs*, September/October 2001.
Morrison, R. “Why I applaud this brand new view of Britain” in *The Times*, October 12, 2000.
Glancey, J. “Top of the blobs” in *The Guardian*, September 1, 2003.

Internet references

The Landor Lexicon 1995（http:www.landor,com/branding/index,cfm? action＝showLexicon）
http:www.fitch.com/case_studies
http://www.wolff-olins.com/news2002.htm
Klein, N.（2002）“The Spectacular Failure of Brand USA” posted on http://nologo.org, March 11 2002
http://www.tesco.com/corporate info

（塩路有子訳）

第5章　「社食」機能のフランス型拡充プロセス

―〝経営家族主義〟から〝新・社会的同志愛〟へ

市川文彦

はじめに

本稿の課題は、経営人類学的アプローチも意識しながら、先ず二一世紀初頭の、現代フランス・ビジネス・パースンたちの昼食事情、そして「お昼休み」事情を概観してから、今日、フランスでは三人に一人のビジネス・パースンたちが日参する「社内食堂」（または「社員食堂」＝いわゆる「社食」）の、一九世紀フランスにおける導入過程を検討することである。それは顧客向けの、店内「デパート食堂」以上に注目される存在となっていた。

ここでは、近代フランスを象徴した世界史上初の百貨店ボン・マルシェ（Le Bon Marché）の経営を手掛けたブシコ夫妻（Madame & Monsieur A. Boucicault）の有した宗教的倫理観、それと結びつく社会的名声（そしてカリスマ性）の確立が重要な論点となる。百貨店ボン・マルシェの瞠目すべき福利厚生施設＝大社内食堂こそ、この創業者夫妻の宗教性に彩られた倫理観の発露であり、かかる大社内食堂の存在は、創業者夫妻の名声醸成へと作用していたからである。

次いで、企業に於ける「社食」のフランスにおける機能拡張化・多重化傾向について吟味していく。一九世紀から今日にかけての近代企業、現代企業での「社食」がもたらす様々な諸機能、とりわけ主として社内向けの機能＝〝組織内効果〟について検討する。

パリの老舗デパート「ベル・ジャルディニエール」外観（*Guide Joanne de Paris*，1891，p.40に掲載の同社広告より）

さらに、元来、各社の社員向け福利厚生施設として出発した「社内食堂」、そして、その補完物としての「食券」が、その基盤である「会社」の域を超えて、社外と新しい関わりを創出していく、これまでにないプロセスに注目していく。ここでは主として社外向けの新たな機能＝〝組織外効果〟の有力なもの、すなわち「社食」「食券」による新たな社会貢献のチャンネル化に留意していく。いわば新・〝社会的同志愛〟（*Neo Camaradisme social*）の装置としての「社食」、「食券」の現代フランス社会におけるダイナミックな働きに注意を払う。

最後に、本書全体のテーマである〈会社文化〉と〈宗教文化〉の関わり合いについて、幾つかのキー・ワードを用いてまとめを試みる。

一　現代フランスの昼食事情と社食

一体巴里〔パリ〕市中、銀行、会社すべて正午から午後の二時までは昼休みで、その間、自宅へ勤め先から帰って食事をするものもあれば、近所のカフェーで食事をするものもあるので、百貨店も昼の十二時になると直ちに入口を閉じてしまうが（後略）。（石渡泰三郎『歐米百貨店事情』一九二五年、一二六頁、〔　〕内は執筆者による補語。以下同）

先に触れたように、本章の主たる課題は、一九世紀から一部の経営者によって、その制度化が模索されていた社内食堂、社員食堂（以下、社食　と略す）の、現代フランスの経済社会における位置づけを、その史的経過と共に吟味することである。

この課題に接近していく前に、先ずは今日のフランスにおけるビジネス・パーソンたちの「社食」利用状況の現状を概観しておこう。社食の現代フランスにおける位置を測るという作業は、すなわちフランスのビジネス・パーソンたちの、毎日の昼食の実態を検討することであり、また今日のフランス企業における社食の在りようを確認していくことを意味する。

そこで、初めにフランスの「サラリーマン」、すなわちビジネス・パーソンたちの、昼食のとり方と昼休み時間の過ごし方について、次いで社食の整備状況とその利用度を探ってみる。先ず、フランスでの消費行動分析を手掛ける研究機関CREDOC等による調査を切り口に、現代フランスのビジネス・パーソンの昼食事情をみてみよう。

なお本節は、国立民族学博物館・二〇〇二年度共同研究「会社文化のグローバル化に関する人類学的研究」プロジェクト（代表者・中牧弘允教授）での研究報告「フランスのビジネス・マンと〈社食〉事情――〈社食〉から展望しうるもの」（二〇〇二年七月一三日）、および同博物館・二〇〇四年度共同研究「会社文化と宗教文化の経営人類学的研究」プロジェクト（代表者・中牧弘允教授）での研究報告「食事に観えたる、フランスの社食文化――その歴史、その周辺をめぐって」（二〇〇四年七月一〇日）を基礎にしている。その際に頂戴した研究会同人からの様々な御教示、とりわけ史料に描かれた人々の会話内容吟味に向けての経営人類学的手法の援用に関する中牧弘允氏のコメント、「中食《なかしょく》」状況他に関する日置弘一郎氏のコメントに、改めて御礼申し上げる。


昼食事情その一．彼らは、どこで食べるのか？

さてフランスのビジネス・パーソンたちは、昼食をどこで、どのようにとっているのであろうか？　論文「働く者たちの昼食：勤務成果確保のための午餐コース」（消費者動向に関する専門誌“LSA”に所収）［*LSA* 2006：40-45］に示されるCREDOC全国調査データ（二〇〇四年）は、現代フランスにおける諸特徴を浮き彫りにしている。先ずビジネス・

パースンたちの半数は、二一世紀初頭の今日でもなお、お昼休みには一旦「昼食一時帰宅」をしていて、自宅で昼食を摂っている［*LSA* 2006：40 以下］。

この「昼食一時帰宅」組は、同調査データによれば全勤労者の五一パーセントにおよぶ。もちろん、この数値は大都市圏のみならず、全国の地方都市圏、農村部をも含むものである。つまり大都会と比べて、自宅との往復が時間面で容易な環境と、お昼休みの長さ、すなわち相対的にゆったりとした「お昼休み」を享受しているであろう地域の存在が、勤労者の半数をして「昼食一時帰宅」組化せしめていると、推測される。ちなみに「お昼休み」の「昼食一時帰宅」は、元来、農民達の労働慣行に由来してきた。中島俊克氏によれば、農民は日中時間が長い農繁期には、涼しい早朝と夕方に集中的に働く。そして「暑い昼間は休憩に充て」て、「正午から二時までの昼休みに正餐をとる習慣」が確立していたのであった。この状況が、この第一次産業部門にとどまらず、第二次、第三次産業部門へも波及して、労働者の二時間の「お昼休み」と、「昼食一時帰宅」が習慣となっていたのである［谷川・渡辺　二〇〇六：三五一］。

次に、残る半数の勤労者（四九パーセント）の昼食事情は如何ようなのか？　同調査データが映しだす興味深い状況は、（自宅に戻ることなく）職場にとどまって昼食を摂る勤労者のうち、その六割（＝すなわち全勤労者の三割に相当）が、社内の簡易食堂（Cantines）を利用しているという点である［*LSA* 2004：52-53］。

つまり、このデータを手掛かりにすると、全フランスの勤労者の三割が、自社の社食を日々利用するとともに、全体の半数が「昼食一時帰宅」をしていて、自宅と会社間の一日二往復を日々敢行していると推定されるのである。その他（＝残りの二割）の人々は、自宅にも社食にも足を向けずに、後述のようにサンドイッチ等を職場で頬張っているか、社食以外の、街のカフェテリア、喫茶店で軽食をとるものと推量される。

「社食利用率」三〇パーセントという全国平均水準値も、当然、国内の地域差、その事業所の立地状況（街中に在るのか、山間部か）とその規模差、その職場の性格（工場勤務か管理事務部勤務か）の違い、その産業部門の違いがもたらす様々な状況上の差異の可能性への注意を要するものである。例えば事業所規模によっては、この平均「社食利用率」

は、社食制度自体の有無も与って、三〇パーセントに達しない場合も、これを大いに凌駕する場合もありうる点に、十分留意しておきたい。

昼食事情その二　社食または昼食支給の諸形態

それでは、（様々な例外ケースも潜むところの）全国平均値たる「社食利用率」三〇パーセントの実態が、如何なる形で成り立っているのか、社食の存在形態について検討してみよう。

現代フランスのビジネス社会における「社食」は、大別して、次の二つの形態として存在する。①一つは大企業に、しばしばみられる、その本社・支社（あるいは大規模支店・営業所）が入る自社ビルまた賃貸ビル内に、「社食」を設定しているケースである。この場合、当該企業が占有する専用「社食」である場合と、また同一ビル内に存在する他社と共同利用・共同運営するタイプの「社食」のケースとがある。パリ新都心デファンス地区の大企業群などでは、共同利用タイプの「社食」が散見される。また都市部に立地のルノー・テクノセンターには専用「社食」が備えられている。

②もう一つは、製造業で数多く認められる、工場内の専用「社食」である。トタル社（石油業）およびトヨタ・フランスなどが該当。工場専用「社食」は、近代期北部製鉄業での事例が典型であるように、百貨店などで見出された充実した「大従業員食堂」と並ぶ存在であった。一九世紀以来拡充されてきた、それらは福利厚生施設としてのフランス企業における「社食」制度の原点に相違ないのであり、経営者の意図、その精神の吟味――本章の主たる課題の一つ――をも含む、その整備化プロセスと背景の解明が今日のフランス「社食」制度の性格規定を明らかにしていくことであろう。

さらに以上の二種に加えて、今日広く認められる事例は、企業自らが「社食」を設けずに、「社食」施設の「外注化」をつうじて、福利厚生策としての、従業員への昼食給付を果たしていくやり方である。すなわち食券＝契約レストラン・チケット（ticket de resto）を、企業が従業員に支給して、市中の（複数の）契約レストランを、いわば〈街中の「社食」

表1　求人票（パリ市内及近郊、2007年7月）中の、〈食事〉支給条件

	職務内容	地位	業種	〈食事〉支給条件
①	情報処理	臨時雇	旅行業、ホテル等	〈社食〉利用可
②	会議運営助手	研修	会議設営サーヴィス	研修中の食住条件付
③	情報処理	正社員	接客秘書業務	食券支給
④	電話応対（販売）	契約社員	社会貢献NOG	食券支給
⑤	Vテープ編集	研修	報道機関	食券支給
⑥	販売	契約社員	市場調査業	食券支給
⑦	電話対応	正社員	製造・販売業	食券支給
⑧	販売助手	研修	販売管理業	食券支給
⑨	寄付受付・広報	正社員	広告業	昼食券8ユーロ支給
⑩	販売助手	研修	販売業	食券支給
⑪	販売	正社員	地域開発	弁当保証
⑫	行事案内係	正社員	接客秘書業務	昼食支給
⑬	行事案内係	正社員	接客秘書業務	食事支給
⑭	販売促進	契約社員	情報関連販売業	食事補助

出典：AFIJ “*Annonces Sélectionnées*：*Emploi desJeunes Diplômés*”, le08 juillet 2007,（若手学卒者向け求人情報）より作成

群〉として利用していく方式である。この方法は、企業にとっては「社食」整備＝つまり「社食」内部化の経済的コストの軽減に資する。その半面、従業員が〈街中の「社食」群〉に分散するために、後述するような「社食」が擁する様々な機能に、従業員が与かれないことも意味する。

さて、上記の「社食」また「昼食支給」の整備状況を、諸企業の「採用・雇用条件」情報から確認してみよう。ここでは、福利厚生条件の記載が比較的豊富な、パリ地区新学卒者向けの新規求人八六件（＝正規雇用、臨時雇、研修生を含む求人状況、二〇〇七年七月上旬現在）のリストの中から、「社食」整備、「昼食支給」の提示状況を検討する。

先ず、全サンプル八六件のうち、「社食」、「昼食支給」を謳っている事例は、一四件（全件の一六パーセント）にとどまった。そのうち「社食」整備を明示しているのは一件のみであった。しかしながら、残る七二件の求人の中には、「雇用条件は今後の〈相談〉にて決定」、「社内規則に準拠」と表記されているものも少なくなく（一九件＝二二パーセント）、これらの中には、正式な雇用・研修契約後に、「社食」利用、「昼食支給」を保証していく事例を含む蓋然性が、大いに認められる点にも留意しておく。

昼食事情その三「昼休み」と昼食所用時間の関係：その時間配分法を巡って

現代フランス昼食事情の、もう一つの特徴は、ご多分にもれず昼食に費やされる所用時間が、この国でも短縮化しつつあるという点である。

一九七〇年代後半と比べ、二〇〇七年の時点での昼食所要時間（推定値）は、一八分間と予測されていて、これは三〇年前の昼食時間の半減以上に当たる［*LSA* 2004：52-53］。フランス人のアングロ・サクソン的慣習化（Habitudes anglo-saxonnes）と指摘される所以である［*LSA* 2004：52］。

昼食時間短縮化の動きは、様々な軽食、つまりサラダ、サンドイッチ、ヨーグルト、スープ等をはじめとする各種スナック類を昼食とする、〝スナッキング〟（snacking）［*LSA* 2006：40］の進行を伴っている。日本で近年みられる「中食《なかしょく》」を以て、昼食代わりとする現象と似かよる。

先に引用した論文「働く者たちの昼食：勤務成果確保のための午餐コース」によれば、この〝スナッキング〟現象は、昼食時間短縮化への対応策としての側面ばかりではない。これに加え、（法定週間労働三五時間制による）より短くなった所定勤務時間内での労働生産性向上のため、という背景もある［*LSA* 2006：40 以下］。より直截的にいえば、昼食後の、午後の仕事の能率維持・向上のために、ビジネス・パースンたちによる自発的選択として昼の手軽な軽食化が図られているのである。満腹感による午後の気怠さからの回避行動選択として。

同論文の副題である〈勤務成果確保のための午餐コース〉とは、すなわちこのような〝スナッキング〟現象、軽食化が、今日のフランス・ビジネス社会での新たな昼食スタイルになりつつある現状を示唆したものである。二〇〇四年以降、フランスのビジネス・パースンたちが〝スナッキング〟を昼食とする割合も、一五パーセントから四九パーセント（二〇〇六年）へと上昇している。新種の〝スナッキング〟として、〈パン抜きのサンドイッチ〉への嗜好もみられる。この

表2 「昼食時間」調査：1978−2007年（予測）

	1978	2000	2002	2007（予測）
フランス	41分間	23分間	――	18分間
英国	――	39分間	29分間	――
アイルランド	――	――	39分間	――

出典：Eurest 資料、CREDOC 資料、市川文彦「食事に観えたる、フランスの会社文化」報告資料（2004年7月10日、於　国立民族学博物館）より作成

現象も、大西洋の対岸側（＝アメリカ合衆国）における、〈パン抜きのハンバーガー〉人気に呼応する、フランス的対処法であろう。また、温かな加熱したスナック類（＝スープなど）も、昨今、職場で好まれつつある。もはや電子レンジは、仕事場で不可欠な、新たな福利厚生上の備品になりつつある。

これまでにみた「昼食所用時間の短縮化」、また「昼食の軽食化」は、「お昼休み」の意味合いと深く関わっていく。それは、三〇分間から一時間の「お昼休み」に占める「昼食所用時間」と「食後の食休み時間」との関係である。つまり、今日のフランスのビジネス・パースンたちは、「お昼休み」を大切な気分転換タイム、心身のリフレッシュ・小タイムとして活用したいと考える者が増えつつあるのである。この動向は、「昼食一時帰宅組」の場合も同様である。お昼の在宅時間三〇分間の時間配分法として、「自宅での正午に、勤労者は残りの二〇分間に別のことをするために、一〇分間以内での短めの食事を望んでいる」傾向がある［*LSA* 2006 : 40］。

そして、この「お昼休み」中の、「食後の食休み時間」をターゲットとする、すなわち新市場として開拓していく新規ビジネスも既に展開中である。ワンセグ受像携帯電話機、超小型携帯テレビ群が、「食後の食休み時間」関連新市場へと、大いに売込まれる最中なのである［*LSA* 2006 : 41］。

このような「お昼休み」内の時間配分法の変化こそ、今後、社食のあり方をはじめ、勤労者への昼食支給パターン、そして勤労と休息との関係を、左右していく大きな要素になろうと考えられるのである。

二　史上初の百貨店、史上空前の大〈社食〉――〈Christianism の倫理と博愛主義の精神〉のある実践

さらに遠方で、バック通は、サン・ジェルマン大通と交差します。そのずっと南側で、巨大なる建物に収まっているのが、百貨店ボン・マルシェなのです。（『パリ観光ジョオンヌ版ガイド』一八九一年、六六頁）

先に概観したように今日のフランスでは、平均して三人に一人のビジネス・パースンが勤務先の〈社食〉を利用している。

ビジネス社会への寄与度高い、この身近な厚生福利施設がフランスの経済社会で、どのように登場して定着していったのか。そして、社食運営上の〈哲学〉、〈精神〉が、どのような基盤に拠るものであったのか。これらの問いかけは、本書のメイン・テーマである「会社文化」と「宗教文化」の具体的関連性の考察を進める上で、〈社食〉が、両文化の結節点の一つとしての働きを為すか、吟味していくことに重なってくる。

さてフランスにおいて、このような従業員専用〈社食〉の設置が散見されるようになるのは、ようやく一九世紀後葉に入ってからである。とりわけ、人里離れて立地していた大鉱山で、あるいはまた、新設された大規模工場で、様々な形態をもつ社食が設けられた(1)［大森　一九九六：一八〇以下、「口絵」］。

世界史上初の百貨店「ボン・マルシェ」（著者撮影、2007年９月）

本節では、このような動きの代表例の一つであり、その存在が当該企業の「会社イメージ向上」にも大きく貢献したところの、首府パリで創業された世界初の百貨店（一八五二年創業）＝ボン・マルシェ *Le Bon Marché* における社食を採り上げて検討していく。当時の世間の耳目を集め、（同店側の積極的演出も手伝って）新聞紙上にも登場した〈社食〉の例を、である。

世界初の百貨店での、〈社食〉、そして〈デパ食〉

百貨店ボン・マルシェの〈社食〉が画期を為す所以は、先ずもって、それが（社食設定が模索されてきた）鉱山、工場のような鉱工業とは別の産業部門（商業）での、〈社食〉の嚆矢となったからであり、それはまた都市商業界で、その後の〈社食〉モデルとなっていった点である。

そして、もう一つ注意すべきは、この〈社食〉の特質が、近代期のニュー・ビジネス＝百貨店業経営そのものの成長プロセスに、例えば百貨店でのもてなし役・店員たちの陶冶システムにも、深く組み込まれながら――すなわち〈社食〉の教育機能をも――形成されてきた点である。

なお後に触れるように、近代フランスのデパート業、とりわけ史上初の百貨店ボン・マルシェの〈社食〉は様々な機能を担ってきたことを特徴としている。百貨店発祥の地・フランスでは百貨店〈社食〉の充実ぶりが、従業員を大切にするデパートという、企業イメージ向上に結びついていたのである。日本のデパート文化史と比較して、ここで興味深いのは、もう一つの店内食堂＝顧客向け「デパート食堂」（いわゆる〈デパ食〉）の、近代フランス百貨店業での地位である。当時のフランスのデパートでは、その従業員用〈社食〉の整備、制度化と、その「定評」「名声」が先行していて、これに従うようにして、〈デパ食〉は後から整えられていった過程を経る。百貨店ボン・マルシェも、同社に遅れること半世紀後に開業した百貨店白木屋（一六六二年創業、一九〇三年デパート営業）、三越（一六七三年創業、一九〇五年「デパートメント・ストア宣言」）も、共に衣料製造・販売業を、その前身としていたが、百貨店経営における「デパ食」の位置づけ、集客手段としての活用法については、彼我の間で大いなる相違が存在したことになる。

三越による「お子さまランチ」（正式名称「御子様洋食」）発明（一九三〇年）をはじめ、近代日本の百貨店は、白木屋にせよ三越にせよ、また阪急百貨店（大阪）にせよ〈デパ食〉を戦略的に用いて、家族連れ買物客にとっての新たな魅力ある空間とする点をアピールしていった［宮野　二〇〇二：七五―七八］。これに対して、近代フランスの場合は後に再言するように、同じ一九三〇年代初めには、顧客の階級上昇志向意識に応えて［鹿島　一九九一：一四五―一四七］、買物客向けの豪華な高級「店内レストラン・喫茶室」を設えたが、これは集客効果を狙うというよりも、採算を度外視した顧客サーヴィスとしての存在にとどまっていた［D'Ydewalle 1965：109］。

ここで、当時（一九二二年）のパリ〈デパ食〉事情を現地で見聞した、極東からの、ある同業者の印象記を紹介しておこう。白木屋百貨店大阪支店幹部・石渡泰三郎の観察である〔石渡　一九二五：五―六〕。

日本の百貨店の食堂大繁盛は日本だけの特徴で、之は適当な食事を取る料理店の日本に発達しない結果である、欧米共に各百貨店は悉《ことごと》く相当建築物に応じた面積の食堂を経営して居るが日本のやうに食事時に非常に混雑するやうなことはない、寧《むし》ろ却ていつも空いて居るくらゐで、而も食堂内に男子の姿を見る事が全く稀だ、食堂に一人男子が食事をして居るなどは誠に気がつまるやうな心持ちがする。

石渡のコメントは、さらに続く。

もう一つ日本の百貨店などと違って倫敦〔ロンドン〕でも巴里〔パリ〕でも百貨店の食堂で葡萄酒を売ってくれることである、女給仕が献立表の註文を聞きにくる序に、ワインはとかお飲み物はとか尋ねる、壜入りの葡萄酒を抜いて立派な食卓で食事をするところは一寸貴族的な感じがある。

すなわち日仏間での、百貨店業のスタート時期が異なること、またこの印象記も説くように、その当時の百貨店顧客層の違い（日本の買物客＝大衆・家族連れ、フランスの買物客＝上流への上昇志向）、その背景として経済社会としての成熟度（一九三〇年における一人当たり実質GDP：フランス四四八九ドル、日本一七八〇ドル）〔マディソン　二〇〇〇〕の差異、等々が要因となって一九三〇年代における日仏両国デパート業による〈デパ食〉に込められた意図と、その整備の方向性は少なからず異なるものになっていったと推察できる〔市場史研究会　一九九八、『市場史研究』二〇〇〇〕。

社食の実態

さて、百貨店ボン・マルシェの「名物」と化した「社員食堂」（社食）は、如何なるものであったのか。その一端を、当時の新聞記事（＝実は百貨店側による宣伝記事である点に注意）にみてみよう。

店に住み込みの従業員は自身が望めば、朝には、ポタージュ、カフェオーレまたはココアによる「朝食」（premier déjeuner）を摂ることができる。「昼食」（déjeuner）では、全従業員が、肉の皿に、野菜、デザートを摂る権利を有した。「夕食」(diner)には、さらにもう一つのポタージュと、サラダ、そして女子従業員は、さらに菓子の皿をとる。商品や、業務から求められる迅速さの故に、何人かの従業員は、肉の皿を、自分自身で探してとって、次いで、食堂の百名ほどの給仕が野菜を配る。従業員は、希望すれば、五〇歳になったらば、ある一日に限り、〔食堂へ〕一名の同伴者を伴うことができる[*L'Illustration* 1889]。

さらに、この無料の大規模「社食」への食事供給を司っていた大厨房の様子についても記述が残っている。炊事用具は、ガルガンチュア〔巨大怪物〕を夢想させるものである。最も小さな鍋で一〇〇ℓの容量であり、最大のものは五〇〇ℓである。一度に牛肉五〇kgを蒸し焼きにする鉄板や、三五〇枚の背肉を焼く器具がある。一時に一〇〇kgのジャガイモを揚げる大皿もある。朝食用だけで、オムレツを作るために、七千から八千個の卵を割るのである(同右記事)。

このようにして、創業・経営者ブシコ氏に関しては、「彼(=ブシコ氏)は、世間の人々に対しては誠意を以て、また従業員に対しては優しさを以て、結びついていた」とイメージ化されるのであった。この表現も、実は同社宣伝記事(後述の「レクラム」)になるものだが、これが必ずしも百貨店側の一方的宣伝にとどまらずに、世の好意的反響を獲得していたのが実態であった点は留意に値する。社会全体においては、かかる〈社食〉の充実ぶりも手伝って、百貨店ボン・マルシェそのものと、その創業・経営者夫妻の手腕と人徳への、このような高い人気、好印象が抱かれていたわけである。その証左の一つは、ブシコ未亡人の一八八七年の死去にあたり際だって示されることになる。実に多数の、二万人を超える市民参列者を数えたのであり、それは、まさに国葬並の葬儀[北山 一九八五:二四二]に他ならなかったのである。

さて、このように叙述された無料大規模〈社食〉は、四つの食堂に分かれていて、百貨店新館四階に新設された。そのうち、男子店員用大食堂は、一時に八〇〇人の店員に食事を供しうる規模のもので、天窓が取り付けられた明るい清潔な空間の中には、マホガニー製のテーブルが設えられていた。食事は、女子食堂とは異なり、セルフ・サーヴィス方式であった［鹿島 一九九一：一八八―一九〇］。さらに、給仕による食事サーヴィスが施された女子店員用食堂、百貨店内作業場の女子工員用食堂があった。そして、もう一つの食堂は、百貨店の給仕、馬丁、御者など、現業部門労働者用の食堂であった。これらの食堂区分が存在したが、その食事メニューに食堂間の差異はなかった。

また職階の異なる売場主任や（店員の仕事ぶりも評価する）店内監視係も、それぞれ店員食堂で部下らと共に、同一のメニューで、食事を摂っていた。ただし売場主任、店内監視係の専用テーブルにおいて。

食事の内容は、常に栄養価の高い充実したものとなるよう、経営側の配慮が為されていた。例えば夕食としては、ポタージュ、肉あるいは魚料理、付け合わせの野菜、サラダ、そして半リットルのワイン（女子食堂では希望者のみ）が、無料で供されていた。このような内容は、一九世紀中葉当時の近代フランス労働者が平均して摂っていた食事内容を超えていたように思われる。例えば労働者以上に過酷な日課をつとめる兵士らの給食の貧しさ、カロリー不足は、しばしば彼らのアルコール摂取＝飲酒によって補われていた。この悪弊を軍隊内から取り去ろうと、軍医たちが軍内給食の改善に取り組んだのは、ようやく一九世紀末のことであった［Aymard 1993：301-302］。

百貨店の店員、労働者は、（住み込み従業員の朝食と共に）昼食・夕食を、これらの食堂に分かれて無料で摂ることができた［*L'Illustration* 1889：3、4、6、7、8 画］。なお、このような従業員の〈昼食の形態〉と彼らが所属する企業の組織的特質との関係については、日置弘一郎氏による興味深い分類仮説がある。[2] それに従えば、ボン・マルシェは、その前身の流行新服店（*Magasin de nouvauté*）時代以来の、住み込み従業員も抱えた、いわば「賄い付型」（近世日本の大商家パターン）に相当しよう。さらに当初、夕食は、この大〈社食〉で摂ることが全従業員にとっての「義務」とされていた。しかし従業員側の要望――夕食は、自宅で家族と共に！――によって、この「義務」も緩和され、夕食については従業員たちの選択に委ねられることになった［鹿島 一九九一：一九〇―一九三］。

さて五五〇〇人におよぶ全従業員の、かかる各〈社食〉での食事は、昼食（九時半、一〇時半、一一時半）、夕食（五時半、六時半、七時半）共に、三交替制に拠っていた。各食堂の物理的収容能力の制約と共に、店内業務も、各売場で

ボン・マルシェ百貨店の女子店員社内食堂（“*L' Illustration*” 紙1889年８月10日付記事より）

ボン・マルシェ百貨店男子店員社内食堂の厨房の様子（“*L' Illustration*” 紙1889年８月10日付記事より）

三班に分かれて進められていたためである。ただし、現業部門労働者食堂については、業務の性格から、このような交替制に拠らず、常時、食事ができる体制になっていた。

もう一つ、世間の注目を集めた、この大規模〈社食〉が当時のフランス経済社会に与えた影響は、企業内での定時の昼食時間の確立である。先にみたように、百貨店ボン・マルシェでは、三交替制による三つの時間帯での昼食時間の設定となった。この状況は、近代フランスで一九世紀中葉から始まった作業場（atlier）、工場（usine）での時間管理の徹底化による労働規律の確立とも、重なり合うものであった。すなわち多くの事業所での、従来までの従業員の都合本位の、仕事・作業中での随時の食事スタイルから、「昼食時間」の定時化、確立化の流れへの大きな変容［Aymard 1993：306-307］を、百貨店ボン・マルシェの高名な大規模〈社食〉は、後押ししていく存在の一つともなっていた。

ボン・マルシェ〈社食〉：その効用

史上初創業の百貨店での、この充実した大規模〈社食〉は、確かに、経営者自身の若き日の困難な経験を前提としていたものであり、また後述の如く、キリスト教倫理観に根差した「経営家族主義」の精神の発露として整えられてきた。それと共に、創業・経営者ブシコ夫妻は、この費用負担も大きい〈社食〉設営に対して、様々な〈社食〉効果への望みももち、その運営の過程で見いだされた〈社食〉の諸効用に期するところがあった。

その大要は、次の四つの機能にまとめられる。

①〈社食〉による、従業員健康管理のための無料昼食・夕食の、現物支給機能。かかる現物支給機能により、飲み代、遊興費と化してしまう恐れの多い「食事代手当」支給（現金）に代えて、従業員全体の健康管理を、より確実に促進できた。あるいは〈社食〉での無料食事提供による、賃金支出抑制機能［Miller 1981］。

②〈社食〉での三交替制の食事時間をつうじた、従業員勤務・三交替制の円滑化促進機能（＝〈社食〉食事時間による従業員労働リズムの安定化機能）［北山　一九八五：二四二］。

③〈社食〉（と様々な従業員向け娯楽）をつうじた、従業員相互のコミュニケーションの場機能［鹿島　一九九一：二〇四―二〇七］。

④経営者のメッセージ、方針を伝える場としての、教育機能［*L'Illustration* 1889等］。

この③の点についていては、次の引用をみてみよう。緻密な取材ノートによって、当時の百貨店業界を活写した文豪エミール・ゾラの小説『ボヌール・デ・ダム百貨店』（一八八三年）からの一齣から［ゾラ　一八八三／二〇〇四：四三二］。

彼［＝店員ドロッシュ］は小間物売場の店員たちの話をしていた。それで食卓全体が陽気になった。一口食べては、べたべたする口で、皆が一言挟み、尾ひれをつけ始めた。黙っているのはしつこく新聞を読んでいる連中だけで、夢中になって鼻を紙面に突っ込んでいた。

創業・経営者夫妻は、夫妻自身のキリスト教倫理観に基づく「経営家族主義」の精神によって、このような破格の充実ぶりの〈社食〉を設えるに至った。それとともに、夫妻は、〈社食〉設営による、ここで吟味した従業員向けの諸機能、様々な効用、すなわち多様な「社内効果」にも冷静に留意した。同時に、後述する世間への宣伝材料にもなって、企業イメージ向上にも大いに寄与（＝「社外効果」）することになる、かかる大規模〈社食〉の運営を重視する経営戦略を採っていたのである［鹿島　一九九一：一九一―一九三］。

〈社食〉に観えたる〈宗教文化〉、〈会社文化〉

さて、本章の大きな課題の一つは、同店創業・経営者ブシコ夫妻が、このように充実した当時としては破格の規模と質を誇る〈社食〉を設けた「動機」の吟味であり、その「〈社食〉運営思想」の解明である。そこに、如何ばかりの宗教的要素が潜むのだろうか。

先ず、その「動機」について。前項でみたように、〈社食〉が単なる従業員向けサーヴィスとしての存在を超えたものになっていた実態、また、この店内施設が企業経営上、必要不可欠となる「労働の再生産」装置以上の様々な機能、効用をもたらしていたことに、この経営者らは、はっきりと気づき、冷静に認識していたのである。すなわち同社の〈社食〉制度も、一九世紀フランスの一部企業での経営管理を特徴づけていた「経営家族主義」たる経営パトロナージュ、経営パテルナリスムとしての実践の一つとして始まったが、それは百貨店経営に、当初の意図を凌駕する様々な効用をもたらした。少なくとも同店において経営パテルナリスムは、単に、経営者による従業員向けの慈悲へと、止まるものではなかったのである［原　一九八〇：第Ⅰ部第四章・第Ⅱ部第一章、岡田　二〇〇七］。

おそらく、かかる大規模な〈社食〉導入のために要する「初期投資」や、「維持費」支出以上の便益が確保されると判断していたのであろう。それ故に、その後もボン・マルシェの〈社食〉は、世間を含めた社内外の定評を獲得し続けながら、多大の費用負担によって維持されるのである。〈社食〉の帯びる有用な諸機能への着目と認識こそ、店内での〈社食〉制度化、維持の「動機」となったと推定される。

さて問題は、このような「動機」を持たせるに至った、この動機づけの後景に存在する創業・経営者夫妻の「〈社食〉運営思想」の中身である。彼女らの言動からすると、〈社食〉運営の精神は、特定の宗派、教会への帰依を発露とする熱意溢るる信徒としての確信的宗教実践に表れたとすべきではない。その「運営思想」は、むしろ当時の経営者層全般に大きな影響を与えていた社会的カトリシスムも包摂するところの、そしてカトリシスムのみに拘らぬ、幅広い博愛主義に則った「経営家族主義」の確実な追求に帰結されたと捉えるべきであろう。

ボン・マルシェ百貨店創業者ブシコ夫人像（子どもに話しかけている女性）。同デパート前のブシコ広場にて（著者撮影、2007年９月）

確かに、この経営者夫妻は、経営上の節目、節目ごとに、例えば同百貨店新館の開館式典（一八六九年九月九日）でもみせた如く、「神の恩寵」への感謝の念を世に明らかにしてきた。曰く、

ここに建立される、この特別な建物に、私は博愛主義に基づく組織をあたえることを切望いたします。私は、日頃より、努力を常に成功という冠で包んで下さった神に感謝申し上げたいと願っておりました。私が同胞に奉仕する気持ちで臨みさえすれば、この組織によって願いを実現できるものと確信しております。（新館礎石への碑文）［鹿島　一九九一：一八六］。

神への感謝を誠実に挺していこうとする夫妻は、しかしながら、必ずしもカトリック教会のみに限定することなく、様々な宗派におよぶ宗教諸組織との関係を同時に大切にしようとしていたのである。それは、ブシコ夫人の次の言葉からも明らかである。

私は、各人の幸福と繁栄に必要不可欠であると確信する宗教上の信念を促したいのです。このような考え方を持ち、宗教的使命のために、首府における様々な宗派の使徒の方々＝神父さま、牧師さまを助けるのを望んでおります。

この言葉どおりに、彼女は、その存命中のある折に、パリ、カーン、その他の街のカトリック教会への寄進と共に、パリのユダヤ教会へ一〇万フランの、またプロテスタント教会へも一〇万フランの寄付を為していた。さらにギリシャ正教会へも二万五〇〇〇フランの寄付を行なっていたのであり、以上の各寄進については記録が残っている［D'Ydewalle 1965：100］。

このように、史上初の百貨店経営における従業員向け福利厚生システムの中核に位置した、無料大型社員食堂は、社員住宅、寮、社内年金制度の充実ぶりと共に、百貨店ボン・マルシェと、その創業者ブシコ夫妻の存在を、深く印象づけるほどのものとなった。そして、この福利厚生システムをもたらした経営家族主義、経営パテルナリスムの思想的、哲学的基盤は、先にみたように、ブシコ夫妻の場合には、（社会的カトリシスムへの留意と共に）カトリシスムにとどまらぬキリスト教的倫理観であり博愛主義の精神に他ならなかった。

さて本書全体のテーマである〈会社文化〉と〈宗教文化〉との関係という観点から、このボン・マルシェの事例は、どのように捉えられるだろうか。先ず〈会社文化〉の点からすれば、新たなデパート商法を、その才覚によって創造したばかりでなく、創業・経営者として従業者の待遇改善を考慮し、また社食をはじめとする様々な社内福利厚生システムの諸機能に、さらに会社経営への効用にも留意した上での、経営家族主義、経営パテルナリスムを積極的に実践したことが、同社の特質になると指摘しうる。

それでは同社における、この〈会社文化〉と結びつく〈宗教文化〉のあり方とは？　同社の〈会社文化〉を特徴づけた経営家族主義、経営パテルナリスム実践上の思想、哲学は、先述の如く、ボン・マルシェの創業・経営者であるブシコ夫妻が帰依する特定宗派に基づくものではなかった。当時の社会的カトリシスムの影響を受けつつ、同時に、様々な宗派との関係維持をも意識しながら、この創業・経営者夫妻は、大規模無料〈社食〉をはじめとする画期的な福利厚生システム創りをつうじて、その〈会社文化〉を構築していったのである。すなわち、この〈会社文化〉に連なっていた〈宗教文化〉は、ボン・マルシェの場合、特定宗派に拘らぬ幅広いキリスト教的倫理観と、博愛主義の精神を、その中核に据えていたのである。同社の〈宗教文化〉は、これらに拠りながら形成されていたといえよう。

後にみるように、二一世紀フランスのビジネス社会における〈社食〉、また同じく福利厚生システムの一環として支給されるレストラン・チケットも、その現代的機能の多様性が、今日改めて注目されている。興味深い現象は、「新・社会的同志愛」と称しうるものへとつながる、現代の〈社食〉、レストラン・チケットの広範なる社会的機能の展開も、近代期ボン・マルシェでの事例と同様に、特定の宗教・宗派との直結に拠って推進されるのではないことである。信仰の有無とは関わりなく、時に確固たる宗教的信念によって、時に幅広い倫理観によって、そして寛容な博愛主義の精神によって具体化されることで「新・社会的同志愛」の実践が、日々重ねられていく。この現象については、後節で触れる。

このように、ボン・マルシェの「会社文化」は、百貨店の前身であった流行新服店時代に確立された新商法を編み出

高級感漂う百貨店プランタンの喫茶室（1930年代、*Larousse Commercial Illustré*, Paris, 1930より）

す革新性や、以上にみた広報・宣伝活動の重要性への先覚的な着目を、その特質としていた。さらに、かかる「会社文化」は、この百貨店創業当時の社会風潮を反映して、社会カトリシスムの影響をも含む創業・経営者夫妻自身のキリスト教倫理観に基づいた、同社の「宗教文化」とも融合しつつ形成された。その買物客向け「デパ食」以上に、世の注目を集める存在となった同店名物の〈社食〉をはじめとする、充実した福利厚生システムの設定こそ、同社の「宗教文化」と重なり合ったボン・マルシェ独自の「会社文化」に他ならないのである。まさに〈Christianism の倫理と博愛主義の精神〉の、一つの実践例が同社の「宗教文化」であり「会社文化」であった。

〈社食〉による企業イメージ形成と広報戦略

本節の冒頭でも触れたように、史上初の百貨店ボン・マルシェにおいての大規模無料〈社食〉は、その内容とシステムの充実ぶりから、世間の耳目を大いに集める存在であった。すなわち同店〈社食〉は、その創業・経営者自身の意向によって設定、運営されたのであり、社内においては従業員の待遇改善、それによる彼らの志気向上を引き出す効果を有した。

さらに、社外向け、世間に対する効果として、この〈社食〉の存在は、同社の先覚的、革新的で、優れた福利厚生制度のシンボルとなっていた。この著名なる〈社食〉によって、百貨店ボン・マルシェは、その会社イメージの向上を、そして創業・経営者夫妻の人徳と博愛精神のあり様を、世に広く伝えることができたわけである。同店への買物客用に設けられた（当初）無料の「飲み物サーヴィス・コーナー」——後日、買物客向けデパート食堂へと「発展的解消」するに至る[*Larousse Commercial Illustré* 1930 : 903, 鹿島　一九九一：一四三—一四五]——、以上に、〈社食〉は顧客の、社会の関心を広範に集めた施設であった。大社内食堂と厨房は、今や人気の同店社内見学者コースの一部に、組み込まれる程であった[鹿島　一九九一：一八六]。

百貨店プランタンの現在の喫茶室（同社資料より）

同社の〈社食〉、福利厚生制度の評判は、顧客の同店への注目をより促すばかりでなく、同社へ熱意ある、質の高い就職希望者を、集めることも可能にする作用もあった。歩合制と固定給制を組み合わせたユニークで、相対的な高額賃金を可能にする給与制度とも相まって、充実した〈社食〉は就職希望者の吸引要因の一つとなっていたから、総じて「店員希望者はひきもきらず」という状況であった[鹿島　一九九一：一七五]。

すなわち〈社食〉は、従業員向けの〈社内効果〉と共に、世間向けには、従業員を大切にする「佳き会社」イメージを付与しうる〈社外効果〉ももたらす貴重な存在となるに至った。この機会を、広報・宣伝の効用を十分に自覚していた、広告戦略家としての経営者ブシコ夫妻が見逃すはずはなく、目ざとく〈社食〉を大いに宣伝材料として、用いていたのである。

その顕著なる例は、新聞媒体を用いた、積極的宣伝術であった。百貨店創業時の第二帝政期（一八五二―一八七五年）、つまり一九世紀後葉当時に、流布していた有力な媒体の一つが、週刊絵入り新聞であった。百貨店ボン・マルシェは、この絵入り新聞の、広告以上に読者への訴求力があった「レポート記事」で、同社を採り上げてもらうことに意を用いた。

ボン・マルシェによる「広報戦略」の様々な実践例は、さらに次のような形式でも認められる。この当時、しばしばみられた事であるが、記事の対象となる側が予め「ルポルタージュ（＝レポート）記事」を作成しておいて、あたかも新聞記者が取材、執筆したかのような体裁にしておいた上で、紙上に、かかる「記事」を掲載しておく手法である。このような「馴れ合いの宣伝記事」をレクラム（réclame）と称するが、百貨店ボン・マルシェも、このようなレクラム掲載を活用した［鹿島　一九九一：一二八―一二九］。今日の新聞社広告局が、企業側の求めに応じて、有料で広報用の特製記事＝「企画記事のページ」を作成する手法へとつうじているようであり、現代の「企画記事」の原型は、かつてのかかる「宣伝記事」の昇華に拠っているのかもしれない。

例えば、筆者が本章において吟味した週刊絵入り新聞の一つ、『イリュストラシオン』紙（*"Illustration"* 一八八九年八月一〇日付）掲載のボン・マルシェ〈社食〉紹介記事の一部は、一語一句違わぬ、同一の文体とともに百貨店が後年、公式編集した『ボン・マルシェ小史』（*Historique des Magasins du Bon Marché*, 1903）の叙述中に、そのまま再見される。つまり『イリュストラシオン』紙上の記事は、元々、百貨店宣伝部が事前に作成しておいた文書に他ならず、この文書がそのまま『ボン・マルシェ小史』に、後日（＝一四年後）収められていくことになったのであろうと推量される。

百貨店宣伝部が事前作成した、このような「記事」が同時期に複数の新聞に掲載される事例も散見された。ちなみに本章で検討した史料の一つ、前出の週刊絵入り新聞『イリュストラシオン』紙に載ったもの（一八七二年三月二三日付及び三月三〇日付）と、全く同じ文体、同一内容の「記事」が、それぞれ同日付で発行された週刊絵入り別紙『ル・モンド・イリュストレ』（*Le Monde Illustré*）にも掲載されていたのである［鹿島　一九九一：一二八］。

三　現代フランス企業における〈社食〉機能の多重化――その組織内効果

週内労働時間は削減されたが、労働の質は切り下げない。ということであれば、フランス人は、昼食時間を削り、消化に伴う気だるさを回避するために、食事内容を軽めにしている。とはいっても、真の休憩を為すことも忘れてはいない。（*LSA* 誌、一九七三号、二〇〇六年一一月、四〇頁）

本章冒頭で触れたように、今日では平均して、フランスのビジネス・パーソンの三人中一人が〈社食〉で昼食をとっている。前節では、この、現代のフランス・ビジネス社会で重要な役割を担う〈社食〉の、その定着プロセスの事例を近代期百貨店業にみた。検討対象とした百貨店ボン・マルシェは、フランスにおける〈社食〉の制度化自体に大いに寄与し、またその〈社食〉は、同店の企業イメージ向上をも、もたらす結果となったことは、先に吟味したとおりである。そして、この近代〈社食〉の制度化と結びついた様々な機能、諸効用は、今日のそれを、先取りしていたのであり、その革新性が確認できる。

この節では、二一世紀のビジネス社会の状況に戻って、現代フランス企業の〈社食〉が有する機能、すなわち〈社食機能〉の実態、とりわけ、その社内向けの効果、つまり〈組織内効果〉について考えてみる。

先ず最初に指摘しうるのは、今日の〈社食機能〉の多くが、前節でみた百貨店ボン・マルシェの〈社食〉によって、一九世紀中に既に実現されてきた状況である。つまり、先にみた如く百貨店ボン・マルシェにおいて、近代期〈社食〉は、充実した福利厚生システムの代表例として職場環境の向上をもたらすと共に、従業員の健康管理にも資する働きを示していた。

近代期〈社食機能〉は、最早このような「従業員再生産プロセス」への寄与に限定されることなく、〈社食〉が（従業員向け娯楽の設定と共に）従業員相互のコミュニケーションを深める場として作用することも期待され、かつ実態として、そのように機能していたのである（さらには百貨店ボン・マルシェの場合、先述のように充実した〈社食〉を、企業イメージ向上の宣伝材料としても位置づけていた）。

同じ近代期の鉱山業では、外国人労働者使用の観点から、彼らの労働力としての陶冶、職場への定着を進めていくことが重要であった［大森 一九九六：一七〇］。そのための労務管理政策として、〈社食〉また簡易食堂も重要な労働条件の一部として組み込まれていった。〈社食機能〉という点からすると、鉱山業でみられた、このような外国人労働者陶冶のための施設としての役割も付加されよう。

さて、それでは今日の〈社食機能〉として、さらに付け加えられるものは、何であろうか？ 現代の〈社食〉を巡る諸議論から、次の二つの機能が挙げられる。

企業内の一体感創出の場としての新機能

百貨店ボン・マルシェ〈社食〉で、既に近代期に見出されたものの一つは、従業員間コミュニケーションの場としての機能であった。これを超えて新たに期待されるのは、社内の一体感を創出しつつ、組織活性化をもたらす機能である。フランスに進出した日系メーカー、トヨタ自動車の事例に、それをみてみよう。以下は、トヨタ・フランスを取材したラジオ・フランスの記事（二〇〇一年）の一部である［Radio France 2001］。

『〈日本時間〉が流れる、ヴァランシエンヌ』和風《ニッポン》ソース添えの、とある工場：第二節

世界第四位の自動車メーカー、トヨタにとって、ヴァランシエンヌ（フランス北部の町。トヨタが進出し二〇〇一年一月に操業開始）の用地は、彼地が二一世紀的な生産単位となることを予示している。あらゆる事がらが、職階制ヒエラルキー上の差異を、消しゴムで消去する如く消しさった。すなわち労働者と幹部とは、同一の駐車場に車をとめ、同じ社食（Cantine）で食事を共にして、全ての部屋は開け放たれている。このようなことは、少なくとも、ニッポン的集団の帯びる方向性についての様々な約束事である。しかしながら、〃トヨタ的モード〃は、さらに彼

方へと進む。すなわちサラリーマンは、その地位が何れであれ、会社が指定した色の〔作業〕服を着用することを大いに奨励される。ごく自然に、全構成員を対象とする、同じ制服について。

毎朝、二分間の体操が作業場近くに設定された体操室で行なわれる。体操指導員は、いつでもいる。（後略）

この取材記事から明らかなのは、トヨタ・フランスでの〈社食〉はじめ、社内の「駐車場」、「作業服」にみられる共同利用性、統一性を、本記事が肯定的に捉えている姿勢である。かつて一九七〇年代に日本経済の国際的プレゼンスの高まりと同時に、ヨーロッパ側から、しばしば揶揄されたニッポン式集団主義へのあからさまな批判は、ここでは見当たらない。

とりわけ〈社食〉と共に、「駐車場」、「作業服」等々をつうじて「職階制ヒエラルキー上の差異」を、「消しゴム」を用いるが如く、消していくことに記者の大きな関心が払われる。つまり〈社食〉等の、ヒエラルキーを超えた全社的共同利用が、社内の一体感を創出しつつ、組織活性化をもたらす機能に、記者は期待しているのである。かかる新機能を伴った「二一世紀的な生産単位」実現への予見とともに[3]。

社内の雰囲気、変化を測る場としての新機能

〈社食〉の、もう一つの今日的機能は、〈社食〉が会社という組織の「雰囲気」、「変化」を測る格好の場として、である。〈社食〉は社内の多くの人々が行き交う空間であるため、いわば社内の空気を捉える「高感度バロメーター」装備の「社内百葉箱」としての機能をもつ。

人事コンサルタント会社ＤＤＩのジル・ダケットが提言する、新たな〈社食機能〉による効用を得るための、〈社食〉活用法[4][*L'Expansion* 2003]。

［あるべきリーダーとして］人の話を聞くことができ、しかも共通目標のために人々をまとめていくことができる、誰かこそ、重要です。より具体的にこれらのリーダーたちを識別していくには、〈社食〉へと歩み進むことで十分。

リーダーというのは、概して面倒見がよいものです！

この記事は、若い学卒新入社員向けに、将来、経営幹部になるための五点の心得を紹介したものである。この引用記事は、その第四項「人的ネットワーク創りを！」からのもの。

要するに、この空間に込められる新たな〈社食機能〉とは、将来のリーダー格の人物を〈社食〉で発見し得る可能性である。その言動、話題、立ち振る舞い、タイプ、リーダー的資質の観察の場としての〈社食〉、なのである。

なお、この点と関連し、白藤香氏の近業によれば、――最近の日本の場合であるが――「食事時間」の共有、（そして〈社食〉空間）が、今や組織内での、お互いのメンタル・ヘルスを確かめる機会としても活用されつつあるようである［白藤　二〇〇八：四〇］。

結局のところ、今日のビジネス社会において付け加わる、社内向けの、組織内効果をもたらす〈社食機能〉は、次の二点としてまとめられよう。①社内コミュニケーションの場を超えた、自己と企業本体との関係、自己と同僚との関係においての帰属感、一体感、連帯感を創出する場としての〈社食機能〉。そして〈社食〉をつうじての、この機能の発揮が、さらには企業イメージの向上につながりゆく可能性ももつ。すなわち〈社食〉を媒介項とした組織活性化機能である。

もう一つは、②〈社食〉が、組織内の雰囲気、様子、そして人的紐帯（human nexus）の密度を照らし出す反射鏡、センサーとしての機能を果たしている状況である。〈社食〉に足を踏み込めば、そこで社内の空気が感じられる、というような空間。この「空気」を捉えるための場としての、かかる機能は先にみた①の組織活性化機能を〈社食〉が帯びている状況も前提としつつ、作用していると指摘できる。

現代フランスにおいても、一企業単独の〈社食〉設営の諸コストは些少の範囲にとどまらない。それ故に、〈社食〉は決して容易に設営、維持しうる社内施設ではない。興味深いのは、しかしながら、かかるコスト面を計算に入れた上でなお、以上にみる新たな〈社食機能〉の諸作用への、企業組織全体の、とりわけ経営幹部層の期待が大きい今日の状況である。これは〈社食機能〉の新たな効用に着目した論調であり、二一世紀のビジネス社会において、かかる新〈組織内効果〉を意図してのフランス企業による〈社食機能〉の多重化への動きと捉えられるのである。(5)

四　新・〝社会的同志愛〟の装置としての〈社食〉

私には、こんなささやかな考えがあります。(略)一日に二、三百食を出すことができる、欲張りな、一軒のレストランについての。(〈心のレストラン〉創設者コリューシュ、一九八五年一〇月)

二一世紀の、フランス・ビジネス社会における〈社食機能〉多重化の動きは、実は前節でみた企業組織活性化など、社内向けの、〈組織内効果〉のみにとどまらない。

ここでは、企業における〈社食〉や、その代替物としての〈食券給付〉が、それらの設定主体である企業組織の枠組みを踏み出して、広く社会全般に貢献する新たなチャンネルとしての、新機能につき検討する。いわば〈社食〉、〈食券給付〉の帯びる〈組織外効果〉への注視である。

本来、企業内福利厚生制度の一環として、一九世紀以来整えられてきた〈社食〉制度にせよ、その代替物としての〈食券給付〉にせよ、その恩恵の対象は、これまでにみてきたように、あくまで、かかる企業組織に帰属する社員に限られていた。それ故に、〈社食〉は社員向け、社内向けに、様々な〈組織内効果〉をもたらし得たのである。

フランスにおいては、このような性格を帯びてきた〈社食〉、〈食券給付〉をして、社会貢献の新たなチャンネルとして活用する動きが、その設定主体である一部の企業自体の意思決定として、今世紀初頭から顕在化していく。それは、換言すれば企業組織内に位置してきた社内装置としての〈社食〉、〈食券給付〉の、「組織外装置」化、すなわち「社会化」へのプロセスでもある。例えば〈社食〉の、日時、対象者限定の条件つきでの「部分開放」も試みられてきている。

それは、“*Les Restos du Couer*”（「心のレストラン」）などの、既存の、組織化された慈善活動や、フランスで活発化している、各〈社会連帯経済〉組織（économie sociale et solidaire）との協力の可能性も帯びつつ展開している。

さて、この「社会化」への動きの代表例として挙げられるのは、フランス赤十字社と〈社食〉運営請負サーヴィス業大手であり、IBIS、NOVOTEL等、世界規模でホテル・チェーンを経営するアッコール社グループ（ACCOR）の提携プログラムである。

この「赤十字社／ASF作戦」（ASF＝アッコール・フランス社業務サーヴィス部門）と名づけられたプログラムは、次のような方法で営まれる。アッコール・フランス社へ〈社食〉運営を委託契約しているケース、または同社発行の食券を用いて〈社食〉代わりに指定された市内の幾つかのレストランを利用するケースでは、それぞれアッコール・フランス社発行の食券“Ticket Restaurant”が、従業員へ、彼らの所属する企業から支給される。

この食券を支給された者は、任意の個人的意思によって、上記「赤十字社／ASF作戦」に則って食券をフランス赤十字社をつうじて、社会的弱者、また貧困者へ寄付することができる。その方式は至って簡単で、アッコール・フランス社発行の食券上に、「赤十字」と大書して、「赤十字社／ASF作戦」事務局宛に、切手抜きの特別封筒（＝郵送料免除扱い）に入れて、郵送するばかりである。「チケット（食券）を供して、食事を分かち合おう！」を標語とする、この「作戦」は期間限定のキャンペーンであり、二〇〇六年一一月一日から二〇〇七年三月三一日までの四ヶ月間であった。(6)

このような「食券」を用いた寄付行為は、今日のフランス社会で多様な広がりをみせている。〈社食〉を軸にした先述の動きに促されるように、〈学食〉（大学内食堂）においても、〈学食〉を運営する学生共済組織CROUSの協力によって、例えばアルジェリア大地震（二〇〇三年）後の〈アルジェリアへの連帯：アルジェリアのための一枚の食券〉キャンペーン等々がパリ、同近郊の諸大学において進められている。この場合も、購入済みの〈学食〉用食券を、〈学食〉の、また学内喫茶店の会計担当窓口へ持参して、一言、「アルジェリア」と申し添えて、提出すれば完了する。〈学食〉会計部は、このように寄付されて戻ってきた食券群を、部内で払い戻すことによって現金化して、アルジェリアへ送金

していく方式（Solidarité avec L'Algérie 作戦）である。(7)

本節で吟味したように、一九世紀から推進されてきた〈社食〉設営は、最早、社内福利厚生施設としての域を超え、「社会化」のプロセスを経て、〈食券〉と共に、新・〃社会的同志愛〃（"Neo Camaradisme social"）の装置として作用する事例も生じた。すなわち今日のフランス企業の〈社食〉の一部は、前節でみた「組織内効果」と共に、その社会化を伴う「組織外効果」をもたらす存在となっていて、〈社食機能〉の多重化、拡張化が、さらに進行していると認められる。

第二節でみた百貨店ボン・マルシェの著名な〈社食〉は、社内福利厚生施設ではあったが、その設営思想は、創業・経営者ブシコ夫妻の特定宗派に止まらぬキリスト教倫理観に根ざすものであり、夫妻の博愛主義であった。今日の、新・〃社会的同志愛〃（"Neo Camaradisme social"）を具体化する装置としての、「社会化」された〈社食〉、〈食券〉も、社内向けから社外へと拡がるものとなり、ブシコ夫妻の博愛主義へと回帰するものであり、その今日的存在形態への進化として捉えることもできる。

おわりに

本章を結ぶにあたり、本書全体の基本テーマである〈会社文化〉と〈宗教文化〉の関わり合いを、いま一度、一九世紀フランス・ビジネス社会の一翼を担い、現代フランス〈社食〉システムの基礎を築いた経営者ブシコ夫妻の経営行動と、その宗教的確信に改めて焦点をあてて、まとめておこう。

本共同研究の組織者である、日置弘一郎氏、中牧弘允氏は、本共同研究が共有する視角の一つでもある「企業家の特異条件——狂気・異形・才覚」という側面から、企業家行動を捉える新たなアプローチを提起した（「企業家研究フォーラム」二〇〇五年度年次大会・共通論題）［企業家研究フォーラム　二〇〇五］。この討議に参加した四名の論者が、その際に提示した幾つかのキー・ワードを用いながら、かの夫妻の経営行動と宗教的確信とを吟味する。

先ず中牧氏が提示した、企業家と、その狂気・異形・才覚との関係に関して［中牧　二〇〇六：七九―八一］。本章第二節で検討したように、ブシコ夫妻の企業人としての性格は、〝破天荒なる偉人〟神話につながるような、奇異な「狂気」というよりは、夫婦共々、常識的かつ（女気・男気いっぱいの）「侠気」の好人物であった。そして当時の社会から「異形」というよりは、「偉業」の人と目されていた。とはいえ「才覚者」としての傑出した革新性、工夫、努力こそが、世界史上初の百貨店創業と、その成功、繁栄をもたらしたのはいうまでもない点である。

おそらく、巡回商人出身の夫、また洗濯屋徒弟出身の夫人の、この経歴こそが、さらに経営面内外でのキリスト教的倫理主義的な社会実践こそが、そして才覚に満ち満ちた企業人としての成功、実績こそが、要素となることで、立身出世的成功譚も相まっての、名経営者としてのカリスマ性、神話性形成が進行したことは容易に推測される。

このような夫妻の帯びた諸特性が、その経営者としての個性的な世界観確立や、ボン・マルシェの社風形成に連なっていくのであろう。三井泉氏が提起した企業家と企業のコスモロジー形成と、その諸作用に関する問題と重なる点である［三井　二〇〇六：八九―九二］。

このようにブシコ夫妻は、私人としては常識家で奇行を衒うこともなく、企業人としては地道な努力と才覚によって革新的な経営行動に辣腕を振るったのだが、このような振る舞いが、自然に社会的名声、経営者としての定評確立に至った。その意味では、日置氏が議論した経営者自身による「カリスマ性の創造、付与」するパターン［日置　二〇〇六：八六―八八］には当たらぬ類型かもしれない。

また宗教と経営者との関係については、住原則也氏が、天理教と日比孝吉氏（めいらくグループ）に関して吟味を試みた［住原　二〇〇六：八二―八五］。ブシコ夫妻の場合は、既にみたようにカトリック使徒としてというよりは、キリスト教各派に共通する福音の実現に挺しようとする精神の人であった。その意味では、天理教に帰依した熱心な信徒である日比孝吉氏のケースとは異なる。

しかしながら、住原氏が指摘するように（宗教の）「教えに誠実であろうとする静かなる強い信念が一貫」［住原　二〇〇六：八四］しているところに、ブシコ夫妻と、日比孝吉氏との間に、共通性があるように思われる。

注

（1）特にロレーヌ鉱山・鉄鋼業史の事例を検討した、第四章［大森　一九九六］。さらに［Aymard 1993 : 307］。

（2）すなわち日置類型での別種である、「弁当持参型」（近世日本の武家出仕パターン、後の近代期官僚団勤務パターン）にはあたらない。ただし、さらに留意すべきは、フランス、また欧州の百貨店は本稿で取り上げるボン・マルシェのような衣料製造＝販売店を前身とはしない食料店系、また雑貨店系のもの（例：ハロッズ、セルフリッジ）もあり、「賄い付型」、「弁当持参型」、また「仕出し型」との分類と、様々な径路を経てきた各百貨店の組織上の特質との関係は、より詳細に、より拡張的に実証を進めていく必要がある。このような検討視角をご教示下さった、日置弘一郎氏に感謝申し上げる。

（3）ここで触れたトヨタ・フランスでの〈社食〉、「駐車場」、「制服」を巡る状況を、差当たり〈統一的非階層性〉と呼んでおこう。この非階層的なやり方は、本節で触れたように、ヨーロッパでは日本企業的方式と目されている。つまり、自動車工場内の〈社食〉の運営法には、各自動車メーカー間での差異、国ごとの差異が、少なからず残っていることの表れであろう。同時に注意すべきは、〈社食〉における〈統一的非階層性〉は、今や、日本企業固有の方式ではない。例えば、ドイツ自動車業界を代表するダイムラー・ベンツ社では、シュツットガルト本社の社内食堂は一つだけで、トップから現業部門の者までが、そこを利用して、同一メニューから食事を選択する。このダイムラー〈社食〉文化が、甚だカルチャー・ショックを受けることになるのは、一九九八年の、米有力自動車メーカー、クライスラー社との合併時である。クライスラー本社の〈社食〉は、社員の役職と俸給額とによって、細かく利用区分が分けられる方式である［芳地　二〇〇六］。「新大陸」では企業トップをも、気さくにファースト・ネームで呼ぶ〈統一的非階層性〉的な言語空間を持ちながら、にもかかわらず。

このようにクライスラー〈社食〉は、アメリカ流〈階層性〉によって運営されている。クライスラー的に、組織内

〈階層性〉が、あまりに明瞭に顕示されると、ドイツでは、組織の雰囲気、士気に大いにかかわるだろうという、経営心理学者の指摘もあるという（芳地隆之、前掲稿より）。

（4）"*L'Expansion*", le 26 mars 2003号記事。なお、同記事は次のような五節構成である。〈社内で潜在力ある幹部となるために〉第一節＝慎ましく、ふるまえ。第二節＝確実であれ。第三節＝臨時コーチを選べ。第四節＝人的ネットワーク創りを！（本稿にて検討）第五節＝機会をつかめ。

（5）先に触れたトヨタ・フランスの事例が、フランスのビジネス界を注目させたのとは対照的にバブル崩壊後に、ヨーロッパで事業展開する日系メーカー企業は、経費節減も理由にして、必ずしも〈社食〉を設定しないこともあるという（特に二一世紀に入ってからの東欧進出の場合）。地元社会の、〈社食〉運営を含めての日系企業への期待度、好印象であったイメージと、新たな〈現実〉との乖離に、企業文化コンフリクトが生じる場合もあるようである（二〇〇七年五月、東欧での地元紙報道より）。

さらに食文化の多様性に根差す食習慣の差異性——昼食自体を摂らぬ場合への対処——にも対応しうる労務管理法設定の必要も生じる。このような最近の諸状況については種崎晃氏（三菱ガス化学）のご教示を得た（二〇〇七年七月七日「聴き取り調査」および二〇〇八年六月「電子便」より；記して御礼申し上げる）。

（6）Croix-Rouge Française＋Ticket Restaurent, "*Opération Croix-Rouge／ASF*" 2006.

（7）Campus d'Orsay, Le CROUS de l'academie de Versailles, "*Solidarité avec L'Algérie*" 2004.

参考文献

Maurice Aymard dir., *Le temps de manger : alimentation, emploi du temps et rythmes sociaux*, MSH. Paris, FRANCE, 1993.

L'Expansion, le 26 mars 2003.

L'Illustration, Journal Universel, le 10 aout 1889.

Larousse Commercial Illustré, Larousse, Paris, FRANCE, 1930.

LSA "Hors domicile : Tous prêt à manger <<sur le pouce>>", le 10 juin 2004.

LSA "Déjeuner des Actifs : La cource à la performance", le 2 nov 2006.

Michael B. Miller, *The Bon Marche: bourgeois culture and the department store, 1869–1920*, London, UNITED KINGDOM, 1981.

Radio France ＜*Reportage multimédia*＞, le 30 janvier 2001, 配信記事。

Charles D'Ydewalle, *Au Bon Marché : de la boutique au grand magasin*, Paris, FRANCE, 1965.

石渡泰三郎『欧米百貨店事情』一九二五年、白木屋呉服店書籍部。

大森弘喜『フランス鉄鋼業史』一九九六年、ミネルヴァ書房。

岡田益三「フランス労務管理史研究報告資料」二〇〇七年（未公刊）。

鹿島茂『デパートを発明した夫婦』一九九一年、講談社。

企業家研究フォーラム「二〇〇五年度年次大会・共通論題報告」『企業家研究フォーラム二〇〇五年度年次大会報告要旨集』、二〇〇五年。

北山晴一『おしゃれと権力』一九八五年、三省堂。

市場史研究会『第30回大会（於　富山大学）報告要旨集』、一九九八年。

『市場史研究』（小特集：街の百貨店、商店街、そして市場）二〇号、二〇〇〇年。

白藤香「早期選抜幹部の海外人事管理をどう進めたらよいか――深刻化するメンタルヘルス不全への対応」『人事実務』№一〇三四、二〇〇八年。

住原則也「信仰者としての経営者像」『企業家研究』三号、二〇〇六年。

エミール・ゾラ『ボヌール・デ・ダム百貨店』（伊藤圭子訳）第一〇章、一八八三／二〇〇四年、論創社。

谷川稔・渡辺和行編『近代フランスの歴史』二〇〇六年、ミネルヴァ書房。

中牧弘允「大阪企業家ミュージアムの企業家群像」『企業家研究』三号、二〇〇六年。

原輝史編『フランス経営史』一九八〇年、有斐閣。

日置弘一郎「カリスマの補完――意図された狂気」『企業家研究』三号、二〇〇六年。

アンガス・マディソン『世界経済の成長史　一八二〇―一九九二年』附録統計データ、二〇〇〇年、東洋経済新報社。

三井泉「狂気・異形・才覚そして革新」『企業家研究』三号、二〇〇六年。

宮野力哉『絵とき百貨店「文化誌」』二〇〇二年、日本経済新聞社。
芳地隆之「戦う集団の条件」『マガ9的!2006ワールドカップ』二〇〇六年

第6章　スピリチュアリティを取り込む北米企業
――企業文化の創造

村山元理

はじめに――企業文化論をめぐって

ハイアールの企業文化

企業文化論は現在盛んに論じられ、その構築は経営の現場においても重要な課題となっている。日本や欧米の先進的経営を学び、短期間で田舎企業から世界有数のグローバル企業へと圧縮成長［吉原・欧陽　二〇〇六］をとげた中国の海爾集団（ハイアール）においては、同社がもっとも強みとするものはその高き企業文化である。ハイアールでは創立以来から頂上を目指す高始点経営、中国に通例の裁量人事を排した競馬人事や成果主義、市場を重視したブランドの構築など多くの特色がある。

一九八六年に張瑞敏がハイアールの前身である青島冷蔵庫という集団企業を引き受けたとき、同社は倒産の危機にあった。工場で働く労働者の風紀は乱れており、彼らの糞尿で悪臭を放っていたという。ドイツ製の最新の技術を導入しながらも、不良品が製造されてしまう。そこで張は品質の重要性を従業員たちに訴えるために、彼らの目前で自らハンマーで欠陥品の冷蔵庫を叩きこわしてしまう。従業員の年収の三倍にも相当する高価な冷蔵庫であったが、それは改革の狼煙を伝える衝撃的な事件であった(1)。そのハンマーは現在、ハイアール博物館に展示されている。現在では社員研修所であるハイアール大学で幹部教育が行なわれ人材育成に力が入れられると同時に、極めて士気の高い企業文化の醸成が行なわれていることはいうまでもないことである。

ドラッカーとコリンズの企業文化論

ドラッカーはその主著『現代の経営・上』（上田惇生訳、ダイヤモンド社、一九九六年）第一三章を「組織の精神」（spirit of organization）としているが、その邦訳における訳語は「組織の文化」となっている。そこでは個人の総和以上のエネルギーを集団が発揮することが組織の文化であるとドラッカーは定義している。通常、企業文化ないし組織文化とは当該の集団において「共有される価値観」を意味するが、ドラッカーはそれ以上に企業として能力を発揮する側面において企業文化をとらえており、先見の明があることはいうまでもない。

今ではその面はさらに現実の検証を経て、企業存続や企業成功の条件として企業文化が語られることが多い。その代表的な事例は、世界的なベストセラーとなったジム・コリンズによる『ビジョナリー・カンパニー②』（日経BP社、二〇〇一年）であろう。「偉大な企業では、第五水準の指導者が持続性のある規律の文化を築き上げている」というのが同書の結論の一つである。前記のハイアールのCEOである張瑞敏はまさしく第五水準の指導者に相応しく、謙虚さと不屈の精神をもった指導者であり、率先して同社の規律を常に高く維持していると評価できるだろう。ちなみにコリンズは深くドラッカーの影響を受け、ドッラカーの活動をも支援している。

村山元英の企業文化論

そもそも企業文化は何時頃から語られるようになったのであろうか。日本では国際経営学・経営文化論の一つの山を立てた村山元英《もとふさ》の『経営文化論』（一九七七年）がかなり初期に書かれたものとして特筆に値する。それは国際経営論や比較経営論を誰も論じなかった時代における先駆的な独自の業績であり、その着想は一〇年以上経ってから経営学のメジャーなテーマとなった。経営の主体はヒトの営みであり、日本的経営は欧米型の経営観とは異なるものであろうし、アジアの経営はさらに独自の文化観に基づく経営が行なわれているだろう。文化に依存して経営のあり方も異なる。異文化経営論で著名なホフステッドもその着想は、モト（元英氏の海外でのニックネーム）から得たといわれる。そのようにアイディアはどんどん奪われている自称千葉学派（当時元英氏は千葉大学教授であった）の目論見は、海外だけでなく国内では大阪の民博を拠点とした「経営人類学派」と呼ばれる学際的な研究活動においても、非連続的な形式にせよ、より豊かに幅広く継承されている視点といえるのではなかろうか。

ちなみに同書は二〇年後に、小柏喜久夫との共著で『経営文化論序説――不易と流行』（文眞堂、一九九七年）として再刊されている。さらに村山元英はその最新の編著作の中で、「経営人類学の研究視座――文化の力・経営の力」という一章を設けて、これまでの経営文化論・経営人類学の研究を総括している［村山元英 二〇〇七］(2)。それはアメリカで人気の成功条件を求める経営文化論でもなく、現場のモノグラフでもない独特の哲学と直観にたった経営論である。すなわち経営の職能論と環境論を相関させた研究視座にたって、地域連帯と企業戦略の融合を目指している。ただ矛盾を矛盾のままに表現しようとしており、容易に意味は汲み取れない。

優良企業と企業文化

一方アメリカでは、ペティグルの論文［一九七九］などで研究の先鞭がつけられ、『ビジネス・ウィーク』誌が一九八〇年（summer）に「企業文化」のカバーストーリーを特集したことで、一九八〇年代において、組織文化は組織成功の条件として脚光を浴びるようになる。アメリカで出たデールとケネディの『企業文化――企業生活の儀式と作法』（一九八二年）は日本では城山三郎によって『シンボリック・マネジャー』として八三年に邦訳され、さらに九七年には岩波から再刊されている。ピーターズとウォーターマンによる『エクセレント・カンパニー』が八二年に米国で出版されると翌年には大前研一によって邦訳され、二〇〇三年に再刊されている。これも七〇年代における米国の超優良企業の条件を描いたものでたいへんよく読まれている。

バブル崩壊と共に日本的経営が自信を失い、企業文化論も長らく停滞したようにみえる。しかし景気の復活と共に再び国内でもポジティブに企業文化論を見直す機運が出ていることが近年の出版事情からうかがえる。

企業倫理と企業文化

企業倫理学の視点からは、不祥事を犯した企業の再発防止策として、倫理的な企業文化を構築し維持することに焦点が絞られて来たことがいえる。成功している企業事例とモラルを志向する立場からすれば、ペインが言うように企業が「道徳の行為者」として経済的責任を果たすだけではなく、社会的責任をも同等に果たすことが期待されている［ペイン 二〇〇四］。ヨーロッパ発のCSRブームが日本でも二〇〇三年以降続いている。アメリカではただ単に法令を遵守するというコンプライアンス型の経営では不十分であり、倫理的な企業文化型（価値共有型）の経営を担保することを司法の立場もついに意向するまでになったのである。その辺の事情は梅津光弘の論文「改正連邦量刑ガイドラインとその背景：企業倫理の制度化との関係から」（『三田商学研究』第四八巻、第一号、二〇〇五年四月）に詳しい。

アメリカでは、エンロン事件以降にSOX法（日本では企業改革法といわれる）が直ちに成立して不正な企業には厳罰で臨むことがさらに明確になった。しかし企業不祥事がこの法律によって減少している形跡が無いことをアメリカ経営倫理学会の当時の会長は述べている［Koehn 2005］。企業倫理の実践において一部のプログラムを外縁的に行なっているようでは、真の再発防止策とはならない。企業経営の根幹の視座にたって、トップから末端まで日々の業務に「モラルの行為者」［ペイン 二〇〇四］であることが望まれるのである。それがすなわち倫理的な企業文化の構築をすることである。

以上、前置きがかなり長くなったが、本稿ではこのような倫理的な企業文化論の構築を目指すにあたり、倫理を補完ないし基礎づけるとされるスピリチュアルな価値観に根ざした企業文化の創造について述べたいと思う。スピリチュアリティは信仰と深く関連し、目的や価値を追求する営みを意味し、倫理性を包含しながら幅広く奥行きの深い問題を扱っている。

一　スピリチュアリティという言葉

スピリチュアル、スピリチュアリティ

スピリチュアリティとは何だろうか。日本語では聞きなれない用語であるが、宗教学や看護・医療などの分野では次第に近年、市民権を得てきた言葉である。鈴木大拙がスピリチュアリティ（spirituality）を「霊性」と訳しているのが訳語の嚆矢とみなされているが、「精神性」とも訳されている。宗教社会学のある若手グループではスピリチュアリティを宗教の代替概念として、このキーワードをもとに様々な擬似宗教を含めた幅広い精神世界の現象の解明にあたっている［樫尾　二〇〇二］。

ただ日本ではスピリチュアリティよりも「スピリチュアル」（spiritual）という語が、テレビを通じて広く宣伝されている。これは江原啓之という「スピリチュアル・カウンセラー」が盛んに『オーラの泉』という人気番組を通じて、「スピリチュアル・トーク」をしているためである。その際、「スピリチュアル」とは、亡くなった死者の魂（スピリット）からのメッセージを江原がその霊媒機能（ミディアム）を通じて残された人々に分かりやすく、愛のメッセージと共に伝えるという側面において利用される。

このように日本では「スピリチュアル」が死後の霊の存在を信じる心霊主義（スピリチュアリズム）的な文脈で理解されがちであるが、これは極めて偏狭な理解といってよい。私がここで取り上げる北米の「職場のスピリチュアリティ」という新しい現象におけるスピリチュアリティとは、そのようなニューエイジ的な宗教観とも距離をおく現象である。アメリカではスピリチュアリティは伝統的な宗教集団がもつドグマや教義、硬直した思考とは対比される霊的・精神的

なもの全般を指した包括概念といえるものである。アメリカ人にとってはもともと人気の高い用語であり、「私は宗教的ではないが、スピリチュアルである」というような日常用語においても利用される。またギャラップの統計調査でもスピリチュアリティに対する質問事項が用意されている。そこでは「職場のスピリチュアリティ」に対する関心の高さが表れている。

二　経営学の新興領域としてのスピリチュアリティ

広がる研究と教育

アメリカの経営学においてスピリチュアリティと経営との関連性をめぐる研究は新興の領域として八〇年代から九〇年代にかけて注目されるようになり現在に至る。アメリカ経営学会（ＡＯＭ）に「経営・スピリチュアリティと宗教」（ＭＳＲ）という研究集団（interest group）が二〇〇〇年頃から活動を始めていて、二〇〇七年八月現在で七二二名の会員がいて、ＡＯＭの既存の研究部門（division）に匹敵する規模をもつまでに急成長している。

アーカンソー大学サム・Ｍ・ウォルトン・ビジネススクールでは、「職場の信仰とスピリチュアリティ」講座にタイソン・ファミリー財団による寄付講座の教授ポストを募集中である。またある研究者はこの領域をＳＲＷ（仕事におけるスピリチュアリティと宗教）とも呼んでいる［村山元理　二〇〇七］。

経営学のテキストとして版を重ねているステファン・Ｐ・ロビンス著の『マネジメント』第七版（二〇〇二）の中では、「最近の動向、課題」の節で、七つの項目があげられ、学習組織に続いて、職場のスピリチュアリティ（workplace spirituality）が最後に取り上げられている。その中では、よく引用される『ビジネス・ウィーク』の一九九九年の特集記事が引用されている。

いくつかの大学は専門の研究センターをもっているが、この研究領域において特に著名なジュディス・ニール博士のセンター（ASAW）が「職場のスピリチュアリティ」（Spirituality in the workplace）をどのように定義しているのかを考えたい。彼女たちが主宰するセンターでは、スピリチュアリティを実践している企業を毎年表彰している。その賞の名称はISAW賞であるが、受賞の選考基準のためにスピリチュアリティとは何か、また職場のスピリチュアリティとは何かを定義している。スピリチュアリティの定義は宗教の概念定義と同様に非常に困難である。ただこの領域である意味で指導的な役割を果たしているセンターの定義は非常に参考になるので、あえてここに全文を翻訳してみたい。

一人一人が個別に自己のスピリチュアリティの定義をもっていることを認識しながらも、このセンターは以下のようにかなり広い概念でスピリチュアリティを定義する。

スピリチュアリティの定義

スピリチュアリティにおける内在的な人間の特性――全ての人は職場に自身のもっとも重要な部分としてそれをもってくる。スピリチュアリティとは、人々に方向や意味を与える状況や体験、あるいは理解・支援・内的な全体性やつながり感を与える状況や体験である。このつながりとは、自分自身との連結、他人と、自然と、宇宙と、神と、あるいは他の超自然な力とのつながりである。

スピリチュアリティにおける「垂直的」側面――個人のエゴや人格の自己を超える願望。垂直的要素に対する名前は、神、精霊、宇宙、より高次な力、またはその他である。この垂直的側面に対して非常に多くの名前がある。この側面は宇宙／神／精霊との深いつながり感として体験される。内在的に恐れや至高体験の瞬間としても体験されるかもしれない。強固で持続する垂直的側面は、深い内的強さや英知をもち、それを活用できる個人（あるいは集団）としての外面的行為の中に反映する。一般的に、静かな時間、自然の中にいる時、その他の反省的活動や実践が、我々のスピリチュアリティの「垂直的」要素にふれるためには必要である。スピリチュアリティの垂直的要素の事例として、瞑想ルーム、共有された反省の時、会議の前の沈黙、エキュメニカルな祈り、スピリチュアルな向上のために従業員が休みをとることを支援することなどである。

スピリチュアリティにおける「水平的」側面——他人や地球のために役に立ちたいという願望。水平的側面において、我々は違いをもちたいと願望している。この側面は外面的に表明される。強い「垂直的つながり」のある人で、「水平的」側面も示すことのできる人は、自己の使命、倫理、価値を明確にもつことができる。強固な「水平的」側面は、生産的で効果的なサービスと製品に実現されるようなサービス志向性、思いやり、しっかりしたビジョン／使命、価値によって証明される。

「職場のスピリチュアリティ」とは、従業員がその職場のスピリチュアリティを垂直的側面と水平的側面から栄養をうけていることを意味する。垂直的な組織のスピリチュアリティの事例として、会議前の祈りの時間、従業員のために特別に設けられた黙想会やスピリチュアルな訓練時間、従業員が祈りを捧げるために適切な施設が提供されること、会社の活動が高次の意味や目的に連結しているかをオープンに質問できることである。

水平的側面を強くしている会社は以下のすべてか一部を実践している。同僚の間における気配りの態度、社会的責任の志向性、顧客への強いサービス精神、環境意識の高さ、コミュニティへの貢献活動への深い関わりである。垂直面と水平面はよく統合されており、その結果動機づけ（垂直面からくる）と行動（水平面での実践）は明白に連結することになる。[3]

スピリチュアリティの二側面

この定義から、スピリチュアリティが何を意味するのかがおよそ分かる。垂直軸と水平軸という二側面からスピリチュアリティが定義される。垂直軸は自己を超えた実在とのつながりの感覚、信仰、体験を意味している。それは英知や知識の源泉ともなる。宗教的自己といっても良いだろうが、既存の宗教団体やドグマの強制ということは意味しない。あくまでも自発的な宗教心、信仰心に近い感覚というべきかもしれない。人間を超えた実在をセンターでは、宇宙／神

／精霊といった一般的な名詞を当てているが、宗教学的にはこのような名称だけに限られたものではないだろう。仏教で説くようなダルマ（法）、摂理、神道の自然観などを入れてもよいだろう。

例えばロスアンゼルスのウッドベリー大学で「職場のスピリチュアリティ」を教えているサティンダー・ディマン博士のシラバス（二〇〇〇年、大学院生向けの授業）では、スピリチュアリティとは神的原理・神的地平（Divine Principle / Ground）への自覚だと述べている。だが世俗化が進む現代において特定の神の強制、あるいはそのような実在への自覚を促すことは難しい問題であろう。元々スピリチュアルな願望があって、この問題が生まれたわけである。そこで彼はオルダス・ハクスレーが編集した『ヴェーダンタと西側世界』誌から宗教哲学的な言明を利用して、我々の実在の神的地平（Divine Ground of Our Being）への促しを授業の中で取り組んだようだ。

次に水平軸は、対人関係の側面であり、連帯の感情、共同体の意識、共有の価値観（文化）ともいうべき意識・体験である。顧客へのサービス、地球への奉仕、無私なる自己のあり方、使命感などが水平軸で表現される意識・行動であろう。そこでのキーワードは他人とのつながり、地域や自然や環境とのつながり、自然との共生、仕事と生活のバランスなどである。

職場のスピリチュアリティとは、この二側面を組織において実現することである。それは仕事の意味や価値、目的意識を問い直す運動であり、職場における個人の精神的成長や潜在能力の開発を通じて組織としての持続的な成長や成功につながるという信念と実践である。

このようにスピリチュアリティは極めて個人的な内面の願望を意味しながらも、包括的で普遍的な概念を志向しているのである。ここにこの概念の困難さがあるが、人々の理想や願望が込められていることは確かである。ただ神学に馴染んだ宗教者たちから見ると、スピリチュアリティは浅く根無し草のようなイメージがあり、彼らは安易にスピリチュアリティが世俗的に流布していることに対して懐疑的である。しかし、既存の宗教団体が組織で働く人々のスピリチュアルな渇きに十分に答えられていないことが問題なのである。

三　スピリチュアルな渇きの社会的背景

従来のアメリカのビジネス界において宗教やスピリチュアリティはタブーであった。日曜日に教会の礼拝に参加して道徳的な説教を受けても、月曜日に職場にいけば全く違った経済的原理のもとに仕事をこなすのが通例である。近代資本主義がその始まりにおいて、プロテスタントの禁欲主義が源泉であったにせよ、そうした宗教倫理は忘れ去られてしまう。その後は利潤追求そのものが動機づけとなって世俗的な資本主義が自己回転してきたのである。

九〇年代の激烈なビジネス環境

こうした中で、一九九〇年代頃から「職場のスピリチュアリティ」運動が草の根的に全米各地で静かにそして着実に広がったのである。その背景的な理由としてよくいわれることは、九〇年代のアメリカでは、M&Aとレイオフが連動した株価至上主義の経営が席巻したことである。グローバル競争が激しくなり、企業はアウトソーシングを強め、ダウンサイジングやリストラが流行する。ホワイトカラーの職場は搾取工場と化し［Fraser 2001］、モラールの急激な低下が生じる。このような荒廃した不安定な職場にあって、安心感や人々とのつながりや働くことの意味が強く求められるようになった。

成功している企業でもグローバル競争に勝ち抜くために、大量のレイオフをするようになったことは、働く人たちの意識を全く変えてしまったともいわれる。後ほどに紹介する経営コンサルタントのマーチン・ルッテによれば、仕事のストレスのレベルや不安はかつてみたこともないほどであったという。そのため職場で働く意味や性質が全く変わってしまったのである。

二〇〇三年の四月、バンカメのコンコード・テクノロジーセンターでコンピュータのプログラマーとして働いていたケヴィン・フラナガンは、一〇分の一の賃金で働けるインド人に自分の仕事を教えなければならなかった。もし教えなければ、離職手当てがもらえないことになっていた。それが最後の仕事であり、解雇されたその日に、彼は会社の駐車場でピストル自殺をしたという。彼は解雇の可能性を十分に知っており、銀行内の別の職場への異動も願っていたらしい。自らの仕事とコンコードの地を愛していた彼は、巨大銀行の不当さを訴えるために死を選んだのかもしれない。アウトソーシングが進む米国の多くのＩＴ関係者にとって、コンコードの駐車場は反アウトソーシングを訴える聖地となった。今なお働くことで何か違いが生まれているのかが真剣に問われている。

価値を求めるベビー・ブーマー世代

しかしそれ以上に職場の指導的な階層がベビー・ブーマー世代となり、彼らは人生の半ばにたって、仕事の意味を追求し始めたからだともいわれる。四〇代、五〇代が人口に占める割合は非常に高く、彼らの価値観の問い直しはアメリカ国内だけではなく、世界的な影響をもっている。

彼らは人生そのものを問い直す中で、仕事と生活のバランスを求めるようになる。また長時間労働により、職場で過ごす時間が増大し、職場における共同体意識が強く願望されるようになった。ベビー・ブーマー世代では宗教回帰も進んでいる。またホーリスティックな生活を求めるような自然食やヨガなどの健康志向の運動ともつながっているともいう。

一九七〇年代以降から女性の職場進出が進み、彼女たちのケアする思いやりの価値観が重視されるようになったからだともいう。ベビー・ブーマー世代の男性たちの中にも女性的な視点を重視する人たちが増えてきており、彼らの思考様式が重要であることに変わりはない。

ミレニアム（新千年期）という世紀の節目、九・一一の事件、イラク戦争、ダイアナ妃の死などが生きることの意味を考えさせたともいう。またインドなど途上国ではある程度豊かになれば、精神的な価値を求めるようになったからだともいう。

精神文明への移行

さらにより巨視的な観点にたち、思想的なパラダイムシフトが起こっているともみなされている。すなわち物質文明から精神的文明への移行を示すものであると唱えるビジネス思想家たちもいる。物質文明をもたらした自然科学は物質世界の探求を合理的な精神で解明してきたが、その科学的な合理性の精神そのものが疑われているのである。モノの研究の背後で取り残された人間そのものの心や感情面は非合理な世界であり、またもっとも創造性に満ちた世界である。

デーヴィット・ミラーの最新の歴史的・社会学的な研究書『職場の神』(二〇〇六年)によれば、これは「職場の信仰運動」という広範な社会現象であり、ゆくゆくは新たなビジネス文化を米国に形成するともみなされている。彼はこの運動の背景として、非西洋人の移民が増大し宗教的な多様性が増大したこと、経営管理層であるベビー・ブーマー世代の宗教性が高まったこと、そして九・一一の事件が意味の探求を強めたことなどを挙げている。

四　カナダでも職場のスピリチュアリティがブームに

「職場のスピリチュアリティ」運動はアメリカだけでなく、世界中に広がっている。カナダではとくにここ数年、個々のグループでの取り組みだけではなく、大企業でも実践されたり、大学の研究センターが設置されたり、会議が盛んに開催されている様子がうかがえる。カナダでこの現象が広がっている様子を二つの新聞記事[4]に基づき、周辺事情も解説しながら紹介しよう。カナダの権威あるメディアの記事で、非常によくこの現象の模様を伝えている。

祈りの集団

トロントの金融街の中心、ＢＣＥプレイスのある企業の役員室では、毎週木曜日の朝にデーヴィット・エクメクジャンと二〇名ほどのベイストリートのビジネスマンたちが集まって話し合いをしている。ポートフォリオや利益ではなく、神について話し合う。エクメクジャンはブラックモント・キャピタル社の投資ディーラーであり、ベイストリートにあるこの会社が朝のミーティングを主催しているのである。

彼によれば、聖書を勉強し、自分たちよりも恵まれていない人たち、病気や悩みを抱えている人たちのために祈っている、という。スピリチュアルなガイダンスや英知のためにも祈る。そしてどういうわけだか、みんな心を満たされ、幸せな気持ちになって退出する。これは驚くべきことだ、という。

彼の集団では何週間にもわたりグループの人たちが知っていた女の子のために祈り続けた。その子は生まれたときから心臓に穴があったのである。一年前に、その穴は次第に閉じはじめ、病院の心臓内科医はこのようなことは見たことがないと話している、と彼は述べている。不思議なことに祈りがかなったのである、と彼はさらに述べている。この祈りの集団は自分たちの魂を成長させる以上のことをしていると彼は確信している。

この祈りの集団が普通では考えられないことに、メンバーのほとんどが彼を含めて、教会の中に足を運ぶことがめったにないことである。彼らの信仰心は深いが、伝統的な日曜日の礼拝に参加し、主要教派に所属している人はほとんどいない。

この役員室ミーティングの参加者で、教会に行く人もいるが、ほとんどは行かない、と彼は言う。自分の信仰を自分自身の言葉で実践したいし、そのほうがもっと無限に充実するからだという。彼はエジプト生まれのアメリカ人で、カナダには一九五〇年代に移住した。

彼とクリスチャンの同僚たちのように、組織化された制度宗教に属さず、スピリチュアルな生活を送っているカナダ人が急増している。主要なキリスト教の教派では、出席率が縮小し、多くの会衆を誇った古い教会の多くは今では閉鎖されてしまっている。しかしカナダ人がたんに神から目をそむけているのではない。通常とは違う方法と場所で、自らの信仰を求めているのである。その新しいスピリチュアルなフロンティアの一つが、オフィスなのである。

ダウンタウンにある職場のためのオフィス教会

キング・ベイ・チャプレインシーは超教派的なキリスト教の組織であり、トロントのダウンタウンにおいて職場の問題に対処している。この教会の牧師であるブルース・スミスはオフィスで働く人々のためにスピリチュアルな集会を催している。職場の神に人々がひきつけられているような、実際の覚醒がおきていると彼は述べている。

組織宗教に興味は無いが、神との関係に興味がある人々の高まる願望によって、各方面でその要請に応えようとしている。キング・ベイ教会は設立してから数十年だが、似たようなダウンタウンの教会は、バンクーバー、モントリオールからハリファックスまである。このような「オフィス教会」の興隆は、ビジネスの領域を超えて、政府、教育機関、保険医療の分野にまで広がっている。キング・ベイ教会では二〇〇名以上のビジネス従事者、公務員、小売り店員、医療従事者を受け入れている。

このような説教を目的とせずに、職場の人々の精神的なケアに従事する牧師を派遣する団体がアメリカにあり、急成長している。マーケットプレイス・チャプレン・USAはそのような団体の一つとしてよくメディアに取り上げられる。この団体は全米で四一州、六三五の都市、四五の業種に、毎週一四〇〇名の牧師を派遣している。(5) この職場への牧師派遣業の興隆についてはまた別な機会に論じたいと思う。

会社のスピリチュアルな取り組み

次に会社自らがスピリチュアルな取り組みをしている事例を紹介する。

トロントにある証券・投資会社、カルドゥウェル・フィナンシャル社の会長、トム・カルドゥウェルは社内で「アルファ」コースを設けている。これはキリスト教入門で、社員や同僚で来たい人に開かれており、ランチつきである。彼はローマ・カトリックの通常の信徒だが、この会社のミーティングに集まる社員の多くは普段教会に足を運ばない人たちである。トロントのあちらこちらのオフィスでたくさんの聖書勉強会があると彼は述べている。また、多くのオフィス・ワーカーにとって、このような聖書勉強会は動きが速く猛烈な世界において、健全なオアシスのようなものであると述べている。

カナダの最大の通信会社であるテルスの社員は、休憩時間に「静かな部屋」に退避することができる。そこでヨガや太極拳をしたり、瞑想したり、祈ることもできる。この会社では「内的スピリチュアリティ」を高めるための健康プログラムももっている。会社によれば、このようなプログラムは社員の満足感や仕事への取り組みを高めるという。

テルス社のバンクーバー支社は二万六千人の従業員を抱えるが、その健康プログラムを統括するトロント在のマネジャーがリンダ・ルイス・ダリーである。彼女はすべてのオフィスで健康イニシアチブの一部として毎年プログラムの数を増やし続けて六年になるが、それは社員が自分の価値や内的スピリチュアリティを探すことを手助けするためである。その中には、職場でこのような問題を議論するために設けられた霊感をあたえる話しやディスカッション・グループもある。スピリチュアルな実践を自己学習するための書籍やビデオの貸し出しもある。昼休みのヨガ、太極拳、気功の教室は人気プログラムである。

社員の反応もよく、統計的な測定は難しいが、動機づけ、創造性、仕事の満足感などの点数は二年間で上昇している。その他の社員に好評な点は、より大きな共同体の意識をもち、同僚や上司とのよりよい関係をもてることである。また社員は他のチームや部署の社員と一緒になることでネットワークの機会をもてたことに感謝している。

エドモントンにあるキャピタル・ケア・グループの看護師、補助者の集団では、瞑想、視覚化、ディスカッションなどがあるプログラムに参加し、その中で自分自身よりもより大きな何かと結びつく方法を学んでいる。この介護施設ではプログラムの成果として、恒常的に問題のあった看護部門の態度が劇的に変容し、欠勤率も半分となった。

専門家によれば、ビジネスのような物質世界ではこのようなことはたいへん珍しいが、働く人のスピリチュアルな欲求をサポートするようなプログラムに対して爆発的な関心を生み出している。

キャピタル・ケア・グループの社長であるフィリス・ヘンペルによれば、スピリチュアリティに焦点を当てることの便益は実際に統計的に測定できるという。エドモントンにある同社の一一ある施設の一つで、看護師やサポート・スタッフが二〇〇五年の秋に一日の「仕事のスピリット・ワークショップ」に参加し、引き続き一週間ごとに一時間の継続プログラムに参加した。そしてこの集団は他のプログラムを受けていない同様の規模の集団と比較された。

プログラム実施以前、両方のグループとも毎年一〇パーセントの欠勤率であった。しかし秋のプログラム以降、参加したグループの欠勤率は三・六パーセントに落ちたが、参加しなかったグループの欠勤率は八・四パーセントであった。スタッフの離職率はプログラムに参加した人たちでは下がったが、参加しなかった人たちのあいだでは二倍になった。

何がこのような変化をもたらしたのだろうか。このプログラムを作ったアルバータ州、セイント・アルバータにあるカイゼン・ソリューションズ・フォー・ヒューマン・サービスの理事であるヴァル・キンジェルスキーは次のように語っている。「仕事のスピリット」コースは、従業員が他人に対して自分の心を開き、自分たちのしていることの重要さを認識し、優しさ、感謝、つつしみがスピリチュアルな生活を広げるためにどれだけ重要かを認識するようにデザインされている。

この実習では、人々が仕事を通じてどのように貢献しているのか、その役割の特別さ、それが他人をどのようにサポートしているのかを瞑想し、視覚化する。そして人々は実習を通じて、人生における自己の内在的な欲求と目的や自分のしている仕事が他人にどのように影響しているのかを探求するのである。

プログラムに参加した多くの人は、引き続き二〇〇五年の秋以降も各個人の生活においても継続した取り組みをしている。

マーチン・ルッテと大学のセンター

ハリファックスにあるセイントメアリー大学ソビー・スクール・オブ・ビジネスのセンター・フォー・スピリチュアリティ・アンド・ワークプレイスの所長はマーチン・ルッテである。ルッテは一〇〇万部以上のベストセラーにもなった『仕事の魂のためのチッキンスープ』の著者であり、米国ニューメキシコ州サンタフェで経営コンサルタントの会社を運営していたが、カナダ出身である。彼はユダヤ人で、二〇年以上前に宗教的な洞察の体験をして以来、この問題を盛んに論じるようになった。その体験とは、仕事も家庭も順調な時に、何か物足りないものを感じた後の精神遍歴から生まれる。彼は一年間働きながらも、修道院や修養会に参加した。そしてトロント北部のカトリックの修道院で、ユダヤ人だったので最後列にいたが、日曜日のミサの礼拝中に「神に関することだ」という神の声を聞くという体験をしたのである。涙が止まらなかったという。なぜなら自分に欠けていたことが分かったからである。

その当時カナダの同僚は職場にスピリチュアルな事柄をもって来てはだめだ、ゴルフの話しならいいが、神は禁止だといっていた。トロントでは当時誰もが、このことを話すな、お前は頭がおかしい、信用をなくすぞといっていた、とルッテは語っている。

九〇年代から盛んに職場のスピリチュアリティを米国内の大企業などで指導し、諸々の会議のスピーカーとしても著名であったが、二〇〇四年に設立されたこのセンターの所長に抜擢されたのである。

彼の発言は以下である。会社は社員の身体や感情に関わる問題に対処するためのプログラムを作ってきたが、社員のスピリチュアルな欲求に関わることは拒絶してきた。その理由はスピリチュアリティについて話すときに人々が最初に思い浮かべるのが、宗教だからである。人々は宗教に対してたくさんの荷物を背負っている。仕事のスピリチュアリティは改宗や何を信仰しているかを問われるなどの恐れを呼び起こす。しかし、スピリチュアリティとは自分自身が良いものと感じるものであり、最善をつくすように動機づけるものである。スピリチュアリティとは自己を超えた何らかの力への信仰のようなものであり、自然や他人とのつながりを認識し、自分の目的や倫理的価値を探す。

そこでルッテは宗教を避け、人々が求めるならどこからでも、意味と目的を求め続ける探究心としてスピリチュアリティを考えるべきだと提案している。この定義に落ち着くと、人々は熱中するものだとルッテはいう。すなわち、スピリチュアリティは人生や仕事の価値を問うことであり、宗教のドグマのような結果ではないのである。しかし、ドグマがないとしても、人間として生きていく上で重要な誠実性、サービス、優秀さ、喜び、愛、思いやりのような価値は持続的であろうとルッテは考えている。

ルッテによれば、職場のスピリチュアリティに対する関心が爆発的に生まれている。ここ三年だけでも、カナダの職場のスピリチュアリティに関した巨大な会議が少なくとも一〇回は開催されている。そして仕事のスピリチュアリティに関わる独立したセンターがトロントとバンクーバーに作られた。

仕事のスピリチュアリティセンター

こうしたセンターの一つで、トロントにある「仕事のスピリチュアリティセンター」のために、職場のスピリチュアルな課題に関するセミナーを組織しているのは、トロント大学で神学を学ぶ博士課程の学生であるシェリー・コノリーである。彼女はさきほどのキング・ベイ教会の卒業生であり、トロントのロイヤル銀行本店で上級管理者として一〇万ドルの報酬を得ていた。しかしそのお金でこのセンターを設立したのである。彼女はダウンタウンにあるアングリカンの教会（チャーチ・オブ・リディーマー）において、毎週木曜日の昼間に瞑想の時間を設けている。その参加者の多くはこの教会の信徒ではないが、教会は静かな場所としてランチタイムに座って、祈り、考えごとをするビジネス従事者に利用されている。

彼女によれば、従業員たちは人前で個人のこと、感情や信念を表現することに対して、以前よりも安心して話すようになったという。プライベートな生活では、従業員の大半がスピリチュアルな実践に関わっている。

二〇〇六年五月中旬に公表された「カナダ統計」によれば、六〇パーセントのカナダ人が適度かかなり宗教的である。三二パーセントのカナダ人しか宗教的な儀礼に月に少なくとも一度しか参加していないが、五三パーセントの人が祈り、瞑想などのスピリチュアルな実践を個人ベースで恒常的に行なっているという。

しかしコノリーによれば、管理者たちは従業員が仕事に自身のスピリチュアルな感情をもって来るような正式のプログラムを設定することをためらっている。スピリチュアルな成長について対話を開くことを希望している人なら誰でも、自分の信念や組織の中での立場がたいへん安定していることを必要としている。管理者たちのためらいも、従業員への効用が明らかになれば、消えていくものであるとコノリーは示唆している。スピリチュアルな対話とは根底において自分の価値を理解し、他人を尊敬し、思いやりをもつことである。このようなこと全てが仕事における個人の成長と満足を深めるとコノリーはいう。

コンサルタントの活躍

仕事でスピリチュアルになるためには必ずしも会社が正式のプログラムを提供する必要はない、とエリック・ヘルマンはいう。彼はオンタリオ・リサイクル・カウンシルというＮＰＯの団体の常任理事をつとめ、リサイクル会社のコンサルタントでもあった。彼は三年前にビジネス界から引退し、今ではスピリチュアリティのコンサルタント会社「コンシャス・チェンジ」を運営し、「ワークプレイス・センター・フォー・スピリチュアリティ・アンド・エシカル・ディベロップメント・イン・バンクーバー」の理事もつとめている。

ヘルマンが会社を辞めた理由は、自分の宗教的信仰やスピリチュアルな人生の軌跡を話そうものなら、村八分にされ、欲求不満を感じたからである。これでは正直でもないし、自分の真実を表現できないなら、比喩的にも文字通りにも自殺したいと思った、と彼は言う。

彼は従業員がスピリチュアリティを議論し、それを意思決定に統合することを促すようなビジネス・セミナーの講師をつとめている。その他あらゆる呼称を使おうと努力してきた。持続性、価値、倫理、健康など。しかし、最終的にはスピリチュアリティをそのものとして言及しなければならなかった。その成果として『スピリチュアルなクロゼットから外に出て』という書籍を書くに至っている。

従業員の中にはスピリチュアリティに反対し、全く興味を示さない人もいる。そのような人への回答は、それで結構、それがあなたの選択です、と彼はいう。

しかしスピリチュアリティは健康や安全プログラムと同様に重要な、健康な職場の手段になるだろう、と彼は予測している。

職場はただ単に何とか生き延びて、真実の自分を表現できないような場所であるべきではない、とヘルマンは結論づけている。管理者として社員にただ形だけ動いて欲しいか、それとも職場が自分の欲求を満たしていることで取り組みが積極的であり、活気があって欲しいか、と彼は問う。

スピリチュアリティの効用

専門家によれば、スピリチュアルな実践を促進することで従業員に多くのメリットがある。そのうちの幾つかを紹介する。
新しいアイディアを開くこと――スピリチュアルであるなら、霊感に対してよりオープンになる。それは精神の創造性の源泉を開示する。
道徳的自覚――他人の欲求に敏感になることで、倫理的な行動への自覚が高まる。このことは特にドットコム時代に起きた企業不祥事以降はより重要性をおびている。
分裂を避ける――個人とビジネス生活の分断を避ける。人は自分のスピリチュアルな関心を自宅と仕事場で別々に話し合わなくとも良い。
人間関係を深める――人格的なつながりの欲求を理解することは、他人への共感や義利の感情を生む。
自尊心を高める――自分の目的やつながりの自覚は、威厳や他人からの敬意を高める。
責任感を生む――自分の行為の効果への自覚は、自己の行動に対する責任をより高める。
さらに努力することを促す――人は感謝され、共同体とつながっており、より大きな目的の一部であることを感じるなら、より動機づけされるように感じる。
才能を維持できる――人は自分が支持され、成長や満足が満たされるようなところに残りたがる。

トップからのスピリチュアリティ

スピリチュアルなイニシアチブは組織の誰からも来るものであるが、理想的にはトップから来るべきである、とマイケル・スティーブンは言う。彼はエトナ社カナダの元社長であり、『ビジネスのスピリチュアリティ――隠れた成功要因』の著者である。ある同僚からのアドバイスで、彼はリーダーシップに瞑想が大切であることを悟る。瞑想は私のリーダーシップに対する方法をがらりと変えた、と彼は言う。人の欠点よりも良い面を見るようになったのである。

社員がスピリチュアルな実践に参加すると、より落ちつき熱心に仕事に取り組むようになったことに彼は気がついた。彼は一九九〇年代にエトナ社カナダ（現在ではメラタイム生命保険会社の一部門となった）のCEO、さらにエトナ・インターナショナルがINGグループに買収され二〇〇〇年に退任するまでは、その会長として非公式に従業員に瞑想を勧めた。

このようなことは強制できないが、私の仕方は伝染した、と彼は言う。そして多くの社員が瞑想とスピリチュアルな成長を実践したのである。それは奇跡を生み、従業員は人格的なつながりや信頼の必要性により目覚めるようになった。彼はオンタリオ州オークビレに住み、ビジネス関係者にスピリチュアリティのコーチングを今なお続けている。

経営層の間には今日スピリチュアリティに対する巨大な関心が生まれている。なぜなら巨大な会社のリーダーなら、リラックスし、個人的反省をするチャンスが極めて少なくなるからであることを彼は見いだしている。リーダーのもっとも大切な仕事は、社員が成功し、よりよく働ける環境を作ることである。それは内面から来るものであり、社員のスピリットの成長を促進する以上によい方法はあるだろうか、と彼は結論づけている。

彼のようにトップ自らスピリチュアリティを実践し、さらに社員のモチベーションを高めるプログラムを実施しているようなトップや会社はまだまだごく僅かであり、少数派か異端的である。だが未来の経営者はスピリチュアル・ガイドとなることが求められている。しかし、その訓練や教育は全く受けていないトップが大半である。

一方、新入社員にとって、経営者がどんなスピリチュアリティをもっているかが、入社のさいの決め手となるだろう。リーダーの役割とは、社員のスピリチュアルな成長を促進する仕事を与えることである。己の所属する共同体の中で、従業員が天職（コーリング）の精神をもてば、仕事の効率は高まるだろう。

五　サウスウエスト航空の成功――スピリチュアルな企業文化の創造

組織においてスピリチュアルな企業文化を創造し、会社も社員もハッピーとなるためには実際にどのようにすれば良いのだろうか。企業は組織であるからトップ自らが模範を示し、組織としてのスピリチュアルな価値がしっかりしていて、それが日々の日常業務において実践されなければならない。その完璧な答えはまだ出ていないが、一つの実例としてサウスウエスト航空（ＳＷＡ）を取り上げる。この会社は低料金ながら顧客サービスに徹しており、喜びとユーモアあふれる職場として従業員の満足度も高い会社としてたいへん著名な米国の航空会社である。二〇〇七年の時点では、社員の数はＳＷＡシステムとしては三万人の規模であり、一日に三三〇〇便が運航している。二〇〇六年の時点で、三四年間連続増益を果たしている。

この会社はスピリチュアリティの定義にある超越的な信仰の側面に実はかけているが、全体への奉仕という高い価値観をもち、それが垂直軸に相当するだろう。厳しい選考過程をへて入社し、共同体の一員になることは、あたかも新興の教団にはいるようなものである。水平軸の側面では、共同体の志向性が明確に出ている。また根本的に働くことの意味を追求するという側面ではスピリチュアルな企業であるといえる。以下この企業をモデルとした帰納的研究によってスピリチュアルな価値に基づく経営モデル（図1）を提案したミリマン［一九九九］らの研究に基づき、あるべきスピ

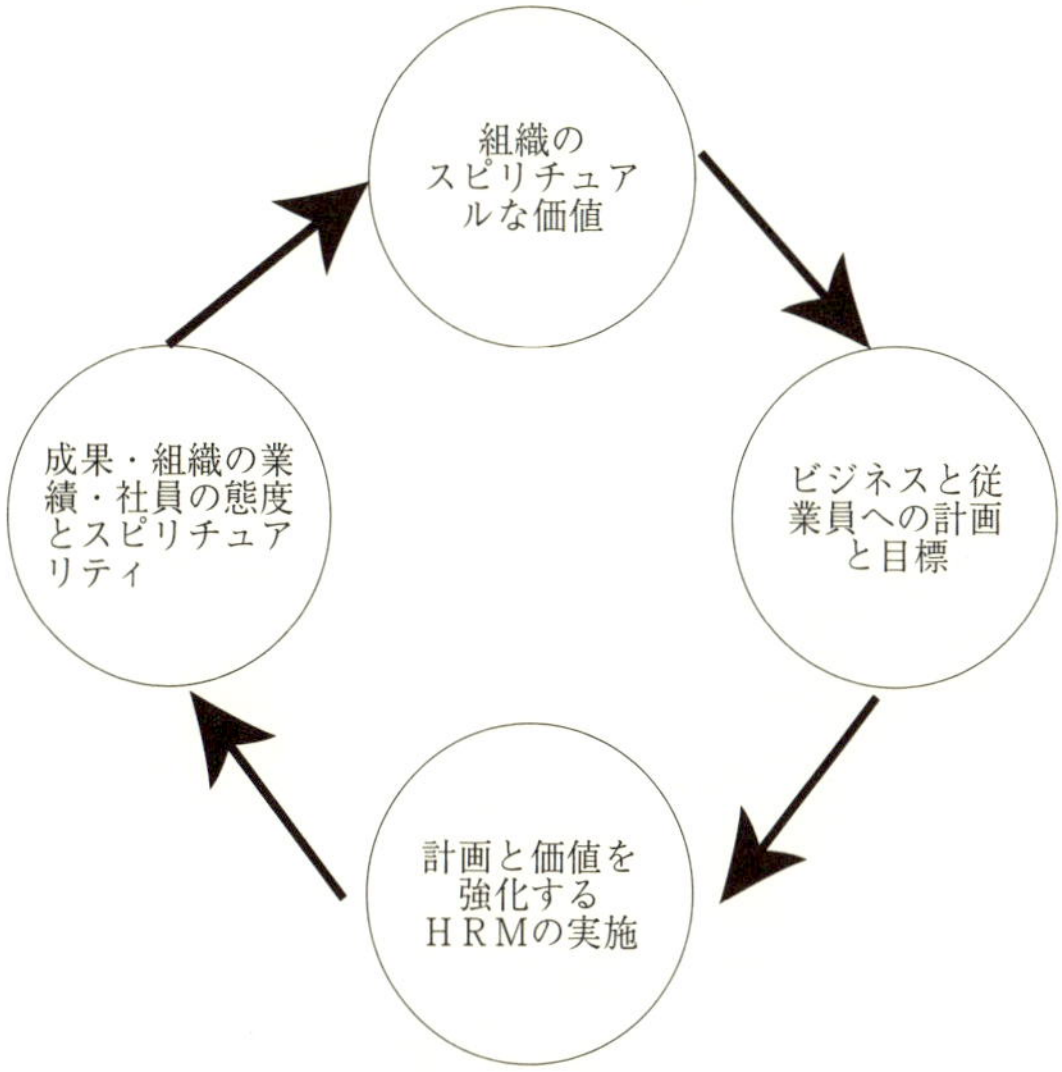

図１　スピリチュアルな価値に基づく経営モデル［Milliman ら 1999］

リチュアルな企業を描いてみたい。

スピリチュアルな経営モデル

図1のトップ（一番目）は、組織の魂、目的意識、優先事項、哲学、スピリチュアリティを意味する。その会社の経営理念、ミッションといっても良いだろう。それは会社内部においては社員の行動や意思決定の基準となる。

右側（二番目）は、組織のコアな価値によって実際にどのようなビジネス・プランが形成されるのかを示す。実践レベルで、個人やチームのプランを決定する。実際の運営は当初の理念とは異なり、難しい挑戦課題となることが予想される。

下側（三番目）は、従業員を開発し動機づけるヒューマン・リソース・マネジメント（ＨＲＭ）を意味する。すなわち、会社内での採用から異動、昇進、賃金、教育などの人材面での施策を意味する。

左側（四番目）はＨＲＭの実施によって、最終的な物的・精神的な成果や結果を意味する。そしてその成果が会社のスピリチュアルな価値をさらに維持し、強化することになる。

この四つが上手く回転すれば、スピリチュアルな経営が現実的に運営できるというのが、この経営モデルで示された概念図の内容である。ＳＷＡはスピリチュアルな価値が根底にあり、それが実践されることで企業文化を形成する強力な価値の体系をもつことが知られている。以下、四つのそれぞれについて大まかに説明する。

まず第一番目として、同社のスピリチュアルな価値観について説明する。ＳＷＡでは、何よりも共同体性が強調され、社員が第一に大切であり、顧客は第二に重要だとされる。しかし、顧客が軽視されているわけではない。そして社員の家族も重視され、会社のイベントに招待される。

従業員は自分が大きな価値の一部であると感じている。安くて楽しみな旅行という価値がこの会社の第一の価値である。需要が増大しても価格を上げないで、便数を増やしている。飛行機の経験の無い人に飛ぶ機会を与えることが会社の目的となっている。

厳しい規制や激しい競争の中でこの価値は大義となっており、巨大な大手航空会社の間にあって、ＳＷＡの反乱者的な精神、独立心が培われることになる。自分以上の全体性、ミッションとの連結性が生まれている。

従業員の権限委譲（エンパワーメント）が促進され、高いモチベーションをもって仕事の効率と業績を上げている。従業員は、自分は変えることができる、創造性の源泉である、自己管理して行動する、組織の価値と文化を完全に受容している、会社の方針にインプットしている、ということを信じている。

ＳＷＡでは社員は規則を破っても顧客のニーズに応え、他の従業員を支援することが奨励されている。誤った判断をしても、次回の改善のためにフィードバックがある。むしろ個人の成長のために失敗が奨励されている。そして従業員や職員の経営改善の提案が積極的に導入されている。

その他の核となる価値として、仕事の知的、技術面だけでなく、情緒やユーモアの面も強調されている。

ＳＷＡでは、顧客サービスは暖かさ、フレンドリー、個人のプライド、企業スピリットでもたらされる、とミッション・ステイトメントに書かれている。会社内にはサービスに関する伝説的ストーリーが恒常的にある。ユーモアと情熱を示す。喜んで仕事をする。

強力な勤労倫理があり、一生懸命働き、柔軟性がある。トップやパイロットも荷物運びを手伝うことがある。以上、会社のコアとなる価値観を述べてきたが、このような価値観によって、現実の経営プランが強化されているのである。二番目に、経営全般と個人に向けたプランの実践面をみてみよう。SWAでは維持費、在庫、訓練費の節減のためにボーイング737という同型機のみを利用する。そのほか、経費削減策として短距離間の頻繁に利用される路線に力を入れている。飲み物や機内食のサービスは制限し、チケットの前もっての座席指定はなく、他の航空会社への荷物の運搬やチケットの交換もない。その代わり、人間的なサービスがニッチな需要に応えている。

従業員はこのような価値に基づいた経営プランを実行するために、よく働き、一人で何役の仕事もこなすことは先ほどの一番目で述べた通りである。その他、権限委譲され、質の高いサービスをしていることも述べた。それでは、これらの従業員の行動が促進されるための三番目のHRMの施策を次にみよう。

他の会社もSWAを真似ようとしているが、どこも失敗しているのがこの素晴らしい哲学を実践することである。この会社の長期にわたる成功の秘訣は、良く考えられたHRMの実践なのである。

SWAは社員の採用プロセスにもっとも重きをおいている。採用において、応募者の技術的な能力よりも態度や価値観が重視される。それは普通の従業員だけでなく、パイロットにも当てはまる。態度をみる基準として、ユーモアのセンス、他人との協調性、親しみやすさが上げられる。採用試験の面接においてはグループ面談があり、そのような態度や自主性を見る役割プレーなどが行なわれる。

面接は同僚となる従業員や頻繁に利用する旅客が行ない、その深い視点が持ち込まれ、さらにチームワークが強調されるのである。優秀な職場環境で有名な同社では、広告宣伝もしないのに極めて多くの応募者が集まり、会社は従業員を精選できるのである。二〇〇六年では二八万の履歴書が送られ、三三〇〇人あまりが採用された。

社員は正式に採用されるとすぐに、会社から歓迎の挨拶をもらう。顧客の意見がもたらされ、多くの先輩社員が教師となってはりつく。社員は自主的に考えるように促される。訓練の中には、チームワークと喜びの会社文化を教えるために、ユーモアのあるビデオや寸劇もある。

社員のカジュアルな服装の施策があり、職場でコスチュームを支給するのも、楽しくリラックスした自発的な環境を強化するためである。

スピリチュアルな企業に関する文献では、社員への有形無形の報酬が潤沢であることが記述されているが、この会社も従業員に様々な見返りを与えている。最近では非解雇方針を明らかにした。人事はヨコの部門の異動や内部昇進が盛んである。利益の分配、ボーナス、退職のための積立金、ストック・オプションのプランをもっている。年俸が五年続けて上昇し、パイロットがストック・オプションのプランを受け入れた時に、CEOは自分の給与を凍結した。

その他非金銭的な報酬も多く用意されている。商品や旅行のほかに、楽しみのためだけでなく、特定の部署や個人の業績をたたえるための式典もある。過去の行動だけでなく、現在の行動も折々の式典で認知される典型的な会社である。

このようなHRMの施策によって、第四番目として、従業員、顧客、会社にどのような成果がもたされているのだろうか。

最も働きたい会社

SWAはアメリカでもっとも働きたい会社ベスト一〇〇の常連として長年名を連ねており、一九九八年にはもっとも働きたい会社として投票された。この調査によれば、ランダムに選ばれた従業員の典型的な意見とは次のようなものである。そこで働くことは信じられない体験である。会社では敬意をもって扱われ、賃金はよく、権限を任せてくれる。仕事に行くことが好きである。

このような社員の満足度が高い結果として、社員は航空業界ではもっとも低い離職率を示している。主要航空会社の中でもマイルあたりの労務費は最低であり、社員は会社内の様々な品質賞を受けている。またコミュニティへの奉仕活動に盛んに関わっている。さらに精神的危機にある社員のために危機基金が設けられ、互助的精神をしめしている。

社員の高い満足度と生産性が会社の収益に大きな役割を果たしていると多くの研究者はみている。少なくとも航空業界で、SWAは定時運行の最高得点、荷物運搬の最高得点、顧客からの苦情がもっとも少ないという三点で三冠王を一九九〇年代に五回達成している。浮き沈みの激しい航空業界の中で、一九七一年の創立した年を除き、毎年利益を生んでいる。一九九〇年代初期、主要な航空業界の中で利益を出した唯一の会社であり、同時に強烈な成長もしていたのである。

SWAは九八年におよそ二万五〇〇〇人の社員を抱え、九六年から九八年だけでも新たに五〇〇〇人の雇用を作り出した。九八年と九九年では、アメリカでもっとも尊敬する会社トップ一〇およびもっとも働きたい会社トップ一〇の両方にランクインした唯一の会社であった。二〇〇〇年から同社は、フォーチュンのもっとも働きたい会社のランキングに参加することを取りやめた。

二〇〇六年のフォーチュンの記事によれば、トップは交代したが会社の社風は健在であり、高い収益を上げ続けている。社員や顧客の満足度が高いだけでなく、投資家からの満足度も極めて高い。しかし厳しい競争の中にいることには変わりはない。労務費はこれ以上カットしようがないらしいが、会社の方針転換が予測されている[Gimbel 2005]。

おわりに

職場のスピリチュアリティはビジネスのスピリチュアリティ、神と職場、信仰の職場などとも形容されている。私は九九年にこの現象を『ビジネス・ウィーク』の記事[Conlin 1999]で発見して以来、資料を継続して収集してきたが、単なるビジネスの流行現象ではなく、次第に広範な社会現象に向かっていくことが予感できる。アメリカ経営学会のMSRに所属している研究者をみると、既存の巨大な研究集団である組織行動論の人たちも多く加わっていることが分かる。経営学の様々な研究分野に浸透し、本流になるかもしれない。

この小論では企業文化の創造という側面からこの現象を分析し、スピリチュアルな経営モデルを描いてみた。もちろんこの分析モデルはまだまだ不十分であり、より多くの実例を扱わねばならない。研究は始まったばかりである。

企業倫理とスピリチュアリティ

最後に企業倫理とスピリチュアリティの関係について述べたい。倫理は善悪の価値観に関する理論であるが、そこでは価値のあり方がその根底で常に問われている。人間は何らかの価値に基づき行動しているが、その価値の源泉はどこから来るのだろうか。既存の宗教団体が提供する価値ではないスピリチュアルな価値への欲求がこの運動の根底に横たわっている。スピリチュアリティから道徳的な規範がもたされていることが分かる。ある意味ビジネス倫理を根底から支え補完するものがスピリチュアリティという包括概念の中に宿されている。教義や強制された価値観とは異なって、自発的な本心から求める価値観としてスピリチュアリティが把握されると、これに反対する人はほとんどいない。

語源のスピリットは息であり、魂である。これからの企業は人間の魂の問題を正面から考えないと存続できない時代も来るのだろうし、たいへん厳しく挑戦的な課題となる。

この現象を実証的に最初に研究したミットロフはスピリチュアリティこそ、企業の最後の競争優位性になると述べている。しかし今なおこの現象は極めて特異で稀な事例として扱われる。大半のビジネスは人間の欲望と不祥事でまだまだ満ち満ちている。利己的かつ短期的な視点こそがビジネスの常道だという「神話」がいまだにビジネスの世界では支配的なのである。スピリチュアリティを企業の競争優位の要因として会社の経営に取り込もうとしても、利潤追求という目的が唯一の価値ならば、スピリチュアルな価値観は持続しない。二〇〇八年の金融危機の背後には強欲があったことは否めない。

利潤はあくまでも成果であり、高い顧客満足や従業員の自己成長の成果として、後からついてくるものである。チャンドラーが言うように組織は戦略に従い、ドラッカーがいうように戦略は企業文化に従う。ドラッカーならその企業文化をスピリチュアルな企業文化と言い換えるだろう。はじめに書いたように組織文化とはドッラカーの言葉でいうと、組織の精神（spirit of organization）である。

企業倫理を否定したドラッカー

ドラッカーは実は企業倫理を否定しているが、それは西洋文明とナチス・ドイツでの体験に根ざして、全体主義という価値の恐ろしさを知っているからである。特定の価値観に誘導ないし強制することの恐ろしさであるが、彼自身はもちろんヒューマニズムの価値観に依拠している。職場における特定の宗教への強制ないし従業員の宗教的信条の否定などという現象も実は一方で急増している。ある新任の最高執行責任者が信仰熱心の余り、職場の環境と合わず追放された実例もある。彼は職場で祈りについて語っただけでなく、神からのメッセージで現職のＣＥＯを辞任させるべきであると役員室で述べたという［Pitts 2005：B10］。

スピリチュアリティは根底では既存の宗教と目指していることは同じであり、密接につながっている。ここにこの問題の微妙な側面と困難さがある。個人の内面からほとばしるスピリチュアルな欲求が、組織の構成員としてどのようにその価値観が共有され、よりよき組織に更新できるのか。共有されない価値観は独善的に陥りやすく、危険であり、この点こそはドラッカーが忌避したものである。このような負の側面を抱えつつも、この現象は着実に広がっていくに違いない。

＊本稿は二〇〇三年に国立民族学博物館における研究会で著者が初めて報告した発表レジュメをもとに、大幅な改訂を行なったものである。当日有益なコメントを下さった先生方に厚く感謝いたします。

注

（1） このエピソードはよく引用される。ハイアールの急速な成長をドキュメンタリーとして描いたDVD、ウー・ティエンミン監督『CEO　最高経営責任者』（アップリンク、二〇〇五年）においても、このエピソードが生々しく登場する。

（2） 同書は国際経営文化学会の創立一〇周年を記念して刊行された五〇〇ページを超す論文集である。

（3） http://www.spiritatwork.org/awards/willisharman/ISAW%20APPLICATION-2007.doc（2007/08/03 アクセス）

（4） Wallace Immen, “Fostering good karma a touchy subject-Spirituality is the ’last frontier’ of workplace enlightenment, but WALLACE IMMEN finds interest is exploding,” *The Globe and Mail*, Toronto, May 24, 2006；Richard Foot, “Workers’ interest in spirituality and work across Canada-In office towers across Canada, workers openly exploring spirituality,” *CanWest News Service*, Toronto, Aug 28, 2006.

（5） “Faith is latest type of diversity in workplace, Movement is varied and powerful, author says,” *The Dallas Morning News*, 09：31 AM CDT on Saturday, March 17, 2007.（http://www.dallasnews.com/sharedcontent/dws/dn/religion/stories/031707dnbusworkfaith.379758a.html, 2007.8.14 アクセス）

参考文献

Anne Colby, “The Missing Link-For many, work lost its spiritual dimension when labor moved out of the field and into the factory. Now baby boomers are seeking to bring back soul,” *Los Angeles Times*, Monday, April 6, 1998.

David W. Miller, *God at Work：The History and Promise of the Faith at Work Movement*, Oxford University Press, USA, November 15, 2006.

Michelle Conlin, “Religion in the Workplace. The growing presence of spirituality in Corporate America,” *Business Week*, November 1, 1999.

Daryl Koehn, “Transforming our students：teaching business ethics post-Enron,” *Business Ethics Quarterly,* Vol 15, Issue 1.（January, 2005）pp.137-151.

Jill A. Fraser, *White-Collar Sweatshop : The Deterioration of Work and Its Rewards in Corporate America,* W.W. Norton & Company, Inc., New York, 2001.（森岡孝二監訳『窒息するオフィス―仕事に強迫されるアメリカ人』岩波書店、二〇〇三年）

Barney Gimbel, "Southwest's New Flight Plan," *Fortune*, New York : May 16, 2005.

Gordon Pitts, "Corner Office-The risks of giving God a seat in the boardroom, Disclosing he prayed about a decision was a defining moment in Gary Daichendt's short tenure at Nortel, GORDON PITTS finds," *The Toronto Globe & Mail*, August 8, 2005, Page B10.

John Milliman, Jeffery Ferguson, David Trickett, Bruce Condemi, "Spirit and community at Southwest Airlines: An investigation of a spiritual values－based model," *Journal of Organizational Change Management*, Vol 12, Issue 3, 1999, pp.221-233.

A.M. Pettigrew "On studying organizational culture", *Administrative Science Quarterly*, Vol. 24, 1979, pp.570－581.

樫尾直樹編『スピリチュアリティを生きる――新しい絆を求めて』せりか書房、二〇〇二年。

P・F・ドラッカー、上田惇生訳『新訳　現代の経営・上』ダイヤモンド社、一九九六年。

村山元理「米企業経営に静かに拡がる――職場のスピリチュアリティー」『月刊グローバル経営』（社団法人日本在外企業協会発行）No.262（六月号、二〇〇三年）、二〇―二三頁。

村山元理「第五章　ＳＲＷ研究の動向」住原則也編『グローバル化のなかの宗教』世界思想社、二〇〇七年。

村山元英編著『国際経営と経営文化――〝身の丈に合った〟学問』文眞堂、二〇〇七年。

吉原英樹・欧陽桃花『中国企業の市場主義管理――ハイアール』白桃書房、二〇〇六年。

リン・シャープ・ペイン著、鈴木主税・塩原通緒訳『バリューシフト――企業倫理の新時代』毎日新聞社、二〇〇四年。

参考ＵＲＬ

ASAW : http://www.spiritatwork.org/index.html

Southwest Airlines : http://www.southwest.com/

第三部　会社と宗教の経営

第7章　企業社会の秩序形成と「クウェーカーコード」
——テイラーの二〇世紀からキャドバリーの二一世紀へ

三井　泉

はじめに——宗教と経営をめぐって

二〇〇一年九月一一日のアメリカ同時多発テロに象徴されるように、二一世紀はテロと戦いの時代の幕開けとなった。あの日から約八年を過ぎた今日でも、アフガニスタンやイラクの情勢は泥沼化するばかりであり、世界各地のテロリストによる惨劇は連日のように報道されている。これは、二〇世紀には何とか表面的には沈静化されてきたかに見えた民族と宗教の争いの表面化でもあり、経済のグローバル化、産業の近代化という旗印のもとに世界に伝播してきたアングロサクソン的価値観にもとづく「民主主義」という合意形成スタイルに投げかけられた過激な挑戦と見ることもできる。いずれにしても、われわれが社会の問題を考えるとき、その背景にある宗教や価値観、そしてそれを支えている「文化的枠組」の問題を無視することはできない時代に入った。

「企業とは経済利益追求の目的合理的組織であり、その生命を左右する経営もまた、最大限に経済合理性を追求するための論理的に組み立てられた機能である」という一般的な企業観は、われわれにとって世界共通の認識であるかのように思い込まされてきた。しかし、果たしてそうであろうか。企業は事業遂行の合理的体系であると共に、文化的・社会的背景に根ざしたそれぞれの価値観をもった人間が「共に生きる」場所でもある。そのような、いわば「生活共同体」

言い換えれば「文化共同体」の基層から醸成されてきた多様な価値観が、「経済合理的な意思決定」に大きく影響していることは否定できない。またそれ以上に、一見合理的であるかに見える認識や意思決定が、実は文化的価値観の表出そのものであることも多い。それを浮かび上がらせようとするのが、「経営人類学」の企図するところである。

本稿であつかう「宗教と経営」の問題は、ある意味で経営学ではタブー視されてきた領域である。おそらく、その理由のひとつは、ある時期から価値の問題を排除して「科学」を標榜してきた経営学研究にとって、価値の問題の中心ともいえる「宗教」を扱うことは、「客観的対象」を扱うべき研究姿勢に反するように見えることである。さらに、宗教や信仰は極めて個人的な問題であり、他者が踏み込むことを拒む「タブー」の領域とも言えることから、特定の経営理論家の背景にある宗教や信仰に関わる資料が極めて少ないということもその大きな理由であると思われる。

本稿で扱うのは、経営者など個人が有している哲学や宗教の問題ではなく、企業やそれを取り巻く共同体に内在して、意識的・無意識的に人間の行為を規定している「枠組」あるいは「コスモロジー」としての宗教の役割であり、その経営という実践的行為への影響についてである。特にここでは、クウェーカー思想と経営との関係について論じるが、この理由は、クウェーカーがプロテスタントの宗派としては極めて小さく特異な集団でありながら、製鉄・鉄道業などを中心にイギリス産業革命の進展に大きな役割を果たし、その後も時代の転換点で大きな役割を担ってきたからである。本稿では、イギリスのバーミンガムおよびヨークで得られた調査を中心に、経営史文献なども使いながら考察を進めていきたいと思う。尚、以下の一、二の節は筆者自身の論稿［三井　二〇〇四］をもとに加筆・修正したものである。

一　分析のフレームワーク

ここで、経営学と宗教との関係を分析するためのフレームワークとして、社会学者ロバート・ベラーの「社会学における宗教」を参考にしたい。

ベラーは、ウェーバーとデュルケームに代表される従来の社会科学における宗教の扱われ方を、「合理主義」「非合理主義」という視点から再検討している。ベラーによれば、ウェーバーは悪、苦難、死といった人間生活に不可避的な、しかも純粋に科学的には解決し得ない「意味」の問題に関心を持ち、このような問いに対する宗教的回答が個人の「動機づけ」に深い影響を与え、長期的にみると社会的発展の上に重要な因果的影響を与えてきたことを示した人物であるという。また、ウェーバーは「カリスマ」の理論により、強力な「非合理的動機づけ」の力に形式や型を与える宗教の能力に注目したという点でも、「非合理的要素」としての宗教を社会科学の一般理論の脈絡に位置づけようとした人物である、とベラーはいう［Bellah 1970 : 7-8（葛西・小林訳 一九七四：八七―八八）］。

それに対してデュルケームは、宗教的表象は個人の心の中に存在しており、自己中心的な衝動を禁じ、個人を律して人々が外的実在に客観的に対処することを可能にし、これらの共有された表象が個人の動機づけに方向を与え、それを統御することで社会の存立そのものを可能にする、いわば「合理的」な役割――社会構成的役割――を果たしているという。

ベラーによれば、これら両者とも方向性は異なるが、宗教を記述的というよりはむしろ論理的脈絡に位置づけ、「非合理的要素の重要性」を認識させた点では評価できるという。しかし、宗教の「構造的理解」つまり「行為体系へといたる説明」には欠けていたのではないかと指摘する。

人間や集団が効果的に機能するためには、環境や自分自身に対する比較的凝縮された、高度に一般的な「定義づけ」を持つ必要がある。その定義づけが「アイデンティティ」（自己同一性）とよばれるものであり、緊張や混乱の現代には、自らを行為に一貫性を持たせ、自己を維持するために、この「自己同一性」の感覚が必要不可欠となる。われわれの認識の上からも、また動機づけの上からも意味のある「自己同一性」をもたらすものが、行為体系における宗教の役割であるとベラーは言う［Bellah 1970 : 11-12（葛西・小林訳 一九七四：九四―九五）］。これは、文化人類学者ギアツの言う「宗教とは存在の一般的秩序の概念を形成し、さらに、態度や動機づけがこの上なく現実的であると思えるようにこれらの概念に実際性の微妙な雰囲気を纏わせることによって、人間の中に、強力で、全体的に浸透し、長期間持続するような態度や動機づけを確立する象徴体系である」ということと同じであるとベラーはいう［Bellah 1970：12（葛西・小林訳 一九七四：九五）］。

以上を筆者なりに言い換えると、宗教とは「個人や集団に対し、それら自身やその世界についての最も一般的な枠組を与えることによって、意味と動機づけを結びつけている象徴的な枠組」と言ってもよいと思う。これは、われわれ人間に自らの存在根拠となるような意味と位置を与えるシンボリックな体系であり、一般に「世界観」あるいは「コスモロジー」と呼ばれるものに近い。ギアツによれば、宗教のこのシンボリックな側面は、エトス（倫理観）と世界観とを結びつける役割を果たしているという。本稿では、宗教のこのような役割に注目して、経営との関連性を見ていくことにしたい。

ここで、もう一方の「経営」の意味についてもふれておく必要があろう。経営の定義は千差万別であるが、ここでは、「ある歴史・社会・文化的コンテクストの下で、一定の具体的目的や目標を設定し、協働行為を通じてその目的を達成するための計画・実行そして成果の評価にいたるまでの一連の実践的行為」と定義しておきたい。つまり経営とは目的を達成するための「実践的行為」であるという点に特徴があるが、この「実践」についてもふれておこう。

構造人類学者の北沢方邦は、『脱近代へ――知／社会／文明』の中で、「実践」を「プラクシス（praxis）」と「プラティーク（pratique）」という二つの観点から説明している。プラクシスとは、意識的に個人が行う選択的で断続的な行為である。これに対して、プラティークは古来より神話や儀礼などの形をとって共同体に内在してきたもので、選択の余地無く、われわれの無意識のうちに連綿と行われてきた行為をさす。これら二種類の行為は、われわれの生活の中では結びついていたが、近代化の進展と共に次第に分離されるにいたったと北沢は指摘している。その結果として、プラティークの中にあった知識はあたかも《迷信》のように扱われて切り捨てられ、一方で無意識から切り離されたプラクシスは、単に形式合理性を残すのみになったという［北沢 二〇〇三：四九］。

経営という実践的行為は、文化的歴史的背景を持つ協働の現場で行われていることから、本来は「プラクシス」と「プラティーク」は未分離のはずである。しかし、近代化・産業化の進展と「科学的論理」の発展の中で、経営実践は、プラティークから切り離されたプラクシスとしてのみ市民社会に認知され、「合理的・理性的」性格を強めることによって、近代社会におけるその存在理由を獲得していったと言ってもよい。その結果、今日ではプラクシスの形式的、合理的体系としての経営学や経営技法のみが、あたかも普遍的な「グローバルスタンダード」として世界を席巻しつつあるように見える。しかし、現状を見れば、経営上の異文化間コンフリクトや経営倫理の問題など、現実にはプラクシスとプラティークの間で多くの問題が起こっているとは言えないだろうか。

以上のような観点から経営と宗教の問題を捉え直してみると、今まで扱われた宗教の視点、つまりウェーバーの「プロテスタンティズムと資本主義の精神」に代表されるものは、個人に内在する「エトス」の基盤という捉え方であり、いわば意識的なプラクシスとしての実践的行為を支える根拠として宗教を位置づけているのではないかと筆者は考える。これに対して、共同体に内在するコスモロジーとしての宗教は、プラティークとしての実践の基盤として宗教を捉えることになるのではないかと思われる。前述のギアツが指摘している宗教の役割は、このプラティークという面を強調したものであると思われ、これこそ経営人類学の視点からの「宗教と経営」の研究の立脚点であると考えられる。以下では、このような観点からクウェーカー主義と経営実践との関係について考察していきたい。

二　イギリスにおけるクウェーカー企業家の発展とその思想的特長

プロテスタントの一派であるクウェーカー派は、ジョージ・フォックス（George Fox）により一七世紀半ばに創設された。「クウェーカー」という名称は、宗教的陶酔の境地にある教徒が「震える（Quake）」様子に由来しており、初期の思想は「内なる光」を重視する聖霊主義であった。創設当初から、他のキリスト教会に見られるような、あらゆる儀礼・形式・律法主義に反対するという立場をとり、徹底した平和主義の姿勢を貫いていた。

信徒は一九九四年度時点で世界で推定三五万人、アメリカで一〇万人程度であると推測されている。三〇〇年以上の時代的変遷を経て、その信仰的姿勢は現在ではかなり変化しているが、今日でも彼等の集まりは「礼拝」ではなく「集会」（meeting）と呼ばれ、会堂には十字架も聖像もなく、司式を執り行う牧師もいない。組織のコーディネーターはいるが宗教的リーダーということではない。集会では共通の賛美歌や祈りの言葉もない[1]。

創設当初から、彼らは非国教徒であることや徴兵、納税義務拒否などから社会的な支配層からは排除されており、そのことが、必然的に彼らを経済活動へと向かわせた。しかし、フォックス自身は経済活動については、以下のように厳しく律している（詳細に関しては、山本［一九九四：九三―九四］を参照）。

（1）交易、商取引と農耕などの、神の知恵による統御。善行による同世代への奉仕（service）。
（2）取引における万民に対する正確性、誠実性、清らかさの保持。すべての人の「内なる光・正しい原理」への応答。
（3）負債と高利と強制取り立ての禁止。自分の資力を超えた事業展開の禁止。
（4）営業における怠慢の禁止。営業状態の言葉と書状による説明責任（誰もお互いに不正を働かず、お互いを抑圧せず、お互いに奉仕しあい、約束を守り、自己の能力の範囲内にとどまるためである。外的な財産、外的な富について誠実でないならば、誰が真の財産をもっておまえたちを信用するだろうか）。
（5）経済活動が神を誉め、栄光をあらわすための活動であること。

ここで、フォックスは経済活動を禁止しているのではなく、「誠実に」他者に「奉仕」することで神の栄光を増すことができるということであった。つまり、経済活動を「奉仕」と捉えた点に大きな特徴がある。

フォックスの示した上記のような規律は、一七世紀の終わりには以下のような七項目の「警告の書簡」（教徒のモラルコード）としてロンドンの会議で提案されている［山本　一九九四：一〇三］。

（1）遅滞なく、人を害することなく返済できる限度内で、融資を受けて事業を行うべきである。

（2）満期がきたら、なるべく早く負債を支払うよう注意すべきである。
（3）もし早急に負債の返却を行わない者がいるなら、まず一人のフレンド（友）会徒が彼を喩し、つぎには数名の会徒が彼を喩すべきである。だが、もし説得が成功しないなら、彼の問題は月会の審議にかけられるべきである。
（4）友会徒は、一年に一度収支決算書を作成すべきである。
（5）自分が破産寸前の状態にあることがわかった者は、自分が所属する集会の、複数の誠実な友会徒たちに相談すべきである。
（6）実際に破産してしまった者については、彼を批判する証が発行されるべきである。
（7）諸月会は、以上の事柄を検査する任務を帯びた友会徒を、各々任命すべきである。

以上のように、財務事項に関わる「説明責任」や「誠実性」を強調した規則は、クウェーカーのコミュニティーにおいて一般的にしかも厳格に実施され、事業で破産したクウェーカーはほとんどの場合破門されたという。このようなコードは一八世紀になるとより厳しく適用されるようになり、教徒内部の統制の強化と同時に、外部の人々のクウェーカーへの信頼性を高めていった。世界初の商品定価販売もクウェーカーによって始められ、その誠実性から会計監査業務に携わるものも多かった。これ以降も時代の変遷と共に内容を変えながら、クウェーカーはこのようなコードを生み出しており、これが社会秩序の形成に大きな影響を与えている。

一八世紀、一九世紀はイギリスのクウェーカー実業家達が大活躍したが、代表的なものとしては、世界最初の鉄道業、綿工業のブライト（Bright）、銀行業のロイズ（Lloyds）、製鉄業のダービー（Darby）、会計事務所のプライスウォーターハウス（Price Waterhouse）、ビスケット業のハントリー&パーマー（Huntrey & Parmers）、ココア・チョコレート業のキャドバリー（Cadbury）やラウントリー（Rowntree）など、今日でも名前を残すものもある。この時期にイギリスの全人口に占めるクウェーカーの割合が約〇・〇五パーセントであったことを考えると、経済的な活躍の大きさには目を見張るものがある。

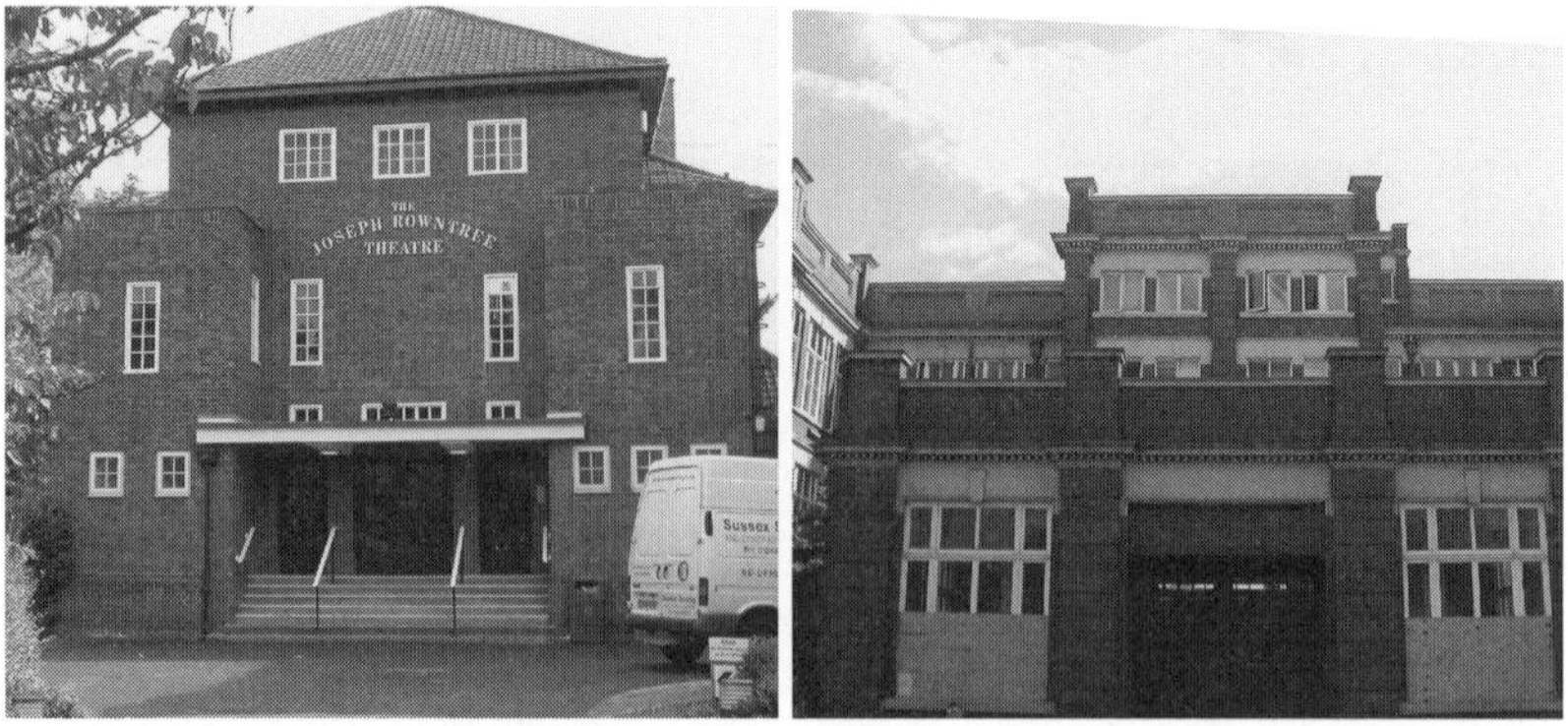

ラウントリー工場周辺の従業員福利施設。右は社交クラブ、左は劇場

このようなクウェーカー企業の発展の原因は以下のようなものであるとされている［山本　一九九四：一五三―一五六］。第一に、この時期のクウェーカー教徒は中産的階層に属しており、その中核は新興工業都市の手工業者や商人達であり、クウェーカーの職業倫理がこれらの人々に適合していたこと。第二に、一八二八年の「審査法（The Test Act）」廃止に至るまで、クウェーカーを含む非国教徒は公職や支配者層の職業から排除されており、活躍の場が実業界に限定されていたこと。また、パブリックスクールやオックスフォード大学、ケンブリッジ大学等への入学も許可されていなかったため、独自の中等教育機関を設立して、科学・技術・実務教育を重視していったこと。第三に、クウェーカーの職業倫理である、勤勉、正直、慎重、自己審査、質素、慈善などは、内部の行動基準となるのみならず、外部に対する評判を維持、向上させたこと。第四に、クウェーカー教徒間以外の婚姻を禁止していたことで、家族間に強力な結びつきをもっており、それが企業活動にも有利に働いたこと。第五に、月会、季会、年会という集会の開催が、クウェーカー企業家間の情報交換の機会を提供したこと、などである。

　このようなクウェーカー企業の発展と共に、企業家達の中から教団の実務的指導者や思想的指導者も誕生していった。また、実業家が中心となって集会の形態もさらに整備された。しかし、一九世紀半ば以降になると、事業の拡大と共に、より高い社会階層への移動を希望してクウェーカー派を棄教する企業家が多くなったという。このような企業家のなかで最後まで残ったのが、キャド

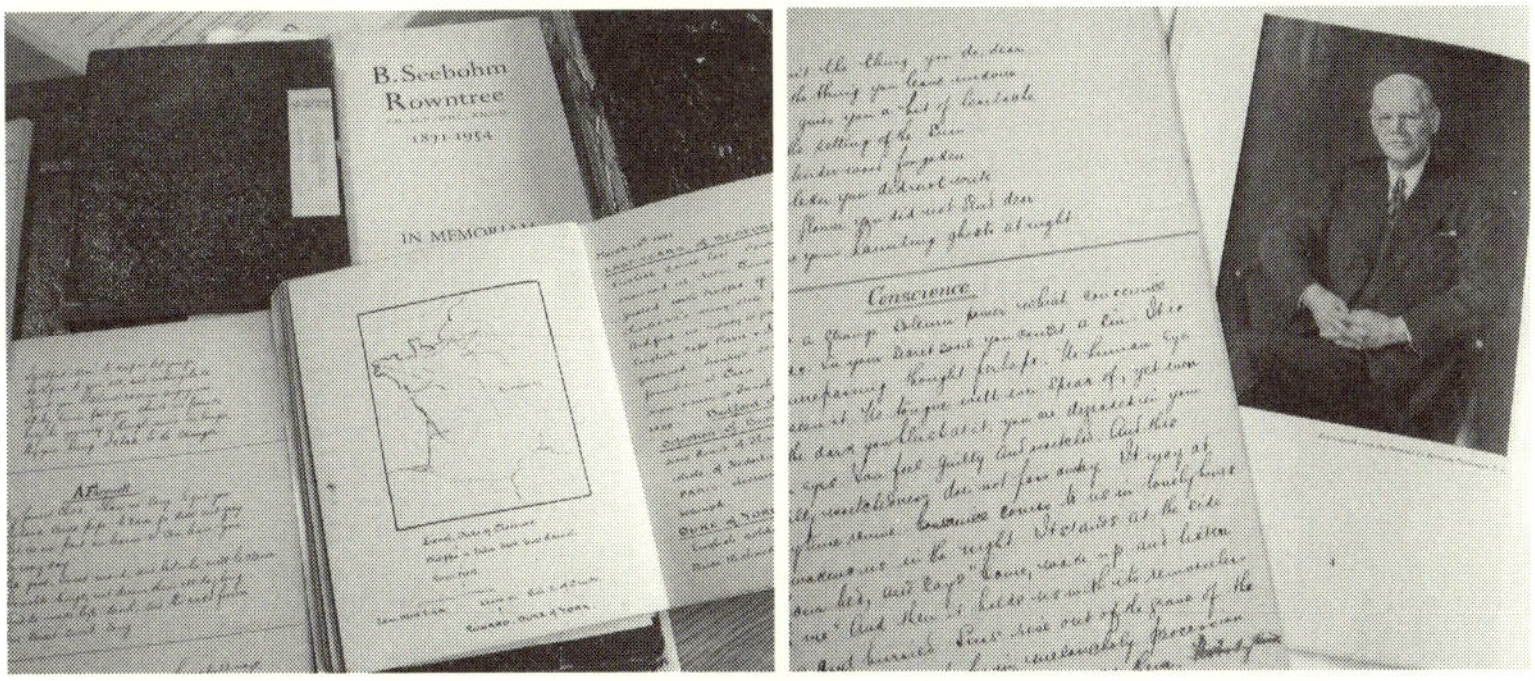

S・ラウントリー（1871―1954）の手書きノート「信仰について」他

バリー家とラウントリー家であった。

一九世紀末以降は、工業先進国としての地位はアメリカに取って代わられ、英国は「福祉国家」へと方向転換を図っていく。このような社会情勢の中で、従業員住宅や田園工場の設営で従業員福祉に力を入れてきたキャドバリー社やラウントリー社の経営姿勢は、イギリス産業界に大きな影響力を持つようになった。とりわけ、シーボーム・ラウントリー（Seebohm Rowntree）はヨークの「貧困」に関するイギリスで初めての統計的社会調査を行い、クウェーカー雇用主会議を開催するなど産業界のリーダーとしての役割を果たした。彼は産業を「国民への奉仕」として位置づけて、国家の労働や福祉政策等にも深く関与していった。また、イギリスやアメリカの経営学者を雇用主会議に招いたり、ラウントリー社の取締役会に加えたりした[2]。J.チャイルドは著書『イギリスの経営思想』の中で、二〇世紀初頭のイギリスにおいて、経営管理思想の形成の上でクウェーカー企業家が果たした役割の大きさを指摘し、彼らは労使関係改善の手段として「奉仕」の倫理を採用しなければならないと提唱した最初の人々であったと述べている［Child 1982：38-39］。

この時期の社会・経済問題に対する基本的な立場は、一九一八年の年会「真の社会秩序の八つの基礎」として表明された。これは、この時代から今日までのクウェーカーの基本的行動基準を示したものであると思われる。つまり、一九世紀の「クウェーカーコード」といってもよいかもしれない。以下に、そのポイントを示しておこう（［山本　一九九四：二三七―二三八］より抜粋）。

「真の社会秩序の八つの基礎」

創始者ジョージ・キャドバリー（1839—1922）と従業員住宅

（1）人種、性別、社会階層を超えた兄弟愛の実現。
（2）物質的目的に優先して、人間的成長を実現する社会秩序の実現。
（3）経済的、物的な不公正の解消と、全人格的発展の平等性の実現。
（4）個々人の間の障壁撤廃。負担の平等性。
（5）正義・親愛・信頼の重視と、その労使関係への適用。
（6）力による支配ではなく、協力と善意による対立の克服。
（7）生活の基盤としての奉仕の精神。
（8）人間の社会発展のための物的資本の有効利用。

以上、一七世紀のフォックスから始まるクウェーカー主義の歴史を、とくにイギリスにおける企業活動とそこにおける行動基準（コード）の存在を中心として紹介してきた。われわれは先に、宗教を「われわれ個々人や社会のアイデンティティを決定づける基本的な枠組みであり、一種のシンボリックな体系として企業や共同体に浸透し、われわれの行為や思考を方向付けていくもの」としてきたが、クウェーカーの信仰により構造化された行為や思考の特徴を、筆者は以下の三点として捉えている。

第一に、「内なる光（inner light）」という個々人に内面化された基準である。この基準は個人個人でそれぞれ解釈は異なるものの、それに導かれた行動をとることにより、結果として「神の意思」に従うことになるはずであるという、クウェーカー共同体の共通認識である。第二には、フォックスの「警告の書簡」以来、時代的変遷に合わせて変化してきたクウェーカー共同体の社会規範（モラルコード）、あるいは「コード化」という行為である。これは教徒間の関係のみならず、クウェーカー共同体の外部社会への信頼性を高めるのにも有益であったことがわかる。そして第三には、「集会」という形式による意思決定（合意形成）のスタイルである。このスタイルは礼拝にも、また「ビジネスミーティング」とよばれる会の運営会議にも共通のスタイルである。また、この集会はリーダーとメンバーが縦の関係で垂直的に結ばれているのではなく、リーダーはあくまでもコーディネーターの役割を果たし、全員が平等な「水平的関係」を形成していることに特徴がある。(3)

また、クウェーカーの職業倫理を要約すれば以下のようになる。「経済的活動や物的成果は、奉仕の精神を社会的に実現するための手段にすぎず、奉仕と協力による人間的成長により、この世に神の国を実現させることが最高の目的である」。また、「徹底した平等主義」と「善意と協力による対立の克服」を職場の労使関係から国際関係に至るまで強調している点も大きな特徴であると思われる。

さて、近年の状況をみると、ラウントリー家はラウントリー・マッキントッシュ社の株主として経営にも参画していたが、一九七〇年代にネスレに買収されるとともに企業経営から退き、現在は「ヨゼフ・ラウントリー財団（Joseph Rowntree Foundation）」を中心とする三つの財団運営を行っている。(4) この財団の理事にはクウェーカー教徒が参画している。

一方でキャドバリー家は、現在は、キャドバリー・シュウェップス社（Cadbury Schweppes）というグローバル企業の一部として名前が残るのみである。(5) 最後までこの企業に会長として残っていたキャドバリー家の末裔エイドリアン・キャドバリー（Sir. Adrian Cadbury）も一九九一年にはその席を退いた。しかし、退任後サッチャー政権下で、今日の世界的なコーポレート・ガバナンスの先駆けとなった「キャドバリー委員会」の委員長に指名され、一九九二年に通称「キャドバリー・リポート」と呼ばれる報告書を起草した。この点については後の章で詳述する。

三　二一世紀の企業社会のモラルコード――Ａ・キャドバリーとコーポレート・ガバナンス

エンロン事件やワールドコム事件など、世界経済を揺るがすような企業不祥事をきっかけとして、一九九〇年代以降「コーポレート・ガバナンス」の議論がさかんに行われるようになった。この口火を切ったのは、通称「キャドバリー・リポート」(Cadbury Report)とも呼ばれる「コーポレート・ガバナンスの財務的側面に関するリポート」(Report of the Committee on the Financial Aspects of Corporate Governance)であった。この報告書は、イギリスの企業不祥事や会計士の責任問題を受け、一九九二年にサッチャー政権の下で、財務報告評議会、ロンドン証券取引所および会計専門職団体によって設置された委員会によって作成されたものであるが、その代表こそ、エイドリアン・キャドバリー卿(Sir George Adrian Hayhurst Cadbury)であり、組織の名称も「キャドバリー委員会」と称されるものである。

彼は、先に述べたキャドバリー家の一員として一九二六年に生まれ、ケンブリッジ大学在学中はボート競技のオリンピック選手としても活躍した。一九五二年からキャドバリー株式会社に入社し、一九六五年には会長(Charman)となり一九八九年に退職するまで、経営の第一線で活躍し、家族企業であったキャドバリー社を世界有数のコングロマリット、キャドバリー・シュウェップス社へと発展させると同時に、キャドバリー家から受け継いだ経営理念を一貫して貫き通した。その間にはイングランド銀行理事(一九七〇～一九九四)や英国ＩＢＭ取締役(一九七五～一九九四)を歴任し、その経営手腕と共に誠実な経営哲学が評価された結果、先の委員会の代表に任命されることになった。

このキャドバリー報告書は、企業の財務的な側面や取締役会の責任についての規定(コード)を打ち出したものである。エイドリアンその人がクウェーカー教徒であるか否かは不明であるが、キャドバリーコードの中心となる「最善行動規定」(The Code of Best Practice or 'Cadbury Code')には、前章で述べたクウェーカー企業の基本理念が色濃く反映しているように筆者には思われる。特に、その核ともいえる「取締役会」と「報告義務」に関わるコードについて、次に簡潔に示してみたい[*Report of the Committee on the Financial Aspects of Corporate Governance* 1992]。

(1) 取締役会について

①取締役会は、定期的に開催し、企業に対する十分かつ有効な統制を維持すると共に、執行経営者を監視すべきである。

②いかなる個人も決定を左右する力をもつことのないように、権力と権限の均衡を図る企業の幹部の責任の分担が明確な形で周知徹底されるべきである。

③取締役会が擁すべき非執行取締役の手腕および人数は、彼らの見解が取締役会の決定においてきわめて重要なものとなるだけのものとすべきである。

④取締役会は、企業の指揮と統制が確実に取締役会の手中にあることを示すために、とくに用意された審議事項の正式な予定表を備えるべきである。

⑤取締役が職務を遂行するに際して必要な場合には、費用は企業負担で、独立した職業的専門家の助言を求めるために、認められた手続きを整備するべきである。

⑥すべての取締役は、取締役会の手続きを遵守し、適用すべき規則、規定に準拠させるために、取締役会に責任を有する企業の秘書役の助言および業務を利用すべきである。企業の秘書役の解任についてのいかなる問題も、取締役会全体の問題とすべきである。

(2) 報告と統制について

①企業の状態についての公平でわかりやすい評価を提供することは、取締役会の職務である。(*)

②取締役は、客観的かつ専門的な関係が監査人の間に維持されるようにすべきである。

③取締役会は、少なくとも三名の非執行取締役からなる監査委員会を設置し、その権限と職務を明確に定めた委員会規定を文書化すべきである。

④取締役は、監査人の報告責任に関する報告書の次に、財務諸表作成に対する取締役の責任について説明すべきである。
⑤取締役は、企業の内部統制システムの有効性に関する報告を行うべきである。
⑥取締役は、必要な場合には、確証的な仮定または限定事項を付して、事業活動がゴーイング・コンサーンであることを報告すべきである。

（＊）株主向けの報告書および財務諸表は、企業の業績および見とおしについての、数字によって裏づけられた、一貫性を備えた文体で書かれるべきである（傍点は筆者）。公平性を保つためには、失敗事例を成功事例と同様にあつかうことを要する。報告書が容易に理解されることが必要なため、文章を数字同様に重視することが強調される。

（3）「規定」（コード）が基礎をおく原則

①「規定」が基礎をおく原則としては、公開性、誠実性およびアカウンタビリティーの諸原則がある（傍点は筆者）。かかる諸原則は、相互に関係している。企業側での公開性は、当該企業の競争状態によって規定される範囲内で、事業とその成功に利害関係を有するすべての人々との間に存在しなければならない信頼性の基礎である。公開という情報の開示の方法は、市場経済の効率的な運営に貢献し、取締役会が有効な措置を講じることを促進させ、また、株主およびその他の人々が企業についてより徹底的に調べることを可能にする。
②誠実性は、正直な行動と完全性の双方を意味している。財務報告に求められていることは、それが正直なものであり、また、企業の状態について均衡のとれた描写を行うべきことである。報告書の誠実性は、かかる報告書を作成し、提出する人々の誠実性に依存している。
③取締役会は、株主に対してアカウンタビリティーを負うとともに、両者はかかるアカウンタビリティーを有効なものとする際に、それぞれの役割を果たさなければならない。取締役会は、株主に対して提供する情報の質を高めることにより、また、株主は、所有者としての責任を積極的に履行することにより、それぞれ自己の役割を果たさなけれ

ばならない。

④本規程の遵守を説く議論には、二つの論拠がある。まず第一に、責任についての明確な理解とかかる責任が履行された方法を公開するという考え方は、取締役会が、自分たちの戦略を練り上げ、それに対する支援を獲得するのを助けるであろう。それはまた、資本市場の効率的な活動を手助けし、かつ、取締役会、監査人および財務報告の信頼性、ひいては産業界における全体的な信頼性の水準を高めるであろう。

⑤第二に、財務報告の基準が、そしてより一般的には企業行動の基準が作成されない場合には、規制に対する依存が一層強くなることは避けられないであろう。仮に、基準を設定する人々によって、実行可能で、かつ有効であることが既に示されたものを強制する場合には、とにかく、より詳細に規制に向かうものと考えられる。

以上はキャドバリー規定からの抜粋であるが、これはその後世界基準となったOECDのコーポレート・ガバナンス原則にも引き継がれている。この規定のみを見れば、現代企業が当然守るべき信頼獲得のための普遍的な基準のように見えるが、先述のフォックスの「警告の書簡」と比べてみると、経営の公開性、誠実性、アカウンタビリティー（説明責任）を根幹に置く点において、きわめて類似した性格を有していることに驚く。これは二一世紀の「クウェーカーコード」であるといっても過言ではないとすら思われる。もちろん、これのみで直ちにクウェーカー主義の現代への影響と結論づけるのは早計であると思われるが、行動基準の「コード化」という様式をも含めて、その根底にあるクウェーカー主義との構造的な同型性を指摘することは可能であると筆者には思われる。

エイドリアン・キャドバリーは著書『トップマネジメントのコーポレート・ガバナンス』の中で、自らの会長職の経験を踏まえ、企業が果たすべき義務について述べているが、そこで一貫して繰り返されるのもまた「公開性、誠実性、責任」ということである。彼はまた、企業には歴史的に形成されてきた行動基準や価値理念があり、それが企業独自の性格を形成し組織をひとつにまとめる接着剤となっているとして積極的に評価しているが、これが変化に対して硬直的にならないようにトップは注意しなければならないとも言う。先に述べたコードの役割は、おそらく、企業が自らの価値理念を見直すに時に必要な、企業社会の基本的な支柱となるものと考えられる。その意味でも、二一世紀企業社会のモラルコードと位置づけることができよう。

おわりに――テイラーの二〇世紀からキャドバリーの二一世紀へ

二〇世紀の世界の産業界を一変させた革新のひとつは、フォードに代表される「大量生産方式」であると言われるが、それを支えた管理手法であるとともに「思想」ともいえるのは、F・W・テイラーの「科学的管理法」であった。二〇世紀初頭のフィラデルフィアの製鉄工場に端を発し、国や文化や政治体制を越え広く世界を席巻した「科学的管理」の生みの親テイラーも、実は敬虔なクウェーカー教徒を父として生まれ育ち、クウェーカー資本の工場で技師をしていた。彼は、当時の作業現場に蔓延していた労働者の「組織的怠業」をやめさせ、労使対立を克服するためには、成り行き任せの管理から「科学的」基準に基づく作業管理を行い、全体の「能率」を上げることによって、「労働者には高賃金、使用者には低労務費」を同時に実現する必要があることを主張した。彼の方法は高い能率を実現させたが、労働組合からは労働強化の旗印として標的とされ、ついには国会喚問にまでかけられる事態に発展する。しかし彼の思想には、一九世紀初めのクウェーカー特有の職業倫理や科学主義が色濃く現われていたと思われる。

テイラーは著書『科学的管理法』の総論で、自らの信念を次のように述べている。「結局、労使双方に満足を与えないような管理法、両者の持つ最善の利害は相互的であることを明らかにしないような管理法、労使互いに押しやることなく、互いにひきつけるような、心からの協調心を生みださないような管理法は、どんな制度でも、どんな形式でも論ずるに足りない。このような条件がなければよい管理法であるとは言えないと思うが、しかし世間一般にはこのことがはっきりと認められていない。むしろ資本家の利害は労働者の利害と、（大抵の重要事項に関して）必ず相反するもので

あると、資本家も労働者も考えているのが普通である」[Taylor 1911a : 21-22]
また、組織的怠業（労働者の集団での生産制限）に関しては次のように言う。「工員でも、資本家でも、製造家でも、何人によらずわざと出来高を制限するものは、社会民衆の富を奪う。商売の利益であると考えて、まじめに出来高を制限しているものでも、また他の理由で故意に制限しているものでも、正当に民衆に属するところの富を奪っているのである」[A Reprint of the Public Document 1912 : 18-19]

テイラーはこれを克服するものこそ、科学的な基準に基づく管理手法であるとして、その本質を以下のように述べる。「科学的管理法には、何ら新たな事実や発見というものはない。しかし、いくつかの要素が未だかつてなかった一種の結合をなすことを必要とする。つまり、古い知識を集めて分析し、それを分類して、法則規則とし、これにより科学を作り上げることである。それに工員および管理者側が相互に対し、各自の義務と責任とに対し、根本から精神的態度を変えることである。両者の間に新たに義務の分担を行い、旧式管理の考え方の下ではできないような、親密な友情に基づいた協力を両者がすることである。こういうことさえも多くの場合、段段に発達してきた科学的手法の助けを借りなくては、実現することができなかったのである。科学的管理法なるものは、単一の要素ではなく、このような全体の結合を言うのである。要約して言えば、①科学を目指し、目検討をやめる。②協調を主とし、不和をやめる。③協力を主とし個人主義をやめる。④最大の生産を目的とし、生産の制限をやめる。⑤各人を発達させて最大の能率と繁栄を実現する。」[Taylor 1911b : 140]

このテイラーの思想には、プロテスタンティズムに共通する勤勉の精神とともに、先に述べた一九一八年の「社会秩序の八つの基礎」に示された、「兄弟愛に根ざした協同、人格における発展の平等性、経済的な不公正の解消や平等性の実現、正義や信頼の労使関係への適用、協力と善意による対立の克服」などのコードと類似する価値観が存在しているように思われる。英米のクウェーカー企業家間のネットワークによる思想が直接伝播していた可能性もあるが、その点は現時点では確かな証拠はない。しかし、状況証拠により、当時のクウェーカーの思想はテイラーの科学的管理論にも影響していたと筆者は考える。

以上の考察から、テイラーの思想が二〇世紀産業社会を牽引していたとすれば、キャドバリーの思想は二一世紀企業社会を切り開く役割を果たしているとは言えないであろうか。それらが共にクウェーカー主義の影響に彩られているという事実に改めて驚く。もちろん、これのみをもってクウェーカー主義の端的な影響過程を示すことは無理があるかもしれないが、ある種のシンボリックな世界観やコスモロジーを反映しているといってもよいのではないだろうか。

クウェーカーの目指すところは「地上での神の国の実現」にあったという。とすれば、彼らにとっては企業活動それ自体が目的ではなく、それを通じて「神の国」がどのように実現されるかということこそが重要なことである。先に述べたそれぞれの時代の「クウェーカーコード」は、その時代状況に対応して企業活動を行うことによって、神の国をこの世に実現するための「道しるべ」と考えることもできよう。しかし、それが結果的に、世界の企業社会のルール形成に大きく影響してきたことは極めて興味深い事実である。

先に述べたように、宗教とは行為を構造化させて社会の秩序を形成させる「大枠」を規定するものである。そして、意識的なプラクシスとしての行為のみならず、共同体に年月をかけて浸み込んだプラティークとしても深く無意識に機能している。そのような意味で、各時代ごとに現れてきたクウェーカーの思想やコードは、個人のエトスを超えて、社会に内在するシンボリックな世界観としても作用してきたのではないかと考えられる。もちろん、これらの状況証拠のみでこの問題を論ずるのは早計であると思われる。今後、さらなる考察を進めたいと考えている。

注

（1）　筆者自身が調査のために英国バーミンガムの Bournville Village（Cadbury 社の発祥地）で立ち会ったクウェーカー集会では、アメリカの同時多発テロ（二〇〇一年九月一一日）の直後であったせいもあり、深い沈黙の後で人々が静かに立ち上がり、次々に世界平和への切実なメッセージが述べられた。そこに異端派神秘主義という色合いは全く感じられなかった。また、終了後のコーヒータイムでは、外部者をも広く受け入れ親しい交流が展開されていた。ここでクウェーカーの資料調査に関する貴重なアドバイスもいただいた。

（2）イギリスの経営思想家であるO・シェルドンやL・アーウィックはラウントリー社のボードメンバーでもあった。また、ボストンの社会活動家にして経営思想家のM・フォレットは、自らもクウェーカーであり、シーボーム・ラウントリーに招聘されてイギリスに行き、後に彼女の思想の中心となる連続講義をロンドン大学経営大学院で行った。彼女の思想にはラウントリー社の経営が大きく影響している。

（3）今日のクウェーカー教徒の意思決定に関して、エスノグラフィーによる観察を行ったA・ブラドニー（Anthony Bradney）とF・カウニー（Fiona Cownie）は、彼らの意思決定を「合意形成」ではなく、「内なる光」により「統一（unity）」に至る過程であると指摘している［Bradney & Cownie 2000 : 72］。

（4）その活動は、かつて労働者住宅として建てられたNew Earswickの住宅群のメンテナンスや不動産管理、都市開発や奨学金事業などを行っている。二〇〇二年の筆者の現地調査では、財団のボードメンバーには現在も数名のクウェーカー教徒が所属しており、社会活動を通じて今日までその精神を確実に受け継いでいる。しかし、ヨーク郊外にあるかつてのラウントリー社の工場は、現在はネスレ社の工場として使用されており、「ネスレ・ラウントリー事業部（Nesle Rowntree Division）」という看板にかつての面影を残すのみであった。二〇〇三年の筆者の現地調査では、ラウントリー社の本社と従業員福利施設であった劇場の建物は残されていたものの、現在は使用されておらず、既にネスレ社から他の組織に売却が決定しているとのことであった。しかし、工場敷地内に建てられていた従業員用の図書館は現在一般の図書館として公開されており、ネスレ社員により利用されていた。

（5）二〇〇一年の筆者のボーンビルビレッジ（キャドバリー工場発祥の地）の調査では、かつての田園工場跡に、キャドバリー・ワールドというビジターセンターが建てられ、チョコレートの歴史や製造工程を展示する家族向け娯楽施設となっていた。キャドバリー家の歴史展示はその一角にわずかに残されていた。またその周囲の労働者住宅群は、ボーンビルビレッジのトラストにより修理・運営されていた。

参考文献

A Reprint of the Public Document, "Taylor's Testimony Before the Special House Committee" 1912. (Harper & Row 1947). (上野陽一訳『科学的管理法』産業能率短期大学、一九六三年。)

Bellah, R. N., *Beyond Belief : Essays on Religion in a Post-Traditional World*, Harper & Row., 1970. (葛西実・小林正佳訳『宗教と社会科学のあいだ』未来社、一九七四年。)

Bradney, A., & Cownie, F., *Living Without Law : An ethnography of Quaker decision-making, dispute resolution*, Dartmouth Pub. Co. Ltd., 2000.

Cadbury, A., *Corporate Governance and Charmanship*, Springer., 2002. (日本コーポレート・ガバナンスフォーラム、英国コーポレートガバナンス研究会専門委員会訳『トップマネジメントのコーポレートガバナンス』シュプリンガー、フェアラーク東京、二〇〇三年。)

Child, J., *British Management Thought*, George Allen & Unuwin Ltd., 1969. (岡田和秀・高澤十四久・齋藤毅憲訳『経営管理思想』文眞堂、一九八二年。)

Report of the Committee on the Financial Aspects of Corporate Governance, 1992. (八田信二・橋本尚訳『英国のコーポレートガバナンス』白桃書房、二〇〇〇年。)

Taylor, F.W., *Shop Management*, 1911a (Harper & Row 1947). (上野陽一訳『科学的管理法』産業能率短期大学、一九六三年。)

Taylor, F.W., *The Principles of Scientific Management*, 1911b (Harper & Row 1947). (上野陽一訳『科学的管理法』産業能率短期大学、一九六三年。)

北沢方邦『脱近代へ——知／社会／文明』藤原書店、二〇〇三年。

三井泉「プロテスタンティズムと経営思想——クウェーカ派を中心として」経営学史学会編『経営学を創り上げた思想』文眞堂、二〇〇四年。

山本通『近代英国実業家たちの世界——資本主義とクエイカー派』同文館、一九九四年。

第8章　祈りと感謝をめぐる宗教システム

——宗教経営学の視点から

岩井　洋

はじめに

本稿の目的は、西欧カトリック社会と日本における奉納画（Ex-Voto《エクス・ヴォート》）と絵馬）と、その図像表現や奉納形態に着目し、宗教経営学の視点から、宗教システムの動態について比較考察することである。

従来、Ex-Votoや絵馬の研究は、「民俗宗教」「民衆宗教」や「民間信仰」と呼ばれる宗教現象に関する研究の文脈で行なわれてきた。しかし、奉納画と奉納行為、さらにそこから派生する諸現象が、宗教システム（宗教の仕組み）にどのような影響をおよぼすのか、というシステム論的な視点による研究は少ない。

そこで本稿では、宗教経営学の視点から、宗教システムの動態について考察する。議論の手順としては、第一に、本稿が立脚する宗教経営学の視点について概観する。第二に、西欧カトリック社会における奉納画について、その歴史的展開と図像表現について紹介する。第三に、日本における絵馬の歴史的展開と図像表現について紹介する。第四に、第一から第三の議論を受け、奉納習俗と宗教システムの動態について考察する。

一　宗教経営学の視点

「宗教経営学」[1]とは、宗教システムの管理・運営に関する学問である。筆者が宗教学でも経営学でもなく、宗教経営学という用語を使うのには、研究上の戦略的な意図がある。それは、宗教学と経営学の両者の視点を相対化するためである。

宗教学においては、宗教集団や宗教組織の運営を「経営」という言葉で表現することに対する、強い抵抗感がある。これには、二つの要因が考えられる。ひとつは、経営という言葉が、すぐさま「営利目的」や「利潤追求」といったイメージと結びつきやすく、人間の救済を理想とする宗教に対して使う用語として、不適切だと考えられていることである。いまひとつは、宗教教団の運営が、企業体の運営と根本的に異なるという認識によるものである。しかし、後述するように、経営という言葉自体に、本来、営利目的や利潤追求という含意はない。また、宗教教団と企業体が、集団や組織の特質において相違点をもっているとしても、その共通点への着目や両者の比較研究を拒否することは、宗教学の学問的発展を阻害することにもつながる[2]。

一方、経営学においては、もっぱら企業経営を研究対象としてきた[3]。これは、企業経営という概念と経営学という学問が、近代の産物であることと深く関わる。しかし、日置弘一郎［二〇〇〇］が指摘するように、経営学を社会システム[4]の管理・運営に関する学問として広くとらえれば、近代以前にも社会システムの管理・運営に関するノウハウは存在していたはずである。たとえば、ピラミッドの建設や荘園の管理・運営をみただけでも、「作業分担や作業管理に加えて、作業員の食事や生活についてのノウハウなどを考えると、相当に多くの管理ノウハウが発達し、蓄積されていたものと考えてよい」［日置　二〇〇〇：九三］。したがって、企業経営を対象とする研究は、社会システムの管理・運営という点では、比較的新しいものであるといえる。このように、「経営」を営利目的や利潤追求に関わる行動としてではなく、社会システムの管理・運営としてとらえるならば、宗教教団の管理・運営も「経営」として表現できるはずである。

以上のように、宗教システムの管理・運営に関する学問としての宗教経営学は、宗教学に経営という概念を導入することで、宗教研究の幅を広げるとともに、企業経営に特化した経営学の知見を、宗教教団の管理・運営に適用する可能性を示唆するものである。

さて、宗教経営学の視点に関して、「宗教システム」と「管理・運営」という用語について補足しておきたい。本稿でいう宗教システムは、パーソンズ［一九七四］やルーマン［一九九三、一九九五］のシステム理論(5)における、全体システムの一部としての宗教システムをさすのではなく、宗教現象そのものの仕組みや、宗教組織の仕組みをさす。そして、宗教システムは、理念的には、ハードウェア・ソフトウェア・人間の三つの要素から構成されると考えられる(6)。様々な形態をとる「モノ」としてのハードウェアは、それを動かす「プログラム」としてのソフトウェアと一体となっている。そして、ハードウェア＝ソフトウェアを動かす人間の実践により、システムが作動するといえる。宗教システムにおいては、聖地、教団施設、儀礼用具をはじめとするモノや物質的基盤がハードウェアに相当し、教義、戒律、儀礼の内容、儀礼用具の使用法などのルール、約束事やハードウェアの使用法などがソフトウェアに相当する。

さて、システムの「管理・運営」についてであるが、前述のように、宗教システムに「宗教現象そのものの仕組み」という意味合いを含めた場合、一般にイメージされる「管理・運営」から、若干ずれが生じるはずである。つまり、管理・運営といった場合、管理・運営主体としての、特定の人間が想定されているのが通常である。しかし、宗教現象一般を考えた場合、明確な管理・運営主体を見出せないような事例も少なくない(7)。本稿では、管理・運営の主体が明確ではない「宗教現象そのものの仕組み」についても、あえて「管理・運営」という用語を拡大して使いたい。なぜならば、管理・運営主体が明確な組織であっても、ウェーバーのいう「意図せざる結果」［ウェーバー　一九八九］やマートンの「潜在的機能」の概念［マートン　一九六一］が示すように、主体の意図通りの結果がシステムに生じるわけではないからである。そこで、管理・運営主体が一方的にシステムをコントロールするのではなく、主体とシステムの相互作用の結果として、システムの動態をとらえることができると考えたほうがよい。したがって、本稿では、主体の意図と行為、主体とシステムとの相互作用、さらには（意図せざる結果も含めた）システムの動態、などを含めた広い概念として、「管理・運営」という用語を使用する。

二　西欧カトリック社会における奉納画——エクス・ヴォート（Ex-Voto）について

エクス・ヴォートの起源と展開

西欧カトリック社会[8]における奉納画と奉納習俗について論じるにあたり、奉納画の起源について概観しておく。

西欧カトリック社会では、奉納物全体を「エクス・ヴォート」（Ex-Voto）と呼び、これはラテン語の「誓願により」という意味に由来する。本稿では、奉納画に限定して議論をすすめる。エクス・ヴォートは、一般に、奇跡を起こすと信じられている聖人・聖母などの超越的存在に対する感謝のしるしとして奉納される。もちろん、イエス・キリストに対して奉納されたものもあるが、大多数は聖人・聖母に対する奉納である。信者は、病気や事故をはじめとする、何らかの危機的状況に遭遇した際、超越的存在に対して、「願いを叶えてくださったら、必ずエクス・ヴォートを奉納します」と誓願をする。そして、その願いが成就した感謝のしるしとして、自分が誓願した聖人・聖母に由来する教会に、エクス・ヴォートを奉納する。

エクス・ヴォートの起源は、身体の部分をかたどったテラコッタ（terra cotta　褐色がかった橙色の素焼）に求めることができる。カッサール［Cassar 1964：22-29］の報告によると、エーゲ海のマルタ島から、新石器時代の粘土や石灰で作られた身体の部分をかたどった奉納物が出土している。これらは、病気が治癒した感謝として、神々の神殿に奉納されたものと考えられる。また、少し時代が下ると、ペロポネソス半島のエピダウロスを中心として展開したアスクレピオス（*Asklepios*　ギリシャ神話の医神）崇拝の中にも、身体の部分をかたどった金属製の奉納物をみることができる[9]。

これらの奉納物は、現在でも、身体をかたどった蝋細工や金属の打ち抜きという形態で、カトリック社会に広くみられる。

本稿で取り上げる、祈願内容を図像化したエクス・ヴォートは、キリスト教がヨーロッパに浸透してからのものと考えられる。フリードバーグ［Freedburg 1989］によると、一七世紀中頃には、感謝のしるしとして図像を作ることが習慣化していたという。ドイツ南部バイエルン州にある、聖母マリアの巡礼地アルトエッティング（Altötting）には、約二〇〇〇枚の図像化されたエクス・ヴォートが存在するが、その中で最も古いものは、病気でベッドに横たわる男性を描いた一五〇一年のもので、ヨーロッパで現存する最古のものと考えられる(10)。エクス・ヴォートは、奉納者自身が描いたものから、有名な画家が描いたものまで様々であるが、多くの場合、巡礼地の奉納画家や各地を放浪していた無名の画家によって描かれた［Baer 1976：14］。また、その材質は、主に木の板であり、大きさは三〇センチ四方程度の小型のものから、貴族によって奉納されたかなり大型の額まであるが、そのほとんどは、庶民が奉納した小型のものである。

エクス・ヴォートは、奉納者が危機的状況に瀕した場面を描写することで、超越的存在に対する感謝の意を直截に表現する手段とした、テラコッタや金属の打ち抜きなどの形態の奉納物から派生したものと考えられる。このことは、病気からの回復に対する感謝の表現として、眼や手足などをそのまま図像化したエクス・ヴォートをみると明らかである［Jaeger 1979］。また、身体をかたどった奉納物が、キリスト教以前から存在することを考えあわせると、現存するエクス・ヴォートの奉納習慣は、カトリックが土着の宗教慣行を漸次吸収していったものといえる。

エクス・ヴォートにみる図像表現

次に、エクス・ヴォートの図像表現を手がかりに、人々の信仰のあり方について考察する。エクス・ヴォート研究の先駆者である、クリス＝レッテンベックは、エクス・ヴォートの図像を構成する要素として、以下の四つをあげている［Kriss-Rettenbeck 1972：155］。

（1）奇跡を起こす聖人・聖母の像や聖なる場所などの超自然的な力の表示
（2）天界を向き、祈る人物の描写
（3）地上の人物と超自然的な人物あるいはシンボルとのコミュニケーションの発端となった出来事や状況
（4）状況、出来事や希望を記した銘文

また、言語行為論の視点から、絵馬とエクス・ヴォートについて論じた荒井芳廣は、エクス・ヴォートの図像を、以下のような六つの要素に分けている［荒井　一九七八：二九九］。

（1）祈願の対象、奇跡の遂行者
（2）祈願者
（3）祈願内容（否定的な状態）
（4）祈願内容（肯定的な状態）、望まれた結果
（5）否定的な状態の原因となる存在、事件、あるいは誤った手段
（6）実現の手段

これらの要素が組み合わされ、エクス・ヴォートの図像を構成しているが、基本的な図像構成としては、三つの部分からなる。すなわち、天空に後光を浴びて、あるいは雲の中に現れる聖人・聖母の姿、祈願内容などを表す絵、そしてそれに関する文字情報である（文字情報のない場合もある）。これらを図式化すると、図1のようになる。

祈願内容の多くが個人的なものであり、伝染病や火災、水害といった共同体に関わるものには、共同感謝のエクス・ヴォートがみられる。文字情報の中には、**EX VOTO**といった文字や、「祈願し、恩恵にあずかりました」という意味

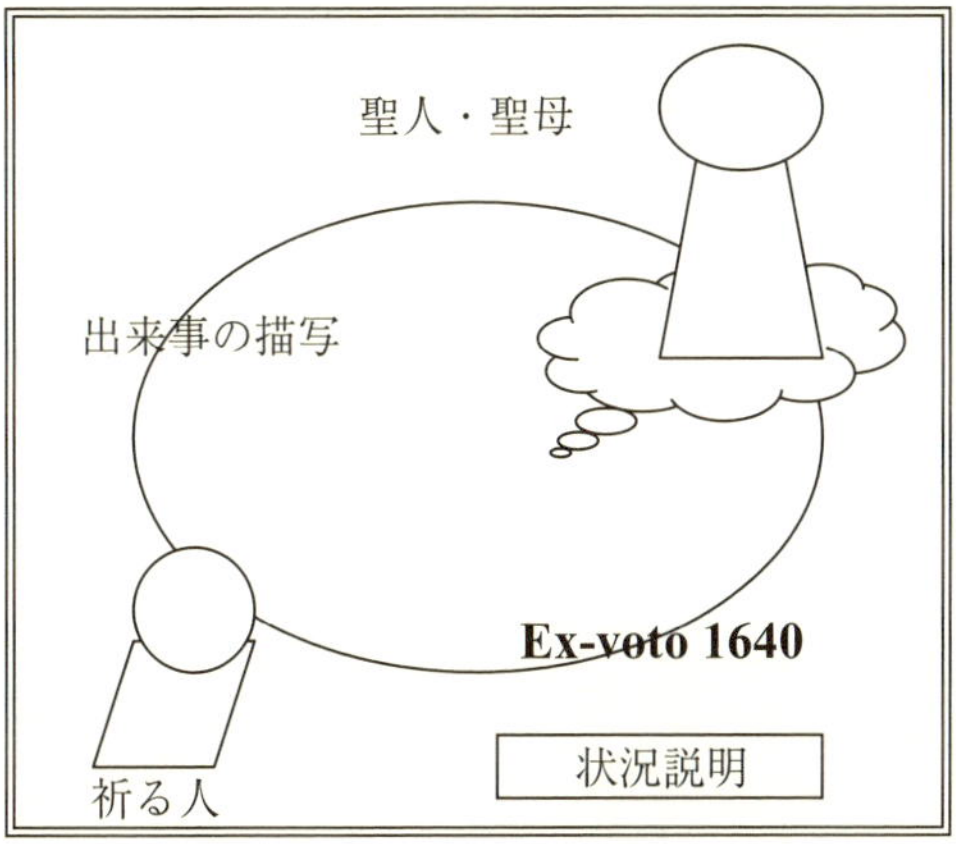

図1　エクス・ヴォートの図像構成

のVFGAあるいはFGVA（votum fecit gratiam acceptit）、同様にPGRあるいはGR（per gratia ricervuta）、MQF（milagro que fez）などの決まり文句が含まれていることが多い。

エクス・ヴォートの画題としては、先行研究［Bauer 1971, Baer 1976, Cousin 1981］を総合すると、以下のように分類することができる。

(1)病気（身体各部の病気、ペストやジフテリアなどの伝染病など）、(2)出産、(3)子供の保護、(4)死、(5)家畜の病気、(6)交通事故（馬車、列車、自動車）、(7)水難（洪水、海難など）、(8)火事、(9)作業中の事故（土木作業、井戸掘り、狩猟など）、(10)戦争（戦争からの生還、捕虜収容所からの生還、空襲など）(11)祈る人（個々の祈願内容は銘文の中）、(12)その他（国家試験合格、強盗、両親からの結婚許可など）

また、エクス・ヴォートの現代的な形態として、交通事故の写真［Gallini 1986：226-235］や新聞記事をそのまま額に入れたものや、刺繍で感謝の文字を綴ったもの、大理石板にDankeやMerciといった感謝の言葉を刻んだ、簡略化されたものがある。クザン［Cousin 1983：267-272, 305-306］は、一九世紀に従来のエクス・ヴォートが大理石板にとってかわられたという。ウィルソン［Wilson 1983：243-150］も同様に、一八八〇年代と一八九〇年代を「エクス・ヴォートの現代的形態」への転換期と位置づけている。

エクス・ヴォートと聖人・聖母

さて、エクス・ヴォートの図像から明らかになるのは、奉納者と聖人・聖母との関係性である。前述のように、エクス・ヴォートにイエス・キリストが表現されていることは希であり、ほとんどの場合が聖人・聖母である。このことは何を意味するのだろうか。

カトリックの教義にしたがえば、トリエントの公会議（一五四五～六三）以降、聖人・聖母は三位一体の仲介者として位置づけられており、人々の願いは、神の最も近くにいると考えられる聖人・聖母の「とりなし」（＝仲介）によって、神のもとへと届けられるとされている。したがって、エクス・ヴォートにみられる感謝の表現は、理念的には、聖人・聖母の「とりなし」に対する感謝と理解することができる。しかし、実際の宗教実践をみるならば、人々は聖人・聖母を直接の崇拝対象としてきたことは明確である。たとえば、現存するエクス・ヴォートの銘文をみても、「マリア（あるいは聖人の名前）様、助けていただいてありがとうございます」という文言を、多く目にすることができる。

現実に、エクス・ヴォート奉納が習慣化したと考えられる一七世紀以降、カトリック教会が提示する教説を、一般庶民が正確に理解し、それに沿った宗教実践をしてきたとは考えにくい。聖人・聖母は、人々が苦難や危機に瀕したときにすがるべき救済のチャンネルとして存在してきたといえる。[11] また、火災よけ（聖フロリアヌス）、紛失物探し（パドヴァの聖アントニオ）、自動車の事故よけ（聖クリストフォルス）、眼病治療（聖ルチア）といったように、聖人に応じて祈願に対する加護機能の分担があり、人々にとっての聖人は、遥か彼方の存在というよりも、日常生活のあれこれの問題に応える身近な存在であったとみたほうがよい。

三　日本における奉納画——絵馬について

絵馬の起源と展開

さて、次に日本の絵馬の歴史的展開と図像表現について紹介する[12]。

一般に「絵馬」とは、神社仏閣に奉納された板絵を意味するが、その起源は、その字のごとく、生馬の献上にあったとされる。このことは、神霊が馬に乗って降臨するという伝承と関連があり、神の乗り物として、生馬が献上されたと考えられる。『常陸国風土記』（八世紀）には、崇神天皇の時代から鹿嶋大明神に馬を献上していたことが記されている。また、『続日本紀』（八世紀）をはじめとする多くの文献にも、神馬の献上についての記事がみられる。さらに、雨乞儀礼においては黒毛の馬、日乞儀礼においては白毛の馬が献上されていたとされる。これは、雨雲＝黒、太陽＝白という、色による呪術的効果によるものと推測される。生馬の献上とは別に、土製や木製の馬型を献上する習俗も生まれた。これは、生馬を献上できなかった際の代替物であると考えられる。

現在の絵馬のような板絵に関しては、難波長柄豊碕宮《なにわながらとよさきのみや》跡（大阪市中央区）から出土したものが日本最古とされる。これは、赤色顔料が鮮やかな絵馬で、飛鳥時代の「戊申年」（六四八年）銘の木簡とともに出土した。これに続くものとしては、伊場遺跡（静岡県浜松市）や稗田遺跡（奈良県大和郡山市）から、奈良時代の絵馬が出土している。

平安時代から室町時代までにかけての絵馬については、実物がほとんど現存しないが、『年中行事絵巻』『天狗草子絵巻』『春日権現験記絵巻』などをはじめとした絵巻物を通して、その状況をうかがい知ることができる。『年中行事絵巻』や『春日権現験記絵巻』では、黒毛の馬と白毛の馬の図が、二枚一組で奉納されたものが描かれており、生馬献上にみられた雨乞と日乞の習俗が、そのまま板絵の奉納習俗にも継承されていることがわかる。また、『天狗草子絵巻』（鎌倉時代）には、絵馬が仏教寺院に奉納されていることが描かれている。これは、神仏習合思想の影響をあらわすと考えられ、本来、神に奉納すべき絵馬を、仏教寺院に奉納することに対して、あまり抵抗がなかったことを示している。

室町時代中期になると、絵馬は画題と形状の面で大きく変化する。画題としては、馬だけではなく、様々なものが描かれるようになる。また、形状も横長の長方形のものから、上辺に丸みを帯びたもの、扇面型などの変形の絵馬も登場した。さらに大きさにおいても、漸次大型化する傾向がみられた。大型化した絵馬はやがて扁額形式になり、桃山時代には、上級武士や商人たちによって豪華な絵馬が奉納されるようになった。これらの中には、高名な絵師たちが筆をふるったものも多かった。たとえば、清水寺に奉納された海北友雪による「田村麿夷賊退治之図」は、横六間・縦二間という巨大なものである。

絵馬が大型化し扁額形式になり、絵馬の奉納がさかんになるにつれ、絵馬をかけるための絵馬堂が、各所に建立されるようになる。造営年代が明確なものとしては、慶長一三年（一六〇八）、豊臣秀頼が寄進した京都北野神社の絵馬堂が最古のものとされる。

絵馬堂が成立するようになると、それは一種の「ギャラリー」の機能を果たすようになる。高名な絵師の作品がかけられるとともに、画題は多様化し、「算額」と呼ばれる数学絵馬もかけられるようになった。これは、江戸時代以降に発達した「和算」（日本式の数学）を背景としたもので、自作の数学問題を絵馬としてかかげ、その問題を解いた者が、さらに解答を絵馬としてかかげる、というものである。ここには、絵馬堂を通した、参拝者同士のコミュニケーションが成立していた。

近世以降に大型化した絵馬、すなわち「大絵馬」とは別に、中世までの小型で吊懸形式の絵馬、すなわち「小絵馬」は、庶民のあいだで受け継がれた。小絵馬には、民間信仰の要素が色濃く反映されている。神仏を明確に区別しなかった庶民の信仰形態は、画題の多様化を促進したと考えられる。つまり、信仰対象が多様化することにより、その信仰対象に関連する画題も多様化することになる。ちなみに、岩井宏実［一九七四：一二五―一二六］は、小絵馬の画題を次の九つに分類している。

表1　絵馬の画題と祈願内容

画題	祈願内容	意味
牛	瘡（皮膚病）治癒	瘡（かさ）を草になぞらえ、牛に草を食べさせようという発想。
鶏	子供の夜泣き封じ、夜盲症治癒	夜泣き封じ＝鶏は夜に鳴かないことに由来。夜盲症治癒＝鳥目という言葉に由来。
向かいめ（「め」という文字を二つ向かい合わせたもの）・八つ目（眼の形を八つ描いたもの）	眼病治癒	「向かいめ」＝「め」の文字をデザイン化したもの。「八つ目＝病眼（やんめ）」の語呂合わせ。
逆松（松を逆さに描いたもの）	逆まつげを治す	「逆さの松＝逆まつげ」という語呂合わせ。
縁切り（男女が背中合わせに座っている図）	男女の縁切り	祈願者にとって望ましい状態を図像表現したもの。
心に錠（「心」の字に錠をかけた図）	浮気封じ	浮気心に強く錠をかけるという意味。

（1）馬の図
（2）神仏の像を描いた図
（3）神仏を象徴する持物などを描いた図
（4）神仏に縁故の深い眷属などを描いた図
（5）神仏の依代・祭場・祭具などを描いた図
（6）祈願の内容を描いた図
（7）礼拝姿を描いた図
（8）干支を描いた図
（9）その他

絵馬にみる図像表現

西欧カトリック社会におけるエクス・ヴォートと日本の絵馬を比較した場合、大きな違いが二つある。ひとつは奉納形態の違いであり、前者は感謝の奉納、後者は祈願の奉納にウェイトがおかれている点である。いまひとつは、図像表現の違いである。つまり、エクス・ヴォートは感謝内容についての直截な表現をとるのに対して、絵馬は直截な表現をとらず、むしろ「判じ絵」や「謎解き」の要素をもっている点である。

表1に、代表的な画題・祈願内容とその意味についてあげる。

このように、絵馬の図像表現には、語呂合わせのような言葉遊びや比喩、デザインによる遊びなどの要素がみられる。このような図像が成立するためには、庶民のあいだで、それぞれの図像が何を意味するのかについての、ある程度のコード（解読ルール）が共有されていたことをさす。

さらに興味深いのは、これらのコードを転調した（＝ずらした）図像があらわれることである。たとえば、「心に錠」という画題は、「ピンと心に錠前おろし、どんな鍵でもあきはせぬ」という歌が、江戸時代の末に流行したことによって普及したが、このモチーフを利用した絵馬が登場する。すなわち、「盃に錠」（＝断酒）、「煙管に錠」（＝禁煙）、「賽に錠」（＝博打封じ）などである。また、「縁切り」というモチーフも、「縁を切る」という意味が多様に解釈され、情婦・情夫との手切れ、病気との絶縁などにも使われるようになった。さらに、軍服姿の男性と背中合わせに座る女性の図像は、「兵役逃れ」の祈願のために奉納された。これは、兵役逃れを公然と祈願できない状況にあって、男女の「縁切り」というモチーフを利用して、その祈願を秘かに図像に込めたものである。

四　奉納習俗と宗教システムの動態

前節まで、西欧カトリック社会におけるエクス・ヴォートと日本における絵馬について、その歴史的展開と図像表現について紹介した。これらを受けて、本節では、エクス・ヴォートや絵馬の奉納習俗によって宗教システムがいかに変化したのか、という宗教システムの動態について比較考察する。

エクス・ヴォートと奇跡譚

エクス・ヴォートの奉納は、奇跡を起こすと信じられている聖人・聖母に由来する教会への巡礼と深く結びついてきた。しかし、奇跡を起こす聖人・聖母のイメージが確立し、多くの巡礼者を集めるには、いくつかの条件が必要となる。そこで、一枚のエクス・ヴォートを手がかりに、奇跡譚と巡礼地の成立について考えたい。

前述のアルトエッティング（ドイツ南部バイエルン州）には、トーマス・ハンスという学生が、車轢きの刑に耐えて生きのびたという奇跡を描いた、一七世紀のエクス・ヴォートが奉納されている。そこに描かれている物語は、以下の通りである［Baer 1976：9-13］。

トーマスは、大学卒業後、自堕落な人生を歩み、ついには殺人を犯した上に、司祭にも短刀で重傷を負わせてしまう。逃亡中、トーマスは聖母マリアの力を感じ、魂が救われるのなら自首することを誓う。自首したトーマスは、獄中でアルトエッティングの聖母が起こした奇跡譚を集めた「奇跡集」（Mirakelbücher）を入手し、死刑執行にもかかわらず生きのびた人間の奇跡譚に出会う。そこで、トーマスは、もし生きながらえたら、アルトエッティングへ巡礼し、土曜日は一生断食を続けると誓う。

一六六三年六月に判決が下り、七月二七日、トーマスは車轢きの刑に処せられた。刑を執行するにあたり、近隣の聖職者が集められ、トーマスのために祈りが続けられたが、その中には、当のトーマスに重傷を負わされた司祭の顔もあった。彼によると、自分が助かったのは、パドヴァの聖アントニオに助けを請うたからであるという。さて、刑が執行されたが、通常ならば体がバラバラになるような責め苦にもかかわらず、結局、トーマスは左下肢の骨折だけですんだ。聖職者や当局者は、罪人が死んだものと思い刑場を立ち去ったが、刑の一時間半後、トーマスはある修道士に助けられた。数ヶ月後、トーマスは恩赦により釈放された。

この出来事は直ちに人々のあいだで話題になり、聖母の奇跡として伝えられるようになった。やがて、アルトエッティングの教会当局は、この出来事に大きな関心を示し、「奇跡」を描いた大型のエクス・ヴォートを注文した。トーマスは教会から報酬を受け、アルトエッティングの聖母の奇跡に関わる生き証人として、しばらく当地に暮らしたという。なお、一六六四年、つまり「奇跡」の翌年には、トーマスについての調書や関係者の証言、サインなどを記載した奇跡集が出版されている。

奇跡譚と巡礼地の成立について考える際、このエピソードの中で重要なのは、「奇跡集」とエクス・ヴォートの存在である。トーマスが獄中で出会った奇跡集は、彼自身の奇跡につながり、さらにそれが奇跡集として出版されるという連鎖がみられる。奇跡集は、聖人・聖母の奇跡を宣伝するメディアとして活用され、各地を巡回していた修道士たちによって、数え切れないほどの奇跡譚が広められた。奇跡集は、部位ごとの病気の治癒など、テーマごとに編集されており、どの教会のどの聖人・聖母が、どのような奇跡を起こしたのかについて詳細に記されていた。それは、いわば「ご利益のカタログ」か「ご利益のガイドブック」といった様相を呈していた。

エクス・ヴォートについても、奇跡集と同様に、奇跡の宣伝に役立った。前述のように、教会当局はトーマスの奇跡を受けて、大型のエクス・ヴォートを注文しているが、これは、礼拝堂にかけられたエクス・ヴォートが、そのまま教会の宣伝に役立ったからである。アルトエッティングでは、一六九三年より、おびただしい数のエクス・ヴォートを選別し、古いものを新しいものと交換し、絵画としての価値が比較的高いものを残してきたという［Baer 1976：13］。これも、エクス・ヴォートの図像表現が巡礼者に及ぼす宣伝効果を重視してのことであり、教会はいわば「ギャラリー」の機能を果たしていたといえる(13)。

以上の事柄を図式化すると、〈不思議な出来事→「奇跡」としての認知→奇跡集の出版・エクス・ヴォートの奉納→巡礼者の増加〉ということになる。ここで重要なのは、この図式が循環していくことである。奇跡を起こすとされる聖人・聖母に関係する教会への巡礼者は、奇跡集やエクス・ヴォートにより、さらなる奇跡の可能性を信じることになる。そして、身の回りに起こった不思議な出来事が、聖人・聖母による「奇跡」として認識されるに至ると、奇跡の連鎖が生まれることになる。

絵馬と霊験譚

次に、絵馬をめぐる民間信仰の高まりについてふれる。前述のように、近世の小絵馬は庶民の民間信仰を反映し、その画題が多様化していった。また、江戸時代の文化文政期には、狂歌・川柳、滑稽本や洒落本などの普及とともに、

「通」や洒落が庶民生活にも浸透した。このことは、絵馬の画題の多様化にも少なからず影響を及ぼした。前述の「心に錠」という画題も、その影響といえる［岩井宏実　一九七四：八一—八三］。

ほぼ同じような時期に、願掛けに関する「ガイドブック」が出版されていることは、注目に値する。文化一一年（一八一四）、歌舞伎狂言作者である二世並木五瓶（萬壽亭正二）は、『願懸重宝記』を著し、江戸における社寺のご利益や願かけの方法について記した。これを受け、文化一三年（一八一六）には、同じく歌舞伎狂言作者の浜松歌国が『神社仏閣願懸重宝記初篇』を著し、大坂におけるご利益や願かけについて伝えている。両『願懸重宝記』をみると、商売繁盛や開運祈願といったものよりも、様々な病気治癒に関する願かけが圧倒的に多いことがわかる。また、願かけ内容にあわせた、絵馬の奉納方法などについても記されている。さらに、その願かけの対象となる祠・像に関しては、その対象が明確なものと不明確なものがあり、明確な場合でも、社寺の本尊を対象とするよりも、社寺内の末社や小祠を対象とするものが圧倒的に多い［宮本　一九七七］。浜松歌国の『願懸重宝記』にみられる、住吉大社と四天王寺の事例は、その好例である［野堀　一九九一］。

このように、寺社の本社や本寺よりも、末社や小祠がにわかに信仰の対象となった背景には、いわゆる「流行神信仰」があると考えられる。「流行神」とは、特定の霊験譚とともに、ご利益をもたらす神として、突如として信仰を集めるようになる神々のことである。宮田登［一九七二］は、流行神が広がる背景には、それを宣伝する宗教者がいたことを指摘している。寺請制度をはじめとする徳川幕府の宗教統制のもと、その支配機構におさまりきらない行者・聖・巫女などは、庶民との結びつきをもち、そこから様々な神々の霊験が宣伝されたと考えられる。

聖母信仰の広がりと聖母像の増殖

流行神信仰とともに信仰対象が増殖し、それが絵馬の画題の多様化にも影響を及ぼしたことを述べたが、西欧カトリック社会においても、聖母信仰の拡大と聖母像の増殖という現象がみられる。もちろん、流行神のように信仰対象が多様化するわけではないが、単一の信仰対象が、各地に増殖するように広まっていく現象は興味深い。

聖母が奇跡を起こす存在として考えられてきたことは、すでに述べた通りである。聖母が様々な場所に出現し、メッセージを伝えるとともに、奇跡をもたらしたという伝承は、世界各地にみられる。とりわけ、一八三〇年のパリでの出現を皮切りに、一九世紀から二〇世紀にかけては、「マリアの世紀」や「マリアの時代」と呼ばれるほどに、世界各地で聖母の出現が報告された［関　一九九三］。しかし、これ以前にも、古くから聖母が出現したという伝承が多く存在する［バルネイ　一九九六］。聖母が出現するという信仰は、前述の奇跡集と相まって、奇跡が起こることへの期待と聖母への信仰を広めたといえる。

ヨーロッパにおいては、聖母の出現とは別に、とりわけ肌の黒い聖母が信仰を集め、その像が多く複製された。黒い肌は、キリスト教以前の地母神信仰に由来すると考えられている［田中　一九九三、ベッグ　一九九四］。ちなみに、前述のアルトエッティングの聖母も肌が黒い。ベッグは、ヨーロッパ各地の黒い聖母像を丹念に調べ、どの教会の聖母像が、どの教会の聖母像を模して造られたかについて、厖大なデータと地図にまとめている(14)。これによると、黒い聖母の信仰が、広大な範囲でいかに広がっていったかがわかる。

このように、西欧カトリック社会において、聖母の出現と聖母像の複製という形態をとりながら、聖母信仰が広がっていったといえる。そして、それは奇跡集やエクス・ヴォートの奉納とも密接に関わっていると考えられる。

結論

本稿では、西欧カトリック社会と日本における奉納画（Ex-Votoと絵馬）と、その図像表現や奉納形態に着目し、宗教経営学の視点から、宗教システムの動態について比較考察した。

両者には、感謝と祈願のどちらにウェイトを置くかの違いや、写実的・物語的で直截な表現をとるか、直截な表現を

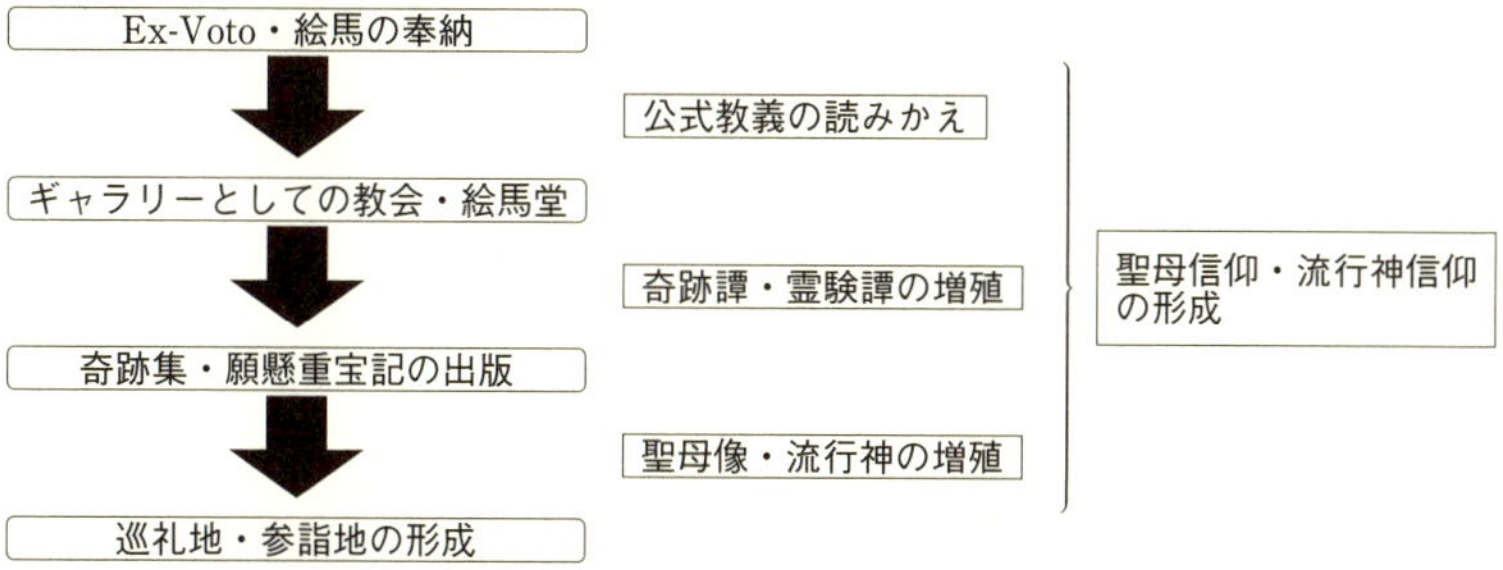

図2　奉納習俗を通してみた宗教システムの動態

とらず判じ絵や謎解きなどを多用するか、などの図像表現上の違いがあった。しかし、奉納習俗を通してみた宗教システムの動態に関しては、興味深い共通点があった。これを図式化すると図2のようになる。

まず、Ex-Votoや絵馬が奉納された教会や絵馬堂は、いわば「ギャラリー」の機能を果たし、奇跡や霊験を宣伝するのに役立った。また、奉納行為において、「三位一体」というカトリックの公式教義や、神道・仏教の公式教義とは異なった解釈が行なわれた。さらに、奇跡譚や霊験譚は、奇跡集や「願懸重宝記」等の「ガイドブック」を通して、広い範囲に伝えられ、奇跡譚や霊験譚の普及には、各地を巡回する修道士や宗教者が重要な役割を果たした。西欧カトリック社会においては、聖母の出現という伝承と、聖母像（とりわけ黒い聖母像）の複製を通して、聖母信仰が広い範囲に普及した。これに対して、日本においては、単一の信仰対象が複製・増殖するのではなく、種々雑多な信仰対象が「流行神」として「発明」された。このようにして、〈Ex-Voto・絵馬の奉納→ギャラリーとしての教会・絵馬堂→奇跡集・願懸重宝記の出版→巡礼地・参詣地の形成〉という流れができあがることになる。

このように、様々な要素が複雑に絡み合い、聖母信仰あるいは流行神信仰という現象が、ひとつのシステムとしてできあがるのがわかる。ここで興味深いのは、教会や寺社当局の思惑と信者の思惑とのズレである。教会や寺社は、教会や絵馬堂をギャラリーとし、奇跡集・「願懸重宝記」等を通して、多くの信者を集めたといえる。しかし、その反面、Ex-Votoや絵馬の奉納行為は、信者の思惑にあわせて、教会や寺社の公式教義が読みかえられていく契機にもなる。複数の行為者の思惑が、様々な要素を相まって、意図せざる結果を生んでいるのである。

注

（1）「宗教経営学」を冠した唯一の著書として、舘澤貢次のもの［二〇〇四］がある。しかし、副題「いま注目の宗教法人のカネ・ビジネス・組織」からもわかるように、同書は、ジャーナリストの視点から、新宗教教団の運営をビジネスとしてとらえたものである。宗教経営学に関する筆者の分析枠組については、［岩井　二〇〇三a］を参照。

（2）実際、宗教教団の組織論的な研究を展開する場合、組織論自体が社会学、心理学や経営学と知見を共有しているため、いきおい経営学的視点を導入せざるをえない。

ちなみに、宗教教団と企業体の経営上の特質をまとめると、以下のようになる。

	宗教教団	企業体
目　　標	信者数の最大化	利潤の最大化
メンバーの特性	布教対象はすべて潜在的信者	社員と顧客を区別
メンバーの規模	無限の拡大をめざす	適正規模にしたがう
活 動 の 形 態	ボランティアと奉仕活動	賃金労働

（3）もちろん、非営利組織の経営［ドラッカー　一九九一］や非営利組織のマーケティング［コトラー&アンドリーセン　二〇〇五］といった研究テーマのもとに、経営学の視点を非営利組織に拡大しようとする試みもある。

（4）ここでいう「社会システム」とは、全体社会のシステムそのものをさすというよりも、「全体社会のシステムと社会内部の諸システム」と理解したほうがよい。

（5）システム理論の様々な立場について、ここで詳述する余裕はないが、ある現象を「システム」としてとらえる場合、その現象をいくつかの構成要素に分解し、それらが相互作用する様態について考察するのが妥当である。また、システムが成立するためには、そのシステムの「外部」つまり「環境」が必要になる。

（6）本稿におけるシステムの考え方は、「文明」を〈人間＝装置・制度系〉としてとらえる、梅棹忠夫の「文明学」［梅棹　一九八九］の発想に近い。なお、「システム」概念については［鞠子　一九八七］を、「宗教システム」の視点については、［井上　一九九二］を参照。

（7）たとえば、習俗・慣習化された宗教現象や、神道やヒンドゥー教のような、明確な教団をもたない宗教などがあげられる。

（8）ここでは、西ヨーロッパにおいて、カトリック信者が大多数を占める地域のことをさす。

（9）キリスト教以前のエトルリアとローマにおける奉納物については、［Tabanelli 1962］を参照。

（10）アルトエッティングのエクス・ヴォートについては、［Bauer 1970, 1971］を参照。

（11）告白と聖人崇拝は、キリスト教によって創り出された二つの安全弁だった、というヴァラニャックの指摘が想起される［ヴァラニャック　一九八〇：一二三―一二四］。

（12）絵馬に関する体系的な研究については、［岩井宏実　一九七四］を参照。

（13）エクス・ヴォートの研究者であり、アルトエッティングの巡礼管理者（Wallfahrtsadministrator）でもあるバウアーは、「巡礼を宣伝するのは本来巡礼地（の教会）のつとめである」［Bauer 1971：176］といっている。

（14）［Begg 1985：150-264］を参照。なお、日本語版［ベッグ　一九九四］では、詳細な地図等が大幅に割愛されている。

参考文献

Frank Baer, *Votivetafel-Geschichten*, Augsburg：Rosenheimer Verlagshaus, 1976.

Robert Bauer, *Bayerische Wallfahrt：Altötting*, München：Schnell & Steiner, 1970.

Robert Bauer, "Die Altöttinger Votivetafel," *Ostbayerische Grenzmarken*, 13, 1971.

Poul Cassar, "Medical Votive Offering in Maltese Islands," *Journal of the Royal Anthropological Institute* 94, 1964.

Bernard Cousin, *EX-VOTO de Provice : Images de la Religion Populaire et de la Vie d'Autrefois*, Desclée de Brouwer, 1981.
Bernard Cousin, *Le Miracle et le Quotidien : Le Ex-voto Provinçaux Images d'une Société*, Aix-en-Province : Sociétés, Mentalités, Cultures, 1983.
David Freedburg, *The Power of Images : Studies in the History and theory of Response*, Cambridge Univ. Press, 1989.
Clara Gallini, "Photographische Riten : Popular Religion im Modern Italien," in Michael N.Eberz & Franz Schultheis（eds.）, *Volksfrömigkeit in Europa : Beiträge zur Soziologie popularer Relegiosität aus 14 Ländern*, München : Chr. Kaiser, 1986.
Wolfgang Jaeger, *Augenvotive*, Heidelberg : Jan Thorbecke Verlag, 1979.
Lenz Kriss-Rettenbeck, *Ex Voto : Zeichen Bild und Abbild im christlichen Votivbrauchtum*, Zurich, 1972.
Mario Tabanelli, *Gli Ex-voto Poliviscerali Etruschi e Romani*, Firenze : Leo S. Olshki, 1962.
Stephan Wilson（eds.）, *Saints and Their Cults : Studies in Religious Sociology, Folklore and History*, Cambridge Univ. Press, 1983.
荒井芳廣「発話行為としての絵馬」『民族学研究』四二（四）、一九七八年。
井上順孝『教派神道の研究』弘文堂、一九九一年。
岩井洋「民俗／民衆宗教としてのエクス・ヴォート」『宗教研究』二九〇、一九九一年。
岩井洋『目からウロコの宗教――人はなぜ「神」を求めるのか』ＰＨＰエディターズ・グループ、二〇〇三年ａ。
岩井洋「宗教の遠心力と求心力に関する試論」『宗教と社会』第九号、二〇〇三年ｂ。
岩井宏実『絵馬』法政大学出版局、一九七四年。
Ａ・ヴァラニャック&Ｍ・Ｃ・ヴァラニャック（蔵持不三也訳）『ヨーロッパの庶民生活と伝承』白水社、一九八〇年。
Ｍ・ウェーバー（大塚久雄訳）『プロテスタンティズムの倫理と資本主義の精神』改訂版、岩波書店、一九八九年。
梅棹忠夫『比較文明学研究』（梅棹忠夫著作集第五巻）中央公論社、一九八九年。
Ｐ・コトラー&Ａ・Ｒ・アンドリーセン（井関利明・新日本監査法人公会計本部訳）『非営利組織のマーケティング戦略』第一法規、二〇〇五年。

関一敏『聖母の出現――近代フォーク・カトリシズム考』日本エディタースクール出版部、一九九三年。

舘澤貢次『宗教経営学――いま注目の宗教法人のカネ・ビジネス・組織』双葉社、二〇〇四年。

田中仁彦『黒マリアの謎』岩波書店、一九九三年。

P・F・ドラッカー（上田惇生・田代正美訳）『非営利組織の経営――原理と実践』ダイヤモンド社、一九九一年。

野堀正雄「都市大阪における呪祭――住吉大社と四天王寺の民間信仰を通して」『国立歴史民俗博物館研究報告』第三三集、一九九一年。

T・パーソンズ（佐藤勉訳）『社会体系論』青木書店、一九七四年。

S・バルネイ（近藤真理訳）『マリアの出現』せりか書房、一九九六年。

日置弘一郎『経営学原理』エコノミスト社、二〇〇〇年。

E・ベッグ（林睦子訳）『黒い聖母崇拝の博物誌』三交社、一九九四年（Ean Begg, *The Cult of the Black Virgin*, Arkana, 1985）。

鞠子英雄『システム認識――近代科学の脱構築』海鳴社、一九八七年。

R・K・マートン（森東吾他訳）『社会理論と社会構造』みすず書房、一九六一年。

宮田登『近世の流行神』評論社、一九七二年。

宮本袈裟雄「『願掛重宝記』をめぐって」『歴史公論』第三巻九号、一九七七年。

N・ルーマン（佐藤勉訳）『社会システム理論』（上・下）恒星社厚生閣、一九九三年、一九九五年。

第9章　企業経営行動と宗教
――行動への「圧力」を媒介として

岩田奇志

一　問題と視角

企業経営行動は、これまで経済的な要因を中心に考察されることが多かった。経済的要因は、企業経営行動にとって、死活に関わる直接的重要性をもっており、このことは十分に意味をもっている。そこに、「文化や宗教との関わり」という視点を持ち込む理由は、「これまで経済的な視覚だけでは見えなかった、問題の興味深い側面が見えてくるのではないか」という期待にある。本稿において筆者は、こうした視点から問題を取り上げたいと思っている。

筆者は、先に、マレーシアにおける三つの主要なエスニック集団、すなわち、マレー人・中国人移民・インド人移民の企業経営行動についての比較分析を行った［岩田　二〇〇三］。

この研究のなかで、筆者は一つの興味深い問題につきあたった。それは、環境の「圧力」が、人々をどのように企業経営行動に駆り立てたかという問題である。すなわち、これら三つのエスニック集団は、同一の社会、同一の経済・経営環境におかれていたにもかかわらず、後にやや詳しく見るように、①その企業経営行動およびその経済的成果に大きな差が見られたこと、②そしてこの違いには、各エスニック集団に対する環境圧力の違いが、大きく関わっていたと思われることである。ここで「圧力」を「人々にある行動を促す心理的衝迫」と定義しておく。こうした「圧力」がどのように人々の経済・経営行動に影響を及ぼすかについては、さきに拙稿「経済・経営行動を促す圧力の諸相」（熊本大学社会文化研究　二〇〇九）において取り扱った。

本稿では、①まず各エスニック集団の経済行動とその成果に見られる差異、②こうした差異を生み出すのに大きく関わったと思われる環境圧力の差、③こうした環境圧力の諸側面およびそれに対する人びとの受け止め方、④それらと各エスニック集団を育んだ文化、なかでもその宗教意識が、どのように関わっているかという視点からこの問題を検討した。

さてマレーシアでは、

①厳しい生存環境のもとにあった中国人移民が、必死の努力によってその経済的地位を次第に向上させていったこと、

②比較的生存条件に恵まれたマレー系先住民（以後マレー人と呼ぶ）やインド人移民は、これとはかなり異なる行動を取ったこと、

③経済的成功によって生存条件が次第に改善され、緩和されていったにもかかわらず、中国人移民の多くはその努力をゆるめることなく、今日に至るまでそのたゆまぬ努力を継続しつつあること、この現象を説明するためには、どうしても環境からの「圧力」だけでなく、理念に誘導された主体内部の「圧力」（本稿ではこれを「理念圧力」と呼ぶことにする）の問題を考慮に入れざるを得ないこと、(1)

④この「理念圧力」は、伝承した民族文化や宗教観が大きく関わっていると考えられること、

である。ここに、企業経営行動と宗教との一つの重要な接点が認められるように思われる。まず筆者がこの問題と出会ったマレーシアの歴史状況の描写から始めよう。

二　三つのエスニック集団を取り巻く環境の違い

マレー人を取り巻く環境と民族的性格の形成

一八二四年、英蘭条約でマレー半島は英国の植民地となった。当時は、産業革命開始後の発展の時期で、マレー半島の豊富な錫とマレー半島の気候に適したゴムへの需要が急速に増大していたため、大量かつ生産性の高い労働力が必要となっていた。

しかし、当時マレー半島の人口は少なく、また彼らの労働意識はきわめて低かった。温暖で恵まれた自然条件の下で栄養豊富なバナナなどがよく育ち、魚も豊富で、年中米作に適する土地柄であったために、イナゴの襲来などそれなりの心配事はなくはなかったが、生存の危機に直面するような危機に見舞われることは少なかった。このためマレー人は働くことを好まず、ゆったりとした気楽な農村生活を望んだ。このために彼らは、鉱山や工場での過酷な労働を拒んだ。こうした生存環境の優しさの上に、季節の変化が単調で、年中米作りができるといった環境の中で、時間への鮮明な観念や計画性、工夫の習慣は育ちにくかったと言われている(2)。

Swettenham は、マレー人の民族的性格について次のように語っている。

「マレー人の各階級を通じて見られる主な特性は、彼らが労働を嫌うことである。自然の恩恵があまりに大きいので、彼らは実際の寒さも餓えも知らない」[Swettenham 1929：136（安部訳　一九四三：一五九）]

このように、人口がに非常に少なく、生存に必要な最低限の食物を容易に入手でき、戦乱も少ないという恵まれた条件のため、マレー人には、知恵を絞って必死に生きることが必要ではなかった。その結果経済発展が遅れ、一九二〇年代までまだ物物交換経済が見られたという［松尾　一九六一：八〇］。

このような条件の下で形成されたマレー人の性格や行動形態は、大なり小なり独立以後今日に至るまで、継承されている。

イギリス植民地政府による労働力移入政策

このような状況の中で、イギリス植民地政府は、マレー人に対しては、スルタンを通しての間接統治を行い、マレー人がもっとも重視している農村の土地を、法律によって保障する政策をとり、マレー人のカンポン（村）での自給自足の生活を温存させた。このため、マレー人の八〇パーセントは農村に住んで自給自足的な生活を営み、賃金労働者になるものはごく少数で、とりわけ熟練労働者になる者は皆無に近かった。英語教育を受けた一握りの都市のマレー人は、公務員・警察官・軍人などになった。

このような状況のもとで、イギリス植民地政府は、植民地経済の開発のために必要な労働力を、主として中国・インドからの労働力の移入に頼った。ラッフルズはじめ歴代総督は、植民地建設に必要な労働力を主として中国人に求め、入国歓迎策をとった。はじめ拉致・監禁を伴う苦力貿易の形をとった中国人の流入は、多くの弊害を生んだ。それが禁止された後は契約移民の形をとって行われたが、一九一〇年の契約移民禁止以後には、自由移民が多数マラヤに流入するようになった。

手厚く保護されたインド人移民

インド人移民を大量にマラヤに導入した契機は、一九〇〇年以後始まったイギリス資本によるゴム・プランテーションの増加である。

インド人移民が中国人移民と大きく異なる点は、インド人移民は当初から政府によって手厚く保護された、政府の補助移民であったこと、中国人に比べてマラヤに定住する者が少なかったことである。

マラヤのゴム産業が飛躍的な発展を遂げた一九〇五年以後、プランターの間にも、またプランターと労働者の間にも、様々なトラブルが起こった。契約移民として募集されたインド人労働者は、プランターにとって量的にも質的にも不十分であったため、インド人移民委員会は一九〇七年に、インド人移民の保護のために、インド人移民基金（Indian Immigration Fund）を設け、南インド人労働者の人数に応じてプランターに課金した。この基金は①インド人労働者の募集経費、②医療費③貧窮労働者の帰国旅費と援助④病弱のインド人労働者及び失業労働者ならびにインド人労働者の子供や遺児などのための宿泊所を維持する費用などの支払に充てられている［須山　一九六一：二九八―二九九］。

インド政府は一九二二年にインド移民法（Indian Emigration Act）を制定し、インド移民労働者のマラヤへの移住に制限を加えながら、インド移民労働者の保護政策を法律として設定した。

こうして大きなエステートでは、住宅・保健・教育・育児・娯楽など福祉施設も法的な規制によって完備されていた。一九五五年の労働省の年次報告（Annual Report of Labour Department）は、エステートの状態を次のように表現している。すなわち、「エステートは、自身の店舗、ヒンズー寺院、演劇場、そして、今日ではしばしばラジオや映画館をもつ自足的な社会である」［嶺　一九六三：四四］。大きなエステートは、インド人移民の労働者の子弟のために、タミール語の小学校を創設している。

医療施設も一応整っていて、その保健水準は、エステート外に比べかなり高かった。一九五六年の労働省年次報告（Annual Report of Labour Department）によれば、一九五三年、一九五四年と一九五六年における全人口の死亡率はそれぞれ一二・四パーセント、一二・二パーセントと一一・五パーセントであるのに対して、エステートにおける人口の死亡率はそれぞれ三・〇二パーセント、二・八四パーセントと二・五二パーセントとなっている［嶺　一九六三：四四］。

重要な点は、インド人労働者たちが、マラヤのイギリス植民地政府によって、当時の基準としては、手厚く保護されていたこと、このような保護は、中国人には適用されなかったことである。

マラヤに定住したインド人移民の特徴

一九四七年、マレーシア独立の一〇年前、マラヤのインド人移民の九〇パーセント近くは、南部インド諸州からの人々で、その中でも、タミール語系インド人がもっとも大きな集団を形成していた(3)。

インド人移民全体の約八〇パーセントは被雇用者であり、イギリス人経営の大ゴム園で働く者がインド人労働者総数の八〇パーセントを占めていた［須山　一九六二：二九三］。

嶺学はインド人労働移民の社会について次のように指摘している。

「インド人の場合、大部分がエステートの労働者として渡航し、労働者として止まり、また労働者として世代的な再生産を行ってきた。しかもその生活は、エステートという個人財産のなかで完結した小社会を形成するという形をとった」［嶺　一九六三：一九］。

このように、保護された労働環境に長くとどまるというインド人移民の性格は、今日まで維持されており、同じ工場で二〇年間まじめに働くという行動形態として、今日に引き継がれている。

中国人移民のおかれた環境条件と労働者としての特質

マレー半島の開発期に、その労働需要に応じてマレー半島に流入した多くの中国人の出身地は、福建、広東、海南などの中国東南沿海地方である。この地方は山地が多く、人口増加によって耕地が極度に不足していたため、余剰労働力が大量に蓄積されていた。また国内の政争による戦火にしばしばさらされるなど、人々は常時生存の危機にさらされていた。このような事情のため、この地方の中国人たちは、古くから東南アジアの近隣諸国へ出稼ぎにゆく伝統があった。苦力として売られたものも長年にわたってかなりの数にのぼっている。

植民地開発の労働力として導入された中国人は、厳しい生存への「圧力」のもとで、安い賃金にも我慢して懸命に働き、様々の困苦にも耐えた。彼らの中には、ゴミ拾いなどの卑しい仕事から始めて、必死に生活費を切り詰め小商売を始めるなど、次第に経済力を蓄え、その社会的地位を高めてゆく者が少なからず現れた。さらに目標の高い人々は、大きな成功によって「故郷に錦を飾る」夢を持ち、致富を求めて努力した。このように徒手空拳、極貧を味わった中国人移民の多くは、倹約精神と計画性に優れ、チャレンジ精神・競争心が旺盛で、仕事を工夫することには特に熱心であった。困難を克服する彼らの能力は高く、鉱山労働者から自立して商業を始め、そこから様々な産業に転換、発展を続けた者も少なくなかった。彼らには、常に収益性の高い仕事を求める強い志向が見られた(4)。

三　各エスニック集団の経済活動状況と華僑資本の経済的浸透

マレーシアにおけるこれら三つのエスニック集団の経済活動のあり方は、次に見るように大きく異なっていた(5)。

マレー人の経済活動

独立前、マレー人の間には、資本を蓄積しようとする意欲は殆ど見られなかった。多くのマレー人は、ゴム栽培を、現金収入を得るための補助的な換金作物とみなしており、そのため、彼らの所有するエステートの殆どは、超零細規模のものであった。

ゴムの栽培では、一〇〇エーカー未満のエステートは零細な経営で、二〇〇〇エーカー以上のエステートが大規模経営とされる。こうした巨大エステートの経営は、殆どイギリス人の経営によるものであり、マレー人を中心とする先住民所有のエステートは殆ど一五エーカー以下であった［清水川　一九六二：六八］。

マレー人の村（カンポン）における原始的な自給自足の生活が、中国人移民の活発な商業活動によって破壊された時、彼らは中国人移民の債務奴隷になっていたといわれる。しかもこのような時でさえ、マレー人はカンポンを離れて賃金労働者になろうとはしなかった。ただ中国人移民の経済的な支配に甘んじていたのである。

嶺学は「華僑は、マレー人社会に貨幣経済を持ち込みつつ、同時にマレー人農村を市場から隔絶する役割を果たしたものと考えられる。マレー人の共同体は、華僑を介してのみ資本主義経済に触れたために、手から口への停滞した生活を続けた。他方、イギリスの統治は、土着民の生活への直接的干渉をさけ、ヨーロッパ資本も必要な労働力を主として移民に求め、また華僑の築き上げた流通機構を利用していた」［嶺 一九六三：一九］と指摘している。

インド人移民の経済活動

独立当時のインド人の経済的実力に対しては、次のような指摘がなされている。すなわち、マラヤ連邦、シンガポールを合わせた総人口のうち、エスニック別の人口比率から見ると、インド人が一一パーセントであり、この点では有力な三つのエスニック集団の一つに数えられる。しかし、経済的な地位から見れば、中国人の圧倒的な経済力とは比較にならないほどの勢力である。彼らは主にイギリス人所有の大農園の労働者や鉄道建設などの労働者として雇われている。インド人所有のゴム園もあるにはあったが、規模から言えば取り上げるに足りないほどのものであった。この他に、主にチェティヤー（chitter＝高利貸）へのインド人の投資がよく知られ、商業、サービス業などの第三次産業への投資もあった。しかし、これらを全体として見れば、インド人の経済的勢力は無視できるほどのものである。

インド人労働者も中国人労働者も、もともと移民としてマラヤ経済をになう労働力となったが、「インド人労働者の場合、生涯を労働者として過ごす場合が多かったこと、就職分野はゴム園など比較的限られていたこと、労働者の保護政策が終始行われてきたことなどを、中国人移民との相違としてあげることができる」［嶺 一九六三：二二五］。

中国人移民の経済活動

中国人移民たちは、マレーへの流入以来、徒手空拳で労苦に耐え、様々な方法と手段を工夫して、精力的に富を蓄積した。彼らが豊かになる方法としては次の三つがその主要なものであった。

①土地開発で富裕になる。中国人は、決めた目標を達成する意志が強く、そのために病気や危険を冒してもやり通す。ジャングルを切り開き、畑を作り、粗末な住宅を建て、そこに住み着く。野菜など収益性の高い植物を植え、その増産を図り、収益を獲得する。それと同時に土地の開墾を続け、所有地を次第に拡大してゆく。いつか居住者が増え、交通

の便がよくなると、そこに町が発展する。その結果地価が上がり、彼は富裕となる。開いた土地には家を建てて人に貸し、家賃収入を収めて収益の増大を図る。こうして彼は、土地でも有数の富豪に成長してゆく。
②物物交換によって富を蓄積する。彼らは如何なる僻地にも入り込んでマレー人の農産物と彼らが持参した米や薬、日用雑貨品などと交換する。この時、しばしば、計算に疎いマレー人の弱点を突いて、取引の主導権を握り、時に不正な交換で暴利を貪ることもあった。
③低い賃金を少しずつ蓄積して、行商を始め、行商人から大商人へと成長する。あるいは、辛い労働に従事して稼いだ微々たる賃金をひたすら節約して貯蓄する。土地の事情に多少慣れ、ある程度の貯蓄ができると、賃金労働者をやめて自立する。この場合、大体、飲食物販売を営む行商を選ぶ。これで、着実に資金を蓄えながら規模を拡大していく。そのうち成功したものは、小都市の小商人から大都市の大商人へと発展する［南洋協会　一九三二：八六―八八］。
また、中国人移民は資本を蓄積して、鉱業・ゴム・食品加工など様々な産業に進出した。先に述べた二つの民族、すなわち、マレー人およびインド人の経済活動と比較すると、中国人移民のそれは、工夫と挑戦の点で際だっている。中国人移民は、錫鉱山の開発労働者として知られているが、マラヤの錫鉱山で長年活用された七つの方法のうち、六つの方法は中国人移民の発明したものである。一九一二年まで、イギリス人鉱山経営者も、中国人移民の考案した設備を使用して作業をしていた。第一次世界大戦前には、マラヤ産錫総産額の八〇パーセント近くが中国系移民によって生産されている［南洋協会　一九三二：三三四］(6)。

四　独立期における各エスニック集団の経済的位置

こうした経済活動のあり方の違いとともに、それによってもたらされたその経済的成果について見ておく必要がある。一九五七年の独立当時の国勢調査によると、各エスニック集団の人口比率は中国系（後に独立したシンガポールを含む）

四四パーセント、マレー系四三パーセント、インド系一一パーセント、その他欧米系二パーセントである［松尾　一九六二：二三九］。

三重構造の一翼を担った中国移民

独立当時のマラヤの経済構造をSilcock［1954：1］は、「三重構造」（three-fold economy）と名づけている。その実態は、（1）ヨーロッパ人による近代的な大規模資本経済、（2）中国人による前近代的な中小規模の資本経済、（3）資本という概念ではとらえられないマレー人の生存経済である［松尾　一九六二：二四〇］。

中国人移民の投資額

中国人の投資額については必ずしも明確でなく、様々な推計が行われている。しばしば引き合いに出されるCallisの推計によると、一九三七年における中国人の投資は約二億米ドル、その他の外国人投資額は四億五四五〇米ドルで、中国人の投資は、英国人のそれに次いで、全外国人投資の約三分の一を占めたとされる［松尾　一九六一：一三六］。

マレー人・インド人の経済的地位（一九五三―一九五七年における全商工業部門の調査）

これに対して、マレー人の経済力は、
（1）登録企業数八万九〇〇〇の内、マレー人の企業数は八八〇〇、全体の一〇パーセントを切っている、
（2）総資本金額四億ドルの内、マレー人の資本は四五〇万ドル、全体の僅か一パーセントである、
（3）一九五八年に所得税を納付した三万三〇〇〇人の内、マレー人は三〇〇〇人である。納税者の全体の約九パーセント、金額で四パーセントにすぎない。その納税者の殆どは政府の役人である［松尾　一九六一：二五三］。

マレーシア独立当時、経済活動におけるマレー系の比重はこのように小さかった。一九五七年の国勢調査によれば、

マレー系の七三パーセントは第一次産業に従事し、次いで公務員・警察・軍隊などの職業についている。その他は産業に対する不熟練労働者であった。当時マラヤ総人口の一一パーセントを占めたインド人は、その大部分がゴム園労働者であり、ごく少数が、商業、金貸しなどに従事していた［松尾　一九六二：一三九］。

以上マレーシアの独立に至る歴史過程は、各エスニック集団のおかれた状況や民族的性格、その経済活動の特徴と成果について、興味深い意味連関を示唆している。

五　環境の「圧力」と行動へのドライブ（衝迫）

以上の歴史過程は、「環境圧力」なかでも生存への「圧力」（環境要因が生存を脅かすと感じられて生ずる「圧力」、生存のための努力を強いる「圧力」）が、どのように人々を行動に駆り立てるかという、一つの興味深い問題を提示している。筆者はこれを次の説明図式（次頁図1参照）によって解釈している［岩田　二〇〇三］。

環境の「圧力」とそれがもたらす「主体的努力」

（1）有効圧力域と適正適応
生存への「圧力」と人々の「生存努力」との間には、興味深い関連が見られる。すなわち、生存への「圧力」が一定レベル以下（すなわち生存が容易）であると、多くの人々は、安逸に慣れ、苦しい努力を怠るようになりがちである。これはマレーシアの歴史に限らず、広く一般的に観察される傾向である。

この低い生存への「圧力」と安逸という図式は、農村で自給自足的生活を営んでいたマレー人によく当てはまる。マレー系は、独立当時でさえも、その約八〇パーセントが、農村で安逸な生活を送っていた。それは、ある種の「過剰適応」(7)であるといってよい。そして、長年にわたるこうした状況が、マレー人の文化を形成ないし維持したものと考え

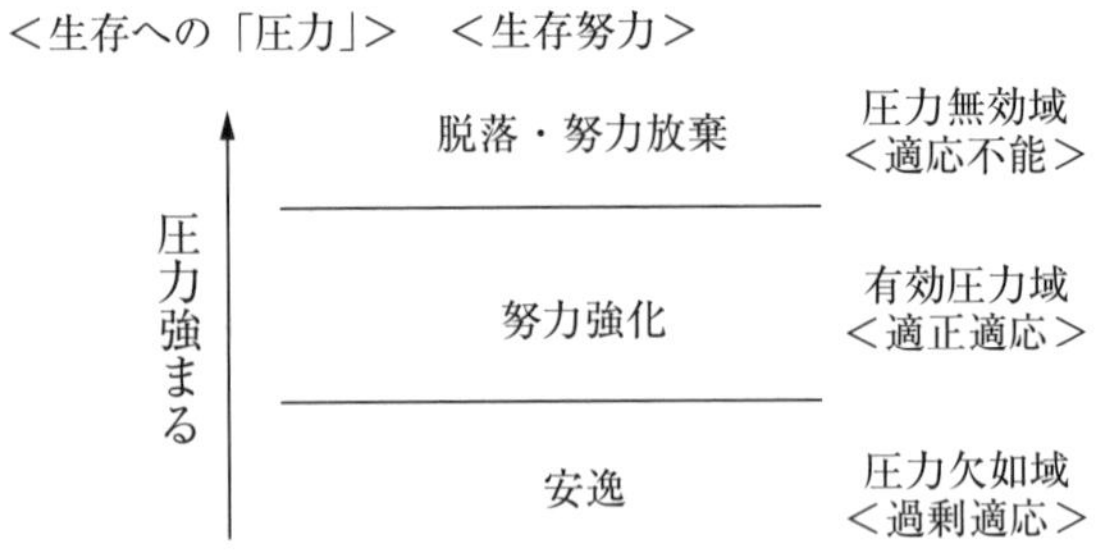

図１　生存圧力と生存努力

ることができる。

次に、生存への「圧力」が一定のレベルに達すると、人々はその「圧力」に応じて相応の努力をするようになる。これもわれわれが日常目にするところであり、特殊な場合を除けば、かなりの一般性を持っていると考えることができる。インド人移民も、手厚い保護のもとで、労働者として長年まじめに働くという行動形態を発展させていった。こうしたインド人移民の性格は、現代の工場労働にも引き継がれている。これに対して、中国人移民の示した血のにじむような努力は、より高い生存への「圧力」のもとでの努力の強化と見ることができる。

しかし、「圧力」がさらに高まると、人は、ついに目標を断念したり、努力を放棄したりするようになる。この場合、人々は、「適応不能」により社会的脱落者になったり、他の活動領域への脱出（「選択適応」）を図るようになる。これも、われわれの日常的観察が支持するところである。努力を厭わぬ中国人移民も、マレー半島の不況期には生活の困難に耐えかねて、続々と故郷に戻っている。

このように、「圧力」の増大とともに努力の支出が増加するこの範囲を「有効圧力域」、脱落するほどに「圧力」が高い領域を「圧力無効域」、人々が安逸を貪るほどに「圧力」が低い領域を「圧力欠如域」と名づけておこう。

（2）「有効圧力域」に見られる個人差・民族差

この「有効圧力域」には、当然ながらそのレベルと幅に個人差があり、同じ「圧力」でも努力を始める者と気楽に「圧力」をやり過ごす者とがおり、また脱落するものと、頑張って努力を続けるものとが存在する。このことは、例えば、極貧に育ちながらそれゆえに厳しい努力を積み重ねて成功する者と、同じく極貧に育ち、当初から苦しい努力を放棄する者とが現れるなど、貧困のもたらす相反する二通りの影響という現象を説明するのに役立つ。もちろんこのような差の背後には、家庭で培われた価値観や生育過程における特異な体験がもたらした価値観などがあり、それらが「有効圧力域」のレベルと幅に大きく影響するものと考えられる。先の貧困の例で言えば、長年の貧困に打ちひしがれ、向上意欲を喪失した層とたとえば没落階級の出身で復活の夢を追う者とでは、要求水準と満足水準とが異なる場合が多く、したがってまた、その行動も異なってくる。要求水準・満足水準が高い場合には、「圧力」がより高い状況のもとでも努力が継続されると考えて差し支えない(8)。

「有効圧力域」に見られる民族差

ここで本研究にとって、重要かつ興味深い問題は、エスニック集団の間に、こうした「有効圧力域」のレベルと幅に、大きな差が見られるという問題である。マレーシアにおける三つのエスニック集団の歴史は、この問題について、たいへん興味深い状況を提示している。

すなわち、マレー人に見られる民族的な型としては、有効圧力域の下限が比較的高く、環境の「圧力」がかなり高まらないと意識的な努力の強化が行われにくいこと、他方、有効圧力域の上限が低く、少し「圧力」が高まると努力や競争を回避して、自らの「サンクチュアリー」(農村での気楽な生活)に逃げ込んでしまうという傾向を示している。つまり、彼らの場合、有効圧力域の幅が狭いことを示唆している。そして、このことは、後に見るように、彼らの宗教意識と無関係ではない。

また、中国人の場合、成功によってかなり環境「圧力」が減少した場合でも努力を継続する点から見ると、「有効圧力域」の下限が低く、比較的低い「環境圧力」のもとでも努力を惜しまないこと、かなり上限が高く、高度な「圧力」に耐えて努力を継続する傾向が見られることから、「有効圧力域」の幅が広いということができる。

こうした「圧力」域の問題は、同一の社会にあっても、時代により環境によって変化する。それは、日本の歴史に照らしても明らかであろう。しかし、反面、先に引用した各エスニック集団の歴史的事情は、それが、各エスニック集団の人生観、勤労についての考え方、ビジネスへの志向性などにかなり深い影響を与えており、それが長く受け継がれてゆくことを示している(9)。

以上のように、「有効圧力域」のレベルと幅のあり方は、エスニック文化や時代の文化状況と深く関わっており、次に見る「理念圧力」の問題とともに文化と企業経営行動とをつなぐ重要な結節点の一つと見ることができよう。

「環境圧力」の減少と「理念圧力」による努力の維持

生存への「圧力」の如何によって形成されたエスニック集団の目標達成への努力は、環境からの「圧力」が減少した後も、長く引き継がれる場合がある。例えばマレーシアの場合、経済の発展とともに、生存への「圧力」は、急速に減少してゆくが、それなりの経済的成功を収めた中国人の多くが、生存への「圧力」が次第に低減した後も、その果敢な努力を継続している。ここでわれわれは、政治的・経済的・社会的な「環境圧力」とは別に、人々の価値観がもたらす「理念圧力」についても、十分な注意を払わなければならないであろう。

イギリス植民地政府による自由主義的な移民政策の恩恵を受けたとはいえ、中国人達は、何の保護も保障もないままに、マレーシアにやってきた。その多くは、自ら生きるための高い生存への「圧力」に加えて、故郷の妻子や家族への仕送りの必要性という重荷を抱え、「爪に火を点す」ような節約とより多くの収入の機会に対する鋭敏な感覚のフル動員、新しい方策の工夫、子弟への教育熱などによって、次第に道を切り開き、少しずつ自らの地位と資産とを築いていった。

ここで一つの新たな問題が発生する。すなわち、厳しい生存への「圧力」の下で、中国人が忍耐強いビジネス行動によって、そこそこの成功をかちえた後にも、それに満足することなく、積極的ないし挑戦的な企業経営行動を続ける傾向が見られることについての説明が必要になるということである。こうして環境からの「圧力」だけでなく、他に主体的条件の違い、すなわち「理念圧力」の問題が浮かび上がる。

同一民族同一社会にあっても、貧困な環境に育ち、環境の厳しさに耐えきれずに努力を放棄する者、逆にだからこそ、いわゆる「ハングリー精神」をもって頑張る人などの個人差が見られるが、同様に、民族集団の間にも顕著な差が見られる。この問題を考える上では、どうしても、個人の生育環境や民族が受け継いだ文化的伝承、宗教意識などが、重要な要素となると、筆者は考えている。

中国人移民の場合、当初、その多くは、現実に高い生存への「圧力」のもとにおかれて必死の努力を行ってきた。しかし、労働やビジネスのささやかな成功によって生存への「圧力」は次第に緩和されることになる。にもかかわらず、生存への「圧力」が緩和された後も、中国人の多くは、高い目標（例えば「故郷に錦を飾る」など）に導かれて、あるいはその要求水準や満足水準を上昇させ、その結果としての高い「理念圧力」によって、その厳しい努力を継続してきた。このように、中国人の場合、その「理念圧力」が非常に強く、かつまたそれが維持されたために、生存への「圧力」が緩んだ後も、内部圧力が高く維持されるという特徴が見られた[10]。

自然的・政治的・経済的要因、時に社会的要因は、環境からの「圧力」と深く関わっている。自然の恵みや不毛さ、内戦や政治的圧迫、経済的貧困、社会的偏見などがその例である。これに対して、「理念圧力」と深く関わるのは、人々の価値観であり、それを規定する「家庭文化」・「エスニック文化」・「社会文化」・「宗教文化」などである。ここに文化・宗教と企業経営行動との関わりの一面が重要な意味を担って登場する。

それは、環境と主体とが接する接点において、環境要因を選択・解釈し、その意味を自らの価値観に合わせて受け止める基準、すなわち「変換コード」の違いがもたらすものと考えることができよう。

環境要因の「圧力」への「変換コード」と「理念圧力」の形成

先に見た歴史過程が明らかに示しているように、マレーシアにおける三つの主要民族は、同一社会のもとで、それぞ

環境要因→変換コード→「環境圧力」
価値観→「理念圧力」
} →行動

図2　環境圧力と理念圧力

れ大きく異なる生存への「圧力」のもとに置かれていた。

まず、マレー人は、自然環境に恵まれ生存の危機に迫られることはなかった。しかし、レベルの高い生活を営むには決して十分とは言えない環境条件の下にあった。一例を挙げると、マレー人庶民の住宅は貧弱で、家族数が多いにもかかわらず、その多くは二室の住居に居住していた。現代のマレーシアにおいても、こうした住宅の問題は、マレーシアの福祉における一つの緊急課題になっている。この状況は、マレーシアに多いと言われる近親間のいかがわしい関係の一因とさえなっているといわれ、マレー人庶民の生活水準は、決して満足できる水準のものではない。

こうした彼らが、実際の生活水準は低くても、気楽な生活に満足していたという事実は、環境要素を選択・解釈して、行動への「圧力」を形成するうえで、独自の「変換コード」を持っていたということを意味する。これとは異なる「変換コード」を持つ民族であったならば、こうした状態には満足できず、それを「圧力」と受け止めて、状況を改善するための厳しい努力を開始していたかもしれないからである。マレー人に特徴的な「変換コード」によって、マレー人は生存への「圧力」を強く感じること無く、必ずしも満足な状況ではないために生存への「圧力」を感じつつも、「気楽さ」に浸った自然的・自給的な生活を好む結果となったということが出来る。この問題を説明する上では、「環境条件」と主体が感じている環境からの「圧力」との間には、環境要因から「圧力」への何らかの「変換コード」が介在していると考えるのが自然である。その関係は、図2のように表現することができよう。

ここで、環境要因の「圧力」への「変換コード」は、環境要素を選択的に受け止め、その意味を解釈し、「圧力」として感じ取る基準である。この「環境圧力変換コード」には、個人の経験によって蓄積された基準だけでなく、民族的に伝承された文化が提供する基準もこれと深く関わっている。宗教は、しばしば、この問題と深く関わっていると思われる。後に見るように、マレー人の宗教意識は、特にこの点を鮮明に示している。

六　企業経営行動に駆り立てる生存への「圧力」と宗教

宗教がもたらしたマレー人の宿命論的生活観

マレーシアの強力なリーダーとして、長年マレー人の地位の向上に努力してきた前首相のマハティールは、次のようにその嘆きを伝えている。的確な指摘が多いので、そのいくつかを以下に引用する。

マレーシアに近代的な学校制度が確立する以前、マレー人たちは幼少時に宗教塾（Pondok）に送り込まれ、そこで、アラビア語でコーランを読んだり、イスラム教の礼儀作法を厳しく守る、信者としての教育を受けた。また女子は、イスラム教の礼儀作法を守るよき主婦になるための教育のみを与えられていた。

イスラム教信者としてのマレー人は、現世での幸福よりも来世の幸福を重視する。「人生はうたかたであり、来世への準備期間である。したがって、この世の生活は楽しみと快楽に専念するのではなく、真剣な宗教的思索と宗教の指示するところに服従することに身をささげるところにある。蓄財といったようなこの世のことにすっかり気を取られてしまうことは悪いことである」［Mahathir 1970（高田訳　一九八三：二一六）］とされた。

イスラム教がマレー人の価値観に及ぼす重要な影響は運命論的な考えである。「何事も神様の思し召しだ」というのが苦難に直面した時の常套的な「慰め」である。これは苦難に立ち向かう行動を引き出す「圧力」を低めるように作用した。

この点についてマハティールは、次のように述べている。

「人生にたいするマレー人の姿勢を特色づけるものとして運命論をあげなければならない。この運命論はあらゆる場面で見られ、マレー人の価値観全体に大きな影響を与えている。それは、良きにつけ、悪しきにつけ、じっと我慢の寛容とあきらめによって、すべてを受容することを可能にしてしまう。それは、事態を変えていこうという大きな努力、抵抗心、反抗心を起させなくしてしまう。何事に対しても全く方策も立てられないし、また、失敗はあきらめとともに甘受される。（中略）運命がすべてを決定し、運命がそう望まない限り、改善への努力をしてもむだであるということである」［Mahathir 1970（高田訳　一九八三：二一七）］

マレー人は現世でより幸福な生活を送るために努力する気にならない。できれば、最低限の努力を支払って、生存を維持する。したがって、イギリス植民地時代、マレー人は近代産業への参入に無関心で、宗教に支えられ、村での生活に没頭した。

マレー社会では、宗教についての深い知識を持ち、宗教への理解が深い者、メッカへの巡礼をすませた者などは大いに尊敬される。またマレー人は、子供が優秀であれば、導師（イマーム）に育てるために、国内外の宗教学校で勉強させる。

彼らは、宗教塾で、現世での幸福よりも来世の幸福を重視し、そのために現世の現状に甘んじるよう学んだ。こうして、自分の目的を達成するために、苦労して働いたり他人と競争する意識が芽生えなかった[11]。これが筆者の言う「環境圧力変換コード」に大きな影響を与えたと考えられる。

また、彼らにあっては、宗教上、金銭や蓄財が悪とされてきたため、マレー人には、一般に金銭欲が欠如していた。物事の結果を宿命的にとらえ、努力したり競争したりする意識は芽ばえなかった。マレー人の一生の夢はメッカへの巡礼と死後の天国で、現実の世界では非常に単純で満足しやすく、より豊かな物質生活を求めようとはしていなかった［Mahathir 1970（高田訳　一九八三：二一六―二一七）］。

また、イスラム教では金利が罪悪視され、また勤労の努力よりも信仰が社会的に尊重されていた。このため、マレー人は起業することはもとより、賃金労働者となることをも厭い、働く場合にも、「せいぜい小遣い稼ぎのための一時的賃労働に従事するにすぎなかった」。

こうした宗教意識は、困難に直面したとき、「神の思し召し」としてその「圧力」を和らげるように作用するだけでなく、彼らの努力のビジネスへのチャネリングを妨げた。以上によって、彼らが、特徴的な「環境圧力変換コード」を形成していったことは、容易に読み取ることができよう。

以上、マレー人のものの考え方や行動特性について、イスラム教の影響を強調してきたが、そこには検討されるべき重要な問題が一つ潜んでいる。それは、マレー人の間に受け入れられたイスラム教が、どの程度地域の伝統文化に影響され、どのような変容を遂げたかという問題である。この点については、すでに口羽による次のような指摘がある。

「通常、世界宗教は、土着の固有文化のフィルターにかけられ、その土地の生活に浸透する。本来、アラブ世界に発生したイスラム教がインドを経由して、マレー世界に定着するには、ある程度のインド化・マレー化の過程を通過してきている」［口羽　一九九四：一二〇］

それが、マレーシアにおいてどのように変容し受け入れられていったのかについては、その道の専門家にゆだねるしかないが、本稿ではその可能性を指摘するにとどめ、イスラム教の宗教観としてではなく、「イスラム教を受け入れたマレー人の宗教観」の問題として論ずることにしたい(12)。

来世の幸せを希求し、瞑想の生活を求めるインド人

①先に見たように、マレーシアへのインド人移民の九〇パーセント近くは、南部インド諸州からのタミール語系農民で、彼らは商工階級の出身ではなかった。彼らのビジネスへの進出は、カーストの価値観に大きく制約されていた。制度としてのカーストはマレーシアに持ち込まれなかったが、カーストは、インド系移民の意識の中に維持され、彼らの行動に強い規制力を及ぼしている。マレーシアの独立当時、インド系移民全体の約八〇パーセントが被雇用者であったことは、カーストの価値観が如何に大きく働いていたかを示している。このような宗教文化上の制約は、その多くが、商工カーストの出身でないインド人移民にとっては、これを突破するのがきわめて困難な障壁となっていたものと考えることができる。

筆者の調査した事例の中にも、こうした点を興味深く示す例がある。

〈事例〉スンダラーム（k. Sundaraam）氏の父親は、南インドの出身で、インドでは農民であった。しかし彼は、プランテーションの労働者としてではなく、貿易商人としてマレーシアに来て、スパイスなどの取引に携わった（カースト文化の克服）。

スンダラーム氏は一五歳から父の仕事の手伝いを始めた。一九八三年に父親が引退、その後継者として経営者になった。主な製品は粉ミルクとghee（インドの食品で、一種のsoft butter）である。彼の会社は現在二二人の労働者を雇用している。

父は農民の出身で、元々ビジネスマインドにはなじんでいなかったが、マレーシアにやってきて、生き残るために価値観を変えた。このことに対してスンダラーム氏は、「父が、自分を、金銭に対してなじみ易くしてくれた」と深く感謝しており、ビジネス上の困難に遭遇したときには、瞑想のなかで父と対話しているという。

このように、インドの商工階級とは異なる価値観を持った農民出身者が抱える問題、価値観の転換の問題は、ビジネスを強力に制約する宗教文化の規制力を示唆している。

②宗教がインド系移民に対して持った今一つの重要な要素は、その来世志向である。

世俗の世界から離れて神聖な世界に意識を集中し、そこで心を静めて清らかにする。誠意を持って神を崇めることによって、現世での悩みを忘れて、来世でよりよく生まれ変わることを祈っている。

〈事例〉ルドゥル（Uthira Rudru）氏はインド人の三世で四八歳。英国の植民地時代、彼の祖父がマレーシアのプランテーションに来た。彼の親は七人の子持ちであった。彼はその長男である。彼は一一年間の教育を受け、そして、会社で経理係（会計、経理）として働いた。現在彼が経営する会社の製品は金型で、今一〇人が働いている。

彼の夢の一つは、もし彼が十分な金と時間を持ったなら、もっと宗教について学び、瞑想の時間を持ち、そしてもっと多くの時間を家族と一緒に過ごすことである。後に見る中国人の夢とこれを対比すると、両者の特徴が鮮明に現れていて興味深い。

また商業カーストの場合でも、その金銭との関わり方は中国系のそれとは大きく異なっていた。「ヒンドゥーの商業カーストやジャイナ教徒の間では金儲けが信仰に基づいた生活として許されているのは、金儲け自体が目的ではないからだ。本来の目的は、儲けた金により寺院を建て、福祉事業に献金し、きちんとしたプージャーをおこなえるように後援することなのである。金持ちであればあるほど、そのカースト・コミュニティーへの威信をもたらす宗教行事への参加が望まれる」〔西村　一九八九：一七二〕

こうしたインド人移民の宗教意識は、「環境圧力変換コード」の形成にも大きな影響を与えたものと考えることができる。

現世利益を求める中国人の宗教観

中国人の場合には、宗教意識が格別にその「理念圧力」を高めているようには思われない。むしろ本国で厳しい生存の危機を経験し、生存のための多くの智恵を身につけ、マレーシアに移民した後も厳しい生存への「圧力」のもとに置かれたという環境条件が、彼らの「環境圧力変換コード」の形成と大きく関わっているものと考えられる。「環境圧力」を厳しく受け止め、全力でそれを乗り越えようとする彼らの姿勢、さらには、成功によって「環境圧力」が低下した後も、小成には容易に満足せず、より大きな成功を求めて「理念圧力」の維持・強化をもたらしたものは、「故郷に錦を飾りたい」、あるいは「成功して一族を呼び寄せたい」などといった願望などを通して表明される、中国から持ち込まれた「基底文化」[13]が、ここでは中心的な役割を果たしているものと思われる。[14]

しかし、他面、中国人に多く見られる寺院への寄付や寺院への成功祈願、成功を収めた者の感謝の喜捨などが示す因果応報的現世利益観は、現世での目標の達成を強く動機づけられていることの表明であると思われる。その宗教意識は、一方的な「神頼み」ではなく、「天は自らを助くる者を助く」といった意識と近く、「自らの努力に対して幸運を願う」という意味合いを持っている。『三国志』の英雄関羽の像を中国系企業の多くで目にするが、関羽がなぜか「富の神様」

になってしまったことに中国人の蓄財願望を読み取ることができるが、次のような解釈によれば、これも元々は、誠意努力の表現であったらしいことは誠に興味深い。すなわち、すぐれた将軍であったとされる関羽が、富の神様になってしまった経緯は、今日一般の中国人にとっても明らかではない。しかし、「それは、信義と誠実を重んじた関羽を崇めることによって、ビジネスマンとしての自分も信義と誠実を重んずることを表明しようとしたもの」（章玉均氏、現在四川省人民政治協商会議副主席談）という解釈は誠に説得的である。しかし、今日、このような意味はすでに失われ、現世利益的な信仰に変質してしまった。成都（往年の蜀の都）にある「武侯祠」でも、関羽を「富の神様」として祭っている。

現世での成功への渇望とそれを反映する目標への工夫・長期の計画性・ねばり強い努力はこうした宗教観に支えられているように思われる。

一つの興味深い事例を挙げよう。

郭氏は五〇歳。父親が一六人の仲間と作った鋳造所を後に買い取り、父親が単独の所有者となった。郭氏は、この鋳造所を父親から受け継いだ。一九七六年、郭氏もこの事業に参加。一九七九年工場を作り、建設のための鋼鉄枠の生産に乗り出した。総勢約一〇〇人の企業である。

郭氏との何気ない会話の中で、図らずも興味深い発言に出会った。郭氏は五五歳になったら会長に退き、経営は息子に任せたいと思っている。夢は世界中を旅することであるという。「世界を旅してどうするのですか」というわれわれの質問に対して、「世界を旅すればまた新しいビジネスチャンスが見つかるかも知れない」というのがその答えである。ここに図らずも彼の「終生ビジネス志向性」が露呈している。ビジネスそれ自体が目的化しており、他のエスニックグループに顕著に見られる傾向、すなわち、「神を崇める」（マレー系）や「静かな宗教的瞑想の生活を送る」（インド系）など、他の目的が人生至上の目的であり、ビジネスはそうした目的に至るための手段ないし過程であるとする考え方とは、基本的に異なっている。郭氏は、会社を大きくさらに大きく発展させたいのだという（夢の追求）。ビジネスが自己目的化している以上、これは、自然な論理的帰結といえよう。中国系企業家の多くは、息子、あるいは場合によっては、娘にトップ経営者の座を譲っても、自分は、会長その他何らかの形でビジネスに関わり、ビジネスに貢献したいと考えている。先に見たインド系経営者の願望との間には大きな隔たりがある。

結び

これまで検討してきたように、マレーシアの独立に至る歴史過程は、三つのエスニック集団の民族的性格に見られる特徴と、それを生み出した背景、「環境圧力」と「理念圧力」の役割、経済行動の成果などを、標本的と言っていいほど鮮明に示している。

長年マレー半島に住み着いてきたマレー人の場合は、特有の文化を維持発展させてきたが、他国から移民として移り住んだ中国人やインド人の場合には、それぞれの「基底文化」を担いつつ、現地で新たな思考習慣や行動形態を獲得していったものと考えることができる。

こうした文化や文化変容は、マレーシアの場合、
①生活における生存への「圧力」の如何が、標本的と言っていいほどに鮮明に現れていること、
②同じく厳しい環境にあっても、それを受け止め解釈する基準がエスニック集団によって異なっていて、その結果、「圧力」の受け止め方が異なってくること、
③経済発展の結果、生存への「圧力」が低下した場合にも、理念に導かれた「圧力」によって厳しい努力を継続するエスニック集団が存在すること、を鮮明に示している。

マックス・ウェーバーが、見事な論理で、資本主義精神の発揚をプロテスタンティズムと結びつけて論じたことは、周知の通りであるが、ウェーバーは、まさにこの宗教に基づく内心の「圧力」の高さをその説明の根底に据えたと見る

ことができよう。ところがその後、プロテスタンティズムが存在しなかったにもかかわらず資本主義的経済発展を遂げた社会について、しばしば「ではどのような宗教がその役割を果たしたか」といった問題の設定がなされ、様々な論議が行われている（これはウェーバーの意図とは大きくかけ離れていると筆者は考えている）。筆者は、常々、こうした議論には疑問を抱いていた。ひとたび資本主義的な発展が軌道に乗った後は、ＮＩＥＳの発展や最近の中国の経済発展を見れば明らかなように、何らかの宗教にのみその根源を求めようとする考え方は、説得的ではない。宗教と企業経営行動との関わりは、宗教によって濃淡様々であり、宗教は「理念圧力」を高める場合もあれば、マレーシアにおけるマレー人・インド人などの場合のように、逆に理念「圧力」を低める場合もあるという事実であろう。マレーシアの場合のように、その特徴的な「環境から『圧力』への変換コード」が理念「圧力」を低める場合もあり、「成功要因としての宗教」といった直接的な理解ではなく、「環境圧力」と「理念圧力」との関わりで、宗教意識の果たした役割について論ずるのがより有効なのではないかと思われる。本稿は、こうした考え方にたつ検討の一例である。

環境からの「圧力」と理念に基づく「圧力」、そしてこの問題に関わる宗教文化の問題は、たいへん興味深い問題をわれわれに提示していると思われる。本稿は、いわばこの問題についての一つのデッサンであるが、今後この問題をもう少し掘り下げてみたいと考えている。

注

（1）「理念圧力」のほかに適切な言葉が見あたらないが、わかりやすい例としては、青雲の志や共産主義の理想が若者たちを行動に駆り立てたことなどがその鮮明な例であろう。華僑の多くが望んだ「故郷に錦を飾る」、「成功して家族を呼び寄せ、彼らを貧窮から救い出す」などの理念は、華僑の企業経営行動への努力と密接に関わっているように思われる。

（2）シャーノン・アハマットの小説『いばらの道』［Shahnon Ahmad 1966（小野沢訳　一九八一）］にはマレーシアの農民たちには、それなりの困難も存在したことが、興味深く描かれている。農民たちがおそれたのは、台風やそれがもなす白い小ガニや、ネズミ、イノシシ、稲盗人などである。

(3) マラヤへ移住したインド人のうち北部インド地方の出身者は比較的少数で、このうちパンジャービー及びシーク人は、エステートの監視人や巡査として雇われるものが多かった。一般的にいって、北部インド出身のインド人移民は、小都市の商業、金融業に多く従事していた。インド人の商人は、都市の中心地に組合を結成して自己の商業的利益を守ろうとしていた。また北インド人移民の中には、少数ながら弁護士や法務官もおり、政府機関の下級職員や警察官を勤めるものもいた［須山　一九六一］。

(4) この問題を扱う場合、マレーシアの歴史をマレーシアの独立を境に、独立前の時期と独立以後の時期とに区分して考えるのが適切である。本稿で扱う問題すなわち、「三つのエスニック集団がさらされた『環境圧力』の大きな差とそれが企業経営行動に及ぼした影響」の問題が極めて鮮明な形で現れたのは、独立前の時期であるからである。独立前の時期は、英国植民地政府の下、インド人を手厚く保護した移民政策の他は、放任に近い政策がとられた時期であり、先に指摘した関係がかなり鮮明に表れていること、独立以後の時期は、逆に政治的ヘゲモニーを握った多数派マレー系の政府によって、マレー系を中心とする先住民を強力に支援する「先住民優遇政策」（いわゆるブミプトラ政策）がとられた時期で、この時期には、問題が政策によりかなり政治的に変形されていると考えられるからである。

(5) 中国人労働者、インド人労働者のマラヤへの移住の歴史は、インド人移民社会と中国人移民社会とが、重要な点で大きく異なっていることを示している。Emerson［1937：33］は、インド人労働者については、政府が多くの法律を通して労働条件から生活条件まで終始行き届いた管理を行うこと、中国人労働者に対しては、政治活動の取り締まり以外、放任する方針をとっていたことであると述べている。さらに、このようにエスニック別に寛厳を異にしているのは、「中国人の多くが自力でことを処する上でインド人より遥かに能力があり、政府の取り締まりを歓迎せず、むしろ激しく拒否するだろうと推察されたからである」と指摘する。移民の性格が基本的に異なっていたのである。

(6) しかし、イギリス資本を中心とするヨーロッパ資本は、その後大資本を必要とする浚渫法やポンプ法など近代的な技術の導入によってその産出量を増大させ、もっぱら労働力に頼っていた中国人移民の錫鉱山経営をたちまち圧倒してしまう。ゴム栽培にも同様な経過が見られる。ゴム栽培を最初に成功させたのは、マラッカ生まれの中国人移民、陳齋賢である。その後、自動車産業の発展によるゴムの高収益を見込んで一九〇九―一九二六年まで、中国人移民の間にゴム栽培のブームが起こった。しかし、その後、イギリス大資本の参入増加と世界経済恐慌の影響で、中国人移民の経営の多くが破綻し、小規模の錫鉱山とゴム園が、イギリス人の手に渡ることになる［南洋協会　一九三二：三〇五―三一七］。

（7）努力の必要がないほど環境に適応しているので、「過剰適応」とした。

（8）この要求水準と満足水準とが、「有効圧力域」のレベルと幅とにどのよう関わるかについては今後の検討にまつこととしたい。他の研究領域などでこうした分析が存在するかとも思われるが、当面まだ、そこまで筆者の検討は及んでいない。

（9）マレー人の地位向上に努力したマハティール自身、形成されたこれらの特徴を「遺伝」と呼んでいるし、マレー人識者がマレー人の性格や思考方法に関してよく使う「骨にまで染み付いている」という表現は、それがエスニック集団の性格に如何に深く浸透しているかを示している。

（10）こうした傾向とともに、ビジネスの場合には、これで十分という目標達成にはなかなか至らないために、「ビジネスの自己目的化」・「終生ビジネス志向」、さらには子孫にビジネスの発展を託すなど、その努力は環境からの「圧力」がなくなった後にも継続される傾向が強い。ビジネスに強い関心のある人々にとっては、ビジネスに付随する競争やビジネスそのものが、「理念圧力」を維持し高める作用を持っている必要があろう。マレーシア華人の場合、こうした傾向が明瞭に現れているように思われる。

（11）宗教の中には、負荷（圧力）を下げる宗教もあれば、負荷（圧力）を高める宗教もある。例えば仏教の場合、現実の負荷（圧力）が悲惨なまでに大きい時代に、負荷（圧力）を低める（空の思想による希望の削減）ことによって、絶望を回避するという機能を果たした。イスラム教が運命論的人生観をもたらしたという時も、同様の機能を果たしているものと思われる。

（12）『いばらの道』導入部分には、何事も神の思し召しとして気持ちを休めるマレー人のこうした姿勢を鮮明に描き出している。

（13）「基底文化」は、長期にわたって形成継承されてきたその民族特有の文化すなわち「類型論的意味での文化」（中国人移民の基底文化など）で、民族の文化は、文明の発達と共に形成され変化してゆく「発達論的意味での文化」（例えば市場経済や資本主義に適合的な文化）の複合によって形成される。したがって、マレー人の文化と中国系移民の基底文化とは、類型論的意味においてのみならず、「発達論的意味での文化」においても差があったことに注意しておく必要がある。

（14） 他方、最近世界のニュースをにぎわせているいわゆる「自爆テロ」は、マレーシアでは労働への「理念圧力」を低めるように作用していると思われるイスラム教が、問題によっては恐ろしく「理念圧力」を高める可能性を示唆していて興味深い。これには二つの問題の解明が必要であるが、当面筆者の検討はそこまで及んでいない。その一つは、マレーの地の文化が、イスラム教を自らに適合する部分を中心に受け入れたために、かつて優れたイスラム商人を生み出したアラブのそれとはかなり異質なものになっている可能性であり、もう一つは、問題によって同一の宗教のもとで「圧力」が高まる場合と低められる場合とが存在するという可能性である。

参考文献

Emerson, R., *Malaysia : A Study in Direct and Indirect Rule Company*, The Macmillan Company, 1937.
Mahathir bin Mohamad, *The Malay Dilemma*, Times Books International, 1970.（高田理吉訳『マレー・ジレンマ』勁草書房、一九八三年）
Shahnon Ahmad, Tuan Haji, *Ranjau Sepjang Jalan*, 1966.（小野沢純訳『いばらの道』井村文化事業社、一九八一年）
Silcock, T. H., *The Economy of Malaya*, Singapore, 1954.
Swettenham, F. A., *British Malay, an Account of the Origin and Progress of British Influence in Malay*, London, 1929.（阿部真琴訳『英領マライ史:英国の経略過程』一九四三年）
岩田奇志「マレーシアにおけるエスニック集団の企業経営行動：比較分析――価値と「リソース」の役割」（二〇〇三年度名古屋大学博士学位請求論文）。
口羽益生「宗教と世界観」綾部恒雄・石井米雄編『第二版　もっと知りたいマレーシア』弘文堂、一九九四年。
清水川繁雄「第一章　経済開発の背景」松尾弘編『調査研究報告双書　第二九集　マラヤ・シンガポールの経済開発』ア

ジア経済研究所、一九六二年。

須山卓「第七章　マラヤの印僑社会と経済」『調査研究報告双書　第八集　マラヤの華僑と印僑』アジア経済研究所、一九六一年。

西村裕子「Ⅱ　神々と人間　一　生活と宗教」臼田雅之・押川文子・小谷汪之編『もっと知りたい　インドⅡ』弘文堂、一九八九年。

松尾弘「第三章　マラヤの経済と華僑」『調査研究報告双書　第八集　マラヤの華僑と印僑』アジア経済研究所、一九六一年。

松尾弘「第四章　経済開発上の問題」松尾弘編『調査研究報告双書　第二九集　マラヤ・シンガポールの経済開発』アジア経済研究所、一九六二年。

南洋協会『南洋の華僑　増訂三版』目黒書店、一九三二年。

嶺学「第一章　賃労働の形成」舟橋尚道編『調査研究報告双書　第四二集　マラヤ・インドネシアの労働事情』アジア経済研究所、一九六三年。

あとがき

本書は会社のなかに見られる宗教活動や経営者の宗教的信念、あるいは従業員の宗教的文化背景などに焦点を当て、人類学的な記述と分析をこころみたものである。会社文化に関する一連の民博共同研究の直接の成果としては五冊目の刊行物となる。刊行にあたっては、館外での出版を奨励する国立民族学博物館の査読付の制度を利用した。

このように書くと順風満帆の印象を受けるかもしれない。しかし、実際は、日の目を見るまで予想以上に時間がかかってしまった。最大の理由は、「経営人類学」のシリーズとして刊行し続けていることにある。一つひとつ順番に片付けていかなくてはならないからである。第四冊目の『会社文化のグローバル化――経営人類学的考察』が出版されたのが二〇〇七年三月である。それを待って本書の編集がようやく本格化した。それは執筆予定者をバスに乗り遅れないように配慮しながら督促するという困難きわまる作業でもあった。

他方、「経営人類学」の民博共同研究のほうは「会社文化と宗教文化の経営人類学的研究」のあと「会社神話の経営人類学」（二〇〇五―二〇〇七年度、研究代表者：日置弘一郎）にひきつがれた。多くの興味深い発表がなされ、すでに何本もの完成原稿が待機している。しかし、編集が加速するのは、本書の刊行を待ってからである。このような舞台裏の事情が刊行の遅延をまねいているのであるが、着実に歩を進めていることも付言しておかなければならない。

くわえて今回は予想外の事態も発生した。これまで一貫して刊行を引き受けていただいていた東方出版が、昨今の出版不況のあおりを受け民事再生法の手続きを申請したのである。そのニュースに接したとき、われわれのあまり売れない本が責任の一端を担っているのではないかという負い目と、本書が宙に浮くかもしれないという危惧が交錯した。さいわい再生計画は認可され、ほっと胸をなでおろすことができた。

再建の途次にもかかわらず本シリーズの刊行を継続していただいた今東成人社長には、リスク・マネジメントの観点からも謝辞を呈しなくてはならない。また、いつものように懇切丁寧に編集実務を担当していただいた北川幸さんにも心から御礼を申し述べたい。最後に中牧研究室の歴代の秘書、とりわけ河田尚子さんと杉山有子さんの労も多としたい。

中牧弘允
日置弘一郎

二〇〇九年六月

金子毅（かねこ・たけし）
埼玉大学非常勤講師。文化人類学、安全の比較文化史。
著書に『八幡製鉄所・職工たちの社会誌』、共著に『現代民俗誌の地平　越境』、論文に「殉職者はいかにして企業守護神となりえたか」「外来技術の受容をめぐるハイブリッド」「日本の近代化過程における「安全神話」のポリティクス」ほか。

神崎宣武（かんざき・のりたけ）
旅の文化研究所所長。民俗学。
著書に『観光民俗学への旅』『経営の風土学』『盛り場の民俗史』『「うつわ」を食らう』『三三九度』『江戸の旅文化』『「まつり」の食文化』『しきたりの日本文化』ほか。

住原則也（すみはら・のりや）
天理大学地域文化研究センター教授。都市人類学・仕事の人類学・経営人類学。
共著に『異文化の学びかた・描きかた』『会社じんるい学』（共著）『会社じんるい学 PARTⅡ』（共著）、編著に『グローバル化のなかの宗教』『経営理念―継承と伝播の経営人類学的研究』（共編）『Japanese Multinationals Abroad』（共著）など。

松永ルエラ（まつなが・ルエラ）
ロンドン大学東洋アフリカ学院ティーチング・フェロー。社会人類学。
著書に *The Changing Face of Japanese Retail*：*Working in a Chain Store*, 論文に“Spiritual Companies, Corporate Religions：Japanese Companies and Japanese New Religious Movements at Home and Abroad”, “Distancing the Personal：Recollections of Life-Crisis”,「企業のグローバル化とナショナル・アイデンティティー―ヤオハンのイギリス進出」ほか。

三井泉（みつい・いずみ）
日本大学経済学部教授。経営学、経営哲学、経営人類学。
共著に『会社じんるい学』『会社じんるい学 PARTⅡ』、共編著に『経営理念―継承と伝播の経営人類学的研究』、論文に「日本型『ステイクホルダー』観に関する考察―松下電器の「恩顧」「保信」思想を中心として」ほか。

村山元理（むらやま・もとまさ）
常磐大学国際学部教授。経営倫理学、MSR（経営・スピリチュアリティと宗教）研究、経営史。
共著に『経営学のフロンティア』『グローバル化のなかの宗教』、論文に「経営倫理教育と経営史―日立鉱山の煙害事件をケースとして」「三方よし運動の展開―近江商人から滋賀 CSR モデルまで」、編集委員として『経営倫理用語辞典』ほか。

編者・執筆者一覧（50音順）

中牧弘允（なかまき・ひろちか）
国立民族学博物館・総合研究大学院大学教授。宗教人類学、経営人類学、ブラジル研究。
著書に『むかし大名、いま会社』『会社のカミ・ホトケ』『カレンダーから世界を見る』『会社じんるい学』（共著）『会社じんるい学 PARTⅡ』（共著）、編著に『社葬の経営人類学』『経営人類学ことはじめ』（共編）『企業博物館の経営人類学』（共編）『会社文化のグローバル化―経営人類学的考察』（共編）『日本の組織』（共編）ほか。

日置弘一郎（ひおき・こういちろう）
京都大学経済学部教授。組織論、経営人類学。
著書に『文明の装置としての企業』『出世のメカニズム』『市場の逆襲』『日本企業の「副」の研究』（共著）『会社じんるい学』（共著）『会社じんるい学 PARTⅡ』（共著）『経営戦略と組織間提携の構図』（共著）、共編著に『経営人類学ことはじめ』『企業博物館の経営人類学』『会社文化のグローバル化―経営人類学的考察』ほか。

＊＊＊＊＊＊

市川文彦（いちかわ・ふみひこ）
関西学院大学大学院経済学研究科准教授。近代比較経済史論、近代フランス経済社会研究。
著書に『史的に探るということ！―多様な時間軸から捉える国際市場システム』（共著）、『〈道〉と境界域―森と海の社会史』（共著）、論文に「第二次〈フランス型交通革命〉期における水運＝鉄道連係への新たな模索」、“Globalisation Effects on Regional Companies and the Local Community：Cases of Franco-Japan with ‘Corporate Culture’ and ‘Community Myth’” ほか。

岩井洋（いわい・ひろし）
帝塚山大学経済学部教授。宗教経営学、経営人類学。
著書に『記憶術のススメ―近代日本と立身出世』『目からウロコの宗教―人はなぜ「神」を求めるのか』『経営理念―継承と伝播の経営人類学的研究』（共著）『グローバル化のなかの宗教』（共著）『福祉のための民俗学』（共著）ほか。

岩田奇志（いわた・きし）
熊本大学大学院社会文化科学研究科准教授。日中比較経営論、日中比較社会論。
著書に『国際比較の視点で見た現代中国の経営風土―改革開放の意味を探る』（共著）『改革開放中国の光と「陰」―積み残された福祉』『中国企業の経営改革と経営風土の変貌―経営革新はどこまで進んだか』（共著）ほか。

索　引

ゴシックはそれ以降の諸頁
にも存在することを示す。

【さ】

会社のなかの宗教
——経営人類学の視点

2009年９月５日　初版第１刷発行

編　者——中牧弘允・日置弘一郎

発行者——今東成人

発行所——東方出版㈱

〒543-0062　大阪市天王寺区逢阪２－３－２

Tel. 06-6779-9571　Fax. 06-6779-9573

装　幀——森本良成

印刷所——亜細亜印刷㈱

落丁・乱丁はおとりかえいたします。

ISBN978-4-86249-146-6